JN186184

学びなおすと世界史はおもしろい

太田竜一
Ohta Ryuichi

ベレ出版

◎カバー装画＝森豊

はじめに

私が大学で歴史を勉強しはじめたころ、ドイツ統一、湾岸戦争、ソ連の解体といった大事件が続きました。そして近年、リーマンショック、「アラブの春」、中国の海洋進出、ロシアのクリミア併合、過激派組織ISIL（「イスラーム国」）出現など、歴史の転機を思わせる出来事がまたあいついでいます。事件の背景や意義を知りたい、また類似の過去の出来事から教訓を見出したいといったニーズも多いように感じます。

しかし、歴史に関心を持ち「世界史を学びなおしたい」と思ったとき、何か適当なものがあるでしょうか。ネットの検索サイトは個々の事項の情報を調べるのには便利ですが、世界史の全体像を示してくれるわけではありません。結局、一般向けの装丁で書店に並ぶ教科書を買い、高校時代のように無数の人名や出来事との格闘を強いられる、というのが現状のようです。

こうしたことをふまえて私は、世界史の全体像を要領よく学べる、新たなタイプの入門書をめざしてこの本を書きました。

まず、地域を行き来しつつらせん状に時代を下るといった構成にはしませんでした。教科書をはじめ、そうした本はすでにたくさんあるからです。そのかわりに、「農業と都市」「宗教と文明」「交易」「科学技術」「主権国家」「ナショナリズム」「イデオロギー対立」「エネルギー問題」「グローバル化」といった、歴史を動かし現代の世界をつくりあげてきたさまざまなテーマを語るというかたちをとっています。面白そうな人物やエピソードもテーマと関連がなければカットし、テーマの趣旨や歴史の流れを描き出すことを第一に考えました。

また、ここ200年間の歴史を語るのに半分以上のページを割いています。そして現代に近づくにつれ記述が詳しくなり、2014年の出来事まで扱っています。このことは、現代の世界の成り立ちを伝えるというこの本の性格を示しています。

地図を多く入れたり、各章に年表やまとめをつけたりするなど、内容をわかりやすく伝える工夫もしました。イラストや地図はもともと授業用のプリントに描いたもので、出版物になるとは夢にも思いませんでしたが、編集部の勧めで載せました。少しでも興味が増したとしたら幸いです。

この本を通じ、これまで歴史を難しいと思っていた方が世界史の全体像をつかみ、現代の世界について考えるきっかけになれば、筆者としてこれに優る喜びはありません。

太田竜一

目次

第13章 エネルギーと人類 267

第14章 二つの世界からグローバル化へ 287

おすすめの文献 326

第1章　農耕と文明

世界に広がる人類

40億年前に生命が誕生して以来、地球上にはさまざまな生物があらわれました。図鑑や映画で見る恐竜の姿に、胸をおどらせた人も多いのではないでしょうか。では、私たち人類が地球上にあらわれたのはいつなのでしょう。この問いに答えるには、人類とは何かを知らなくてはなりません。

人類が同じ霊長類に属するサルと異なる点は、直立して二本の足で歩くことです。前足を手として使う、脳が大きく知性を持つといった特徴は、その結果生じたものです。

最初の人類である猿人は、遅くとも700万年前までにはアフリカにあらわれ、やがて石器を用いるようになりました。次の原人はユーラシア大陸へと広がり、火を用いることで氷河期の寒さに適応していきました。言葉も用いていたとされ、コミュニケーションをとることで知識を深め、たがいに協力して社会を営んでいくようになりました。

私たちの直接の先祖であり、より高い知能を持つ新人は、20万年ほど前にアフリカで生まれ、各地に広がりました。5万年前には、丸木船でオーストラリア大陸へわたったと見られます。このころはユーラシア大陸と北アメリカ大陸は陸続きであり、1万2000年前には人類はアメリカ大陸へ入りました。

氷河期が終わり地上の氷がとけると、海面は上昇してユーラシア大陸とアメリカ大陸はへだてられました。両大陸の人類は、しばらく別々の歴史を歩んでいくことになります。

農耕のはじまり

このころまでの人類は、動物を狩ったり植物を集めたりして日々の糧《かて》を得ていました。約1万年前になると、作物を栽培する農耕や、家畜を飼育する牧畜がはじまりました。人類史上の重要性から、この変化を「食料生産革命」とよぶ学者もいます。

9000年前の西アジアの農耕遺跡では、人々は麦を育て、薄いパンにして食べていたようです。乳や肉、毛を得るなどの目的で、羊、ヤギ、豚なども飼われていました。その後に家畜化された牛は、畑を耕す、荷物を運ぶなどの仕事にも用いられます。

もっとも、狩猟・採集生活に比べ、農耕・牧畜は栄養源がかたより、しかも長くきつい労働が必要だということがこんにちの研究でわかっています。では、なぜ人類はそのような生活様式に足を踏み入れたのでしょう。

約1万年前は、氷河期が終わったころです。気候の温暖化とともに人口は増えましたが、それにともない野生の動植物が不足するようになったと考えられます。こうした事態に対し、人々は食用となる植物の種をまいたり、動物を飼い慣らすなどの工夫を重ね、しだいに本格的な農耕・牧畜に入っていったと思われます。

農耕・牧畜は、効率的な土地利用という点で狩猟・採集よりはるかにすぐれており、同じ面積で養える人口は１００倍に達しました。そして、いったん多くの人口が支えられるようになると、もう昔の生活に戻ることはできません。

農耕がはじまると、耕す、刈りとる、粉にするといった用途の農耕用の石器があらわれました。火と水に耐える土器もつくられ、煮炊《にた》きができるようになります。羊の毛やアサなどから繊維をとり、布を織ることもはじまりました。また、農耕・牧畜の生活は定住をうながします。人々は、木材や日干しレンガで家をつくるようになりました。９０００年前ごろには、人口数千人の集落が西アジアにあらわれています。

都市と文明

公共の施設を中心に住居が集まり、数千から数万もの人々が住む空間が、都市です。都市の出現は、農耕・牧畜に続く人類史の画期となりました。

都市の成立をうながしたものに、宗教があります。人々は、ときに恵みを、ときに災いをもたらす自然を崇めました。そうした祭祀《さいし》が人々を結びつけ、祭祀がとり行われる神殿や広場を中心に大きな社会がつくられるようになったのです。

もう一つ、都市の誕生に関わっているのが、交易です。離れた地域の人々がモノを交換する交易は早くから見られ、縄文時代の集落である青森県の三内丸山《さんないまるやま》遺跡からは糸魚川《いといがわ》（新潟県）のヒスイが出土しています。

遠い地の品々が生活のなかに組み込まれると、交易は人々にとって不可欠な活動となりました。特産品の産地や交通の要所には、多くの人々が集まってきます。そうすると、砂漠など人が住むのに適さない場所にも都市があらわれます。このように、都市は多かれ少なかれ、人工的な生活空間としての性格を持っています。

交易が活発になると、モノづくりを専業とする職人があらわれます。金属器が用いられるのはこのころです。金や銀は装飾のほか、交易での交換手段、つまり貨幣にもなりました。銅とスズの合金である青銅はひじょうに硬く、道具や武器に用いられました。

供え物や貢《みつ》ぎ物が集まる神殿は交易の拠点でもあり、交易によって得たモノを人々に分配する都市経済の中心として機能しました。こうした活動を主導するリーダーや宗教的エリートが、人々を動かす権力を持ち、富を蓄えます。

政治と経済に関する活動がおこると、人やモノを管理し記録するため、文字が生まれます。初期の文字は神殿に仕える専門家（書記）のためのものであり、だれでも使えるものではありませんでしたが、時間と空間を超えて情報を保存・伝達できるツールを手に入れたことは、知的活動における画期的な一歩となりました。

このような、都市を基盤として生まれた生活様式の全体を、文明とよびます。

麦の文明――オリエント

都市の住民の多くは、食料の生産に関わっていません。文明が維持されるには、こうした人々を養う農業生産力が必要です。その点ですぐれているのが、収穫量が大きく、栄養価が高く、保存や運搬に向いている穀物です。冬の雨で育つ麦は、ユーラシア大陸西半の文明を養う役割を果たしてきました。

世界初の文明は、チグリス・ユーフラテス川流域のメソポタミア（現イラク）で生まれました。交易の要地でしたが雨がほとんど降らないため、人々は川から水を引く灌《かん》

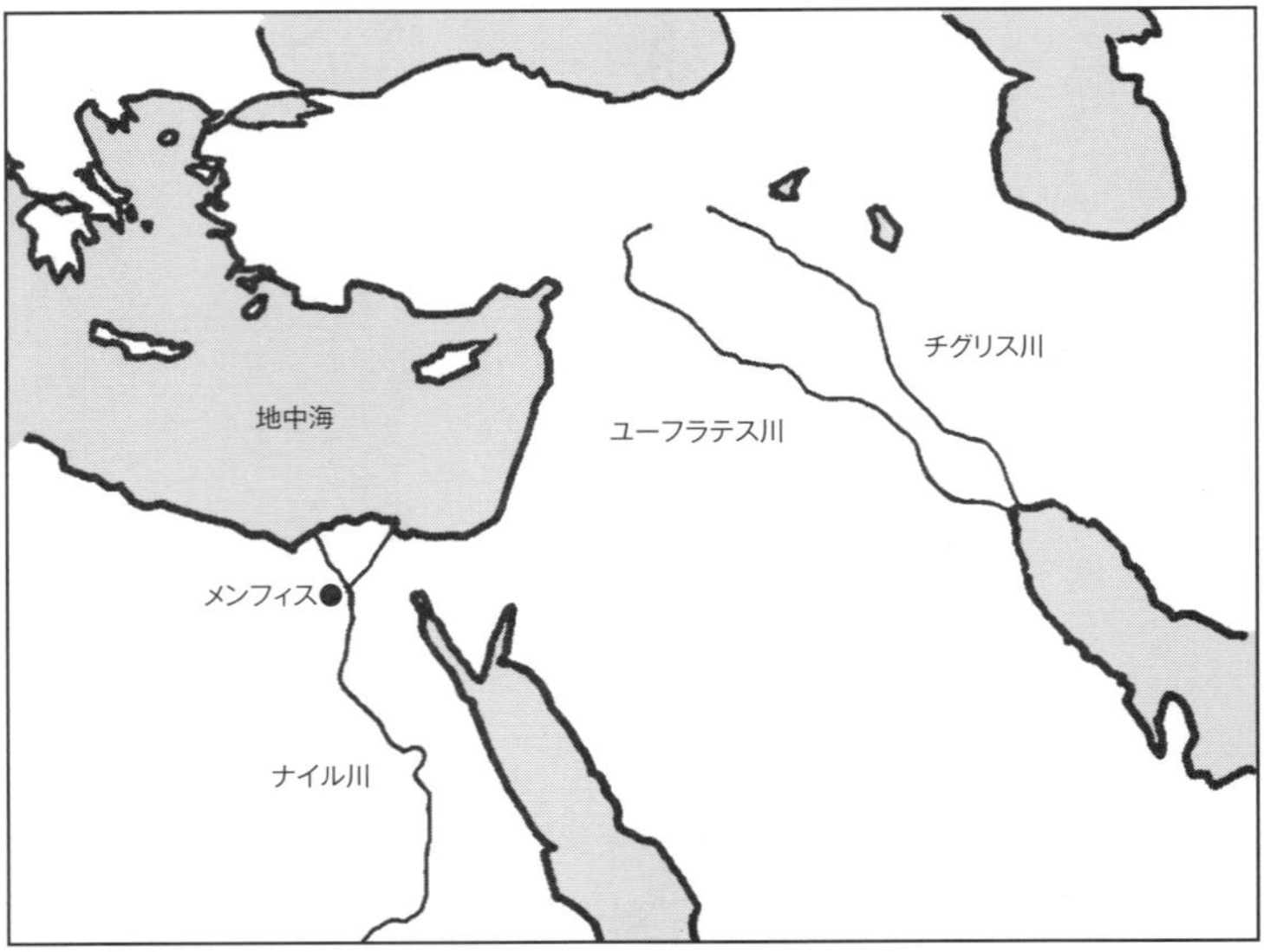

オリエント

漑《がい》、洪水を防ぐ治水といった努力を重ねて麦を育てました。この地は元来肥沃《ひよく》で、水さえ引けばまいた種の70倍もの収穫を得ることができました。ちなみに4000年後のヨーロッパでは、まいた種のせいぜい5倍の収穫量でした。

この生産力を背景に、紀元前3000年ごろのメソポタミアにはウル、ウルクなど人口数万の都市がならび立ち、青銅器や車輪、暦《こよみ》など、のちの文明の基礎となるものが生み出されました。粘土板にへらで刻む楔形《くさびがた》文字は、その後も西アジアで長く用いられました。

楔形文字
（ハンムラビ法典より）

同じころ、エジプトでも文明がおこります。この地も極度に乾燥しているのですが、毎年夏にナイル川が増水し、上流の肥沃な土を両岸にもたらしてくれるため、その恵みにより大きな収穫を得ることができました。前3000年ごろには、長大なナイル川流域をひとりの王（ファラオ）が治めていました。この文明は、象形文字のヒエログリフ、1年を365日とする太陽暦などを生みました。

これらオリエントとよばれる地域の文明は、各地に影響を与えました。地中海やインダス川流域の文明は、オリエントとの交流を通じて発展してきたものです。

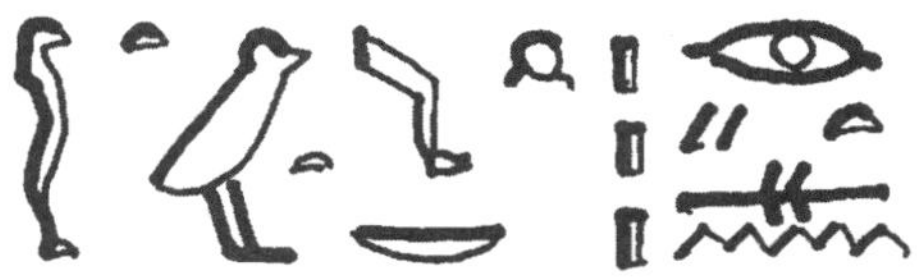
ヒエログリフ（ロゼッタストーンより）

アワと米の文明──中国とインド

季節風の影響を受ける東アジアでは、夏に雨が降ります。これを利用し、中国北部（華北）の黄河流域では紀元前6000年ごろ、アワの栽培がはじまりました。集落は都市となり、いくつもの都市が連合した王朝も生まれます。前1600年ごろに成立した殷《いん》王朝は、巨大な王墓、複雑で精巧な青銅器、漢字の起源となる甲骨《こうこつ》文字を生みました。

中国には、西アジアから麦も伝わりました。のちには、夏にアワ、冬に麦を栽培する二毛《にもう》作《さく》がおこり、中国が世界有数の人口密集地となる基盤ができました。

夏に大量の雨が降る江南《こうなん》（長江下流域）では、早くから稲作がはじまりました。コメは栄養豊富で、収穫量が大きく、土地を疲弊させないという利点があります。ただし、土地を水平にし、畦《あぜ》や水門を設け、用水路を通すといった土木工事が必要となります。江南の低湿地の開発が進み、一面の水田が広がる穀倉地帯となるのは、10世紀以降のことです。

インド北部は多量の夏雨に恵まれ、インディカ米が栽培されます。西アジアの農耕技術が取り入れられると、生産力が向上し、多くの都市があらわれました。より乾燥した南部でも、雑穀《ざっこく》や陸稲《りくとう》が栽培されるようになりました。中国にならぶ大人口地帯は、こうして形成されていきます。

トウモロコシとジャガイモの文明—アメリカ大陸

ユーラシア大陸と隔てられた南北アメリカ大陸では、独自の農耕文化が生まれました。

メキシコでは7000年前、トウモロコシの栽培がはじまります。収穫量が多いという特徴があり、薄いパン（トルティーヤ）にして食べます。南アメリカのアンデス山脈では、ジャガイモが主食でした。イモは長持ちしないのですが、この地では高山の寒冷な気候を生かして保存していました。

紀元前後、メキシコではテオティワカンのピラミッド群が生まれ、やや遅れて中央アメリカで精密な暦を持つマヤ文明が成立します。南アメリカではナスカに巨大な地上絵が描かれ、15世紀にはマチュピチュ遺跡で知られるインカ帝国が誕生しました。

アメリカ大陸の文明の特徴は、多くの石を用いた巨大建築で

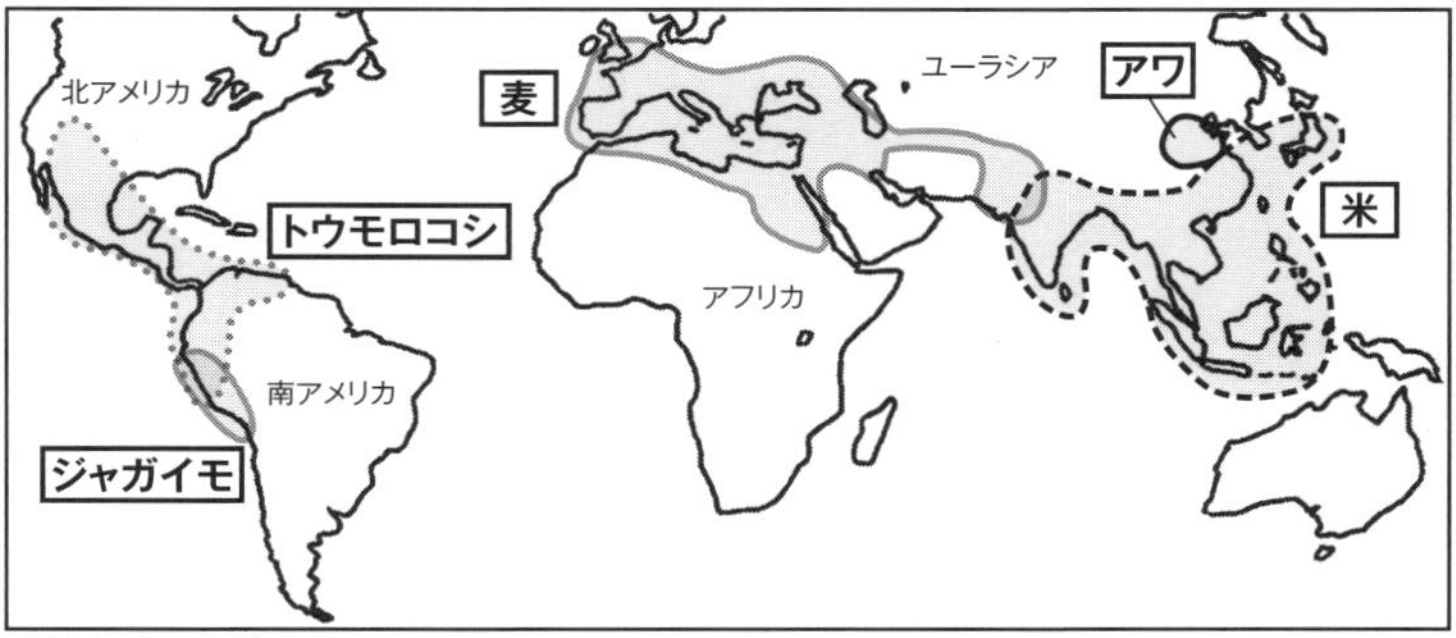

世界各地の農耕文化

す。しかし興味深いことに、この地には運搬に使われる牛や馬、ラクダといった大型の家畜がいませんでした。金、銀、青銅は用いられましたが、鉄器はありませんでした。インカには文字もなく、縄の結び目でさまざまな事柄を記録していました。

各地の文明は、それぞれの環境に応じたさまざまなかたちで発展してきたのです。

本章のまとめ

◉直立二足歩行を特徴とする人類はアフリカで生まれ、世界に広がった。1万年前に人類は農耕・牧畜による食料の生産を開始し、人口を増大させた。

◉宗教と交易の発達を背景に、都市が成立した。金属器、文字、政治組織など都市から生まれた生活様式が文明であり、各地の環境に適応したかたちで発展した。

第１章　農耕と文明
おもな動き

◉人類の進化と拡散

700万年前　猿人がアフリカに出現→石器の使用

180万年前　原人が出現→火の使用

20万年前　新人が出現→世界各地に拡散

◉農耕・牧畜のはじまり

9000年前　西アジアで麦の栽培がはじまる

8000年前　東アジアでアワ・米の栽培がはじまる

7000年前　アメリカ大陸でトウモロコシの栽培はじまる

◉文明の誕生

前3000頃　メソポタミアに都市国家が成立

エジプトに統一国家が成立

前1600頃　黄河流域に殷王朝成立

第2章

都市国家から帝国へ

都市国家の成立

文字が発明されると、詩や物語も書かれるようになりました。最古の文学作品は、紀元前2000年ごろにメソポタミアで粘土板に記された『ギルガメシュ叙事詩』だといわれます。主人公であるウルクの王ギルガメシュは実在の人物で、「ウルクの城壁を築いた者」と古代の文献に記されています。実際ウルクには、周囲約10キロメートル、厚さ4メートルもの巨大な城壁がありました。

このことは、文明のはじまりから戦争がつきものであったことを示しています。戦争は人々を兵士として動員し、勝者が敗者を従えます。その過程で命令系統ができ、社会が大きくなり、支配する者とされる者の差、つまり階級が生まれました。

都市はまた、秩序を保ち、富を集め分配し、公共事業を行うといった活動を日々行っています。そのなかで、都市は国家としての機能を持つようになりました。

都市国家は、都市と周辺の農村からなる小さな政治体です。その後、戦争や外交が繰り返されるなかで、より広い地域を支配する国家があらわれます。前3000年ごろ、ナイル川流域を統一したエジプトの王国はその最初のものです。

やや遅れて、メソポタミアも統一されました。前18世紀の古バビロニア王国では、「目には目を、歯には歯を」で知られるハンムラビ法典が編纂《へんさん》されました。多様な人々を治めるため、法を整えるという営みがあらわれたことを示しています。

馬、ラクダ、船、鉄

前２０００年ごろから、おそらくは気候が寒冷化したことが引き金となり、全ユーラシア規模の民族移動がおこりました。たとえば、ユーラシア北部にいたインド・ヨーロッパ語族の先祖にあたる集団は、ヨーロッパやオリエント、インドに広がりました。

彼らは他の地域ですでに姿を消していた動物である馬をつれていました。馬に引かれ突進する二輪の戦車は、戦場で絶大な破壊力を発揮しました。前１０００年ごろには、馬に

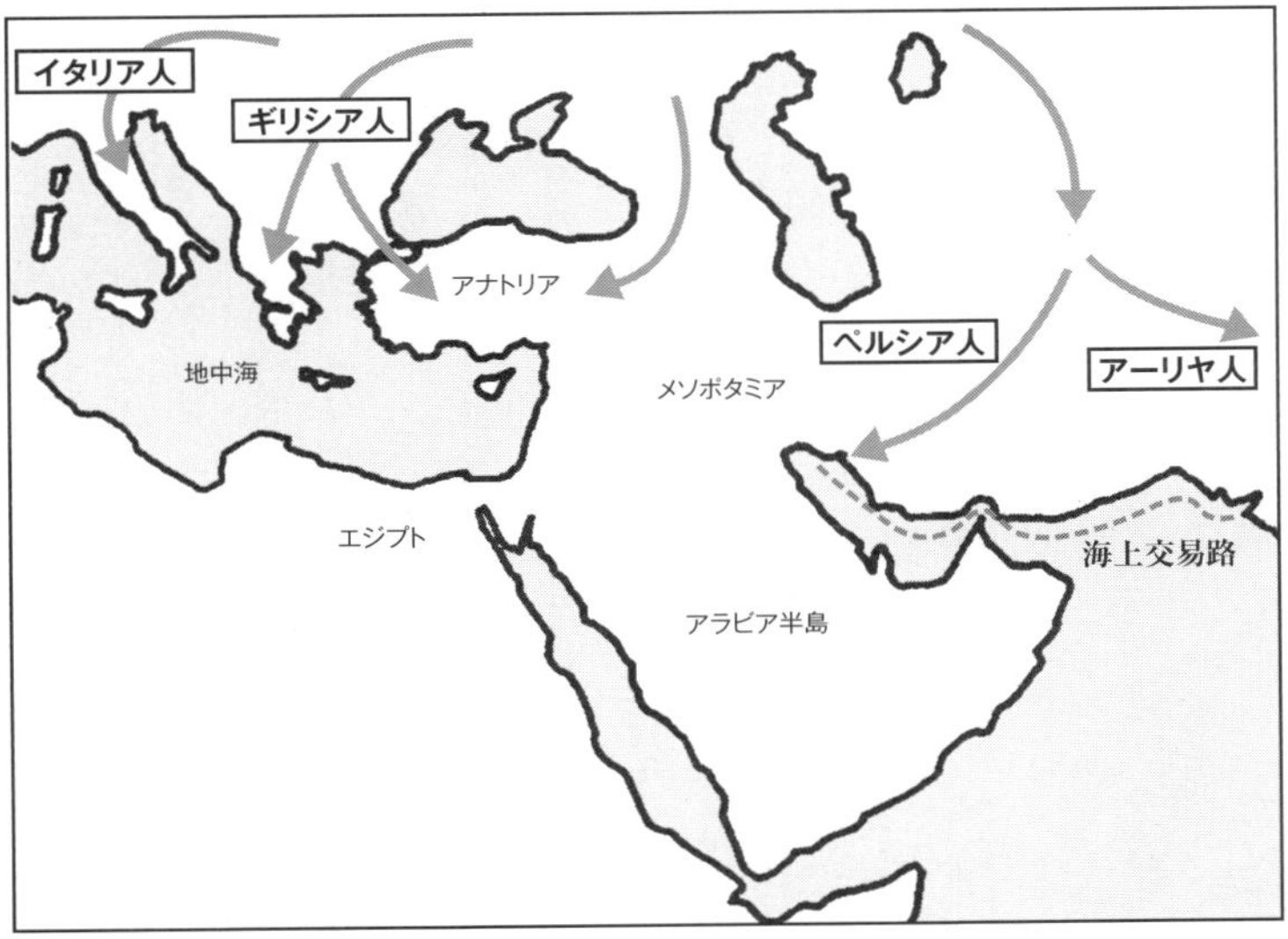

インド・ヨーロッパ語族の移動

またがり自由にあやつる騎乗の技術が生まれています。騎馬より速く移動する術《すべ》が蒸気機関車の登場までなかったことを考えると、その意義の大きさがわかるでしょう。

アラビア半島では、ラクダが家畜化されています。暑さと乾燥に適応した「砂漠の船」を得たことで、アジアやアフリカの大乾燥地帯を通過することが可能となったのです。

家畜よりも迅速・大量・安価にモノを運べるのが、船です。メソポタミアの人々は川辺の葦《あし》を編んで帆船《はんせん》をつくり、2000キロメートル以上も離れたインダス川流域とのあいだを行き来していました。

交易がさかんになると、新たな技術も広がります。そのうちもっとも重要なものが、鉄器です。鉄は青銅より強いのですが、製造には高い温度が必要で、当初はアナトリア（現トルコ）のヒッタイト王国が製法を独占していました。鉄器が普及するのは、この王国が滅びた前1200年以降のことです。

鉄は原料が手に入りやすく安価だという特徴を持ち、庶民の農具としても用いられました。辺境の地で森が切り開かれ、大地が耕されて、文明の範囲は広がっていきます。

精神の革命と帝国の出現

ユーラシアの各地でおこった戦乱、領域国家の成立、交易の発展、技術革新といった変動は、人々の視野と活動範囲を広げ、さらなる変化をうながしました。まず、人々の精神活動が活発になりました。共同体が受け継いできた思想の枠を超えて、世界の姿や人間の生き方についてみずから考え、実践する個人があらわれてきたのです。この精神の革命は、前6世紀ごろからいくつかの地域で並行しておこりました。

第二に、ひじょうに広い範囲を支配する強大国があらわれました。帝国とよばれるこうした国家はオリエントに最初にあらわれ、他の地域もこれに続きました。

精神の革命と帝国の出現について、まずオリエントの例を見てみましょう。

前6世紀にオリエントを統合したのが、ペルシア帝国です。この帝国は、西はエジプトから東はインダス川にいたる広大な領土を20余州に分け、総督を派遣して統治しました。幹線道路を整備し、金や銀のコインを流通させるなどして、交易も活性化させます。支配下の諸民族に対しては、税を納めれば従来の信仰や慣習を認めました。こうした統

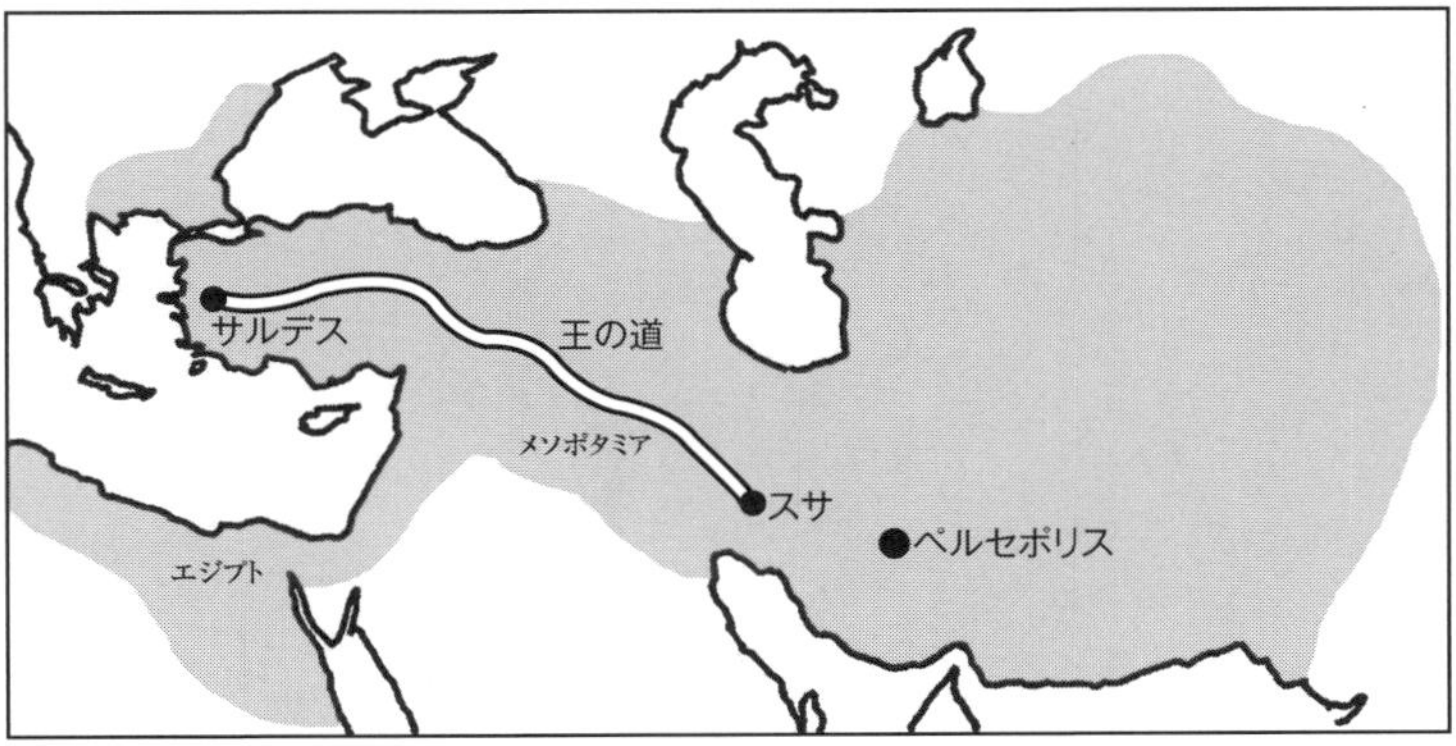

ペルシア帝国

治のあり方は、その後の帝国にも取り入れられます。

前6世紀以前の宗教家ゾロアスターの教えが広まったのは、このころです。ゾロアスター教は、この世を光明神《こうみょうしん》と悪霊の闘争の場であるとします。人間は善と悪どちらの側に立つこともできますが、この世の終わりに救世主があらわれて裁きが行われ、善なる者が救われ、悪は焼き滅ぼされるとされました。この宗教の特徴である最後の審判や天国の観念は、のちの一神教に大きな影響を与えました。

インドの文明と仏教

インドには前1500年ごろからインド・ヨーロッパ語系のアーリヤ人が侵入し、先住民を従えながら北部に定着しました。彼らは火や雷といった自然現象を神としてまつり、祭祀者のバラモンを最上位とする身分制度をつくりました。

稲作がさかんになると人口が増え、多くの都市国家が生まれます。このころ、バラモンのなかから新たな思想が生まれてきました。生き物は生前の行いによって別のものとなって生まれ変わり続けるという、輪廻《りんね》の考えです。この生死の連鎖から抜け出し永遠の生を得ることを解脱《げだつ》とよび、そのための理論や実践もまとめられました。

バラモンの下の階層からも、独自の方法で救いをめざす思想があらわれます。釈迦《しゃか》（ガウタマ・シッダールタ、ブッダ）は、快楽にも苦行にもかたよらない正しい道（八正道《はっしょうどう》）を歩むことで真理を悟り、苦から解放されると説きました。これが仏教のはじまりです。

政治的統合も進みます。北インドのマウリヤ朝はアショーカ王のもと、前3世紀中ごろにほぼ全インドを統一しました。王は仏教の影響を受け、不殺生《ふせっしょう》、父母への従順、弱者への配慮といった理念を碑《ひ》に刻ませています。マウリヤ朝はまもなく解体しますが、仏教がこんにちでも広い地域で受け入れられていることは周知のとおりです。

中国の文明と諸子百家

中国では、黄河流域に多くの都市国家がならび立ちました。宗教儀礼を通じてこれらを結びつけたのが、夏《か》や殷《いん》といった王朝です。次の周《しゅう》王朝の君主は「天子」と称し、地方の首長を諸侯に任じて広い地域に権威をおよぼしました。

しかし、周王朝の権威が揺らぐと諸侯が自立し、乱世が続きました。100あまりあった小国は、前4世紀には七つの大国へと統合されました。一方で鉄器が広まって農業生産力が高まり、商工業もさかんになります。

この変動期に活躍したのが、諸子百家《しょしひゃっか》とよばれる、さまざまな思想家や学派でした。政治や外交、軍事、農業技術、天文暦数《れきすう》までその思想は多岐にわたりますが、現実の政治や社会がおもな関心の対象であったことが特徴といえます。

前6世紀の孔子《こうし》は、社会の秩序を維持するという観点から家族的な親愛の情（仁）を強調し、いにしえの儀礼を守ることを説きました。この学派が儒家《じゅか》です。彼らが整理した古い時代の記録や文学は、その後の中国文明のかたちを決めるほどの意義を持ちました。

皇帝の帝国

諸子百家の一つである法家《ほうか》は、厳しい法律によって人々を従わせることを説き、富国強兵をめざす君主に歓迎されました。辺境国だった秦《しん》は、この思想をもとに改革を断行してのしあがります。秦の政《せい》王は他の6国を滅ぼし、前221年に中国を統一しました。彼は「皇帝」という称号をつくり、みずからを始皇帝《しこうてい》と称します。

秦は、あらゆるものを自国の基準にそろえようとしました。旧6国の支配層は一掃されて画一的な行政区画が敷かれ、皇帝から直接任命された官僚が統治にあたりました。さらに、文字、貨幣、度量衡《どりょうこう》の単位、車の車軸の幅まで統一するという徹底ぶりです。

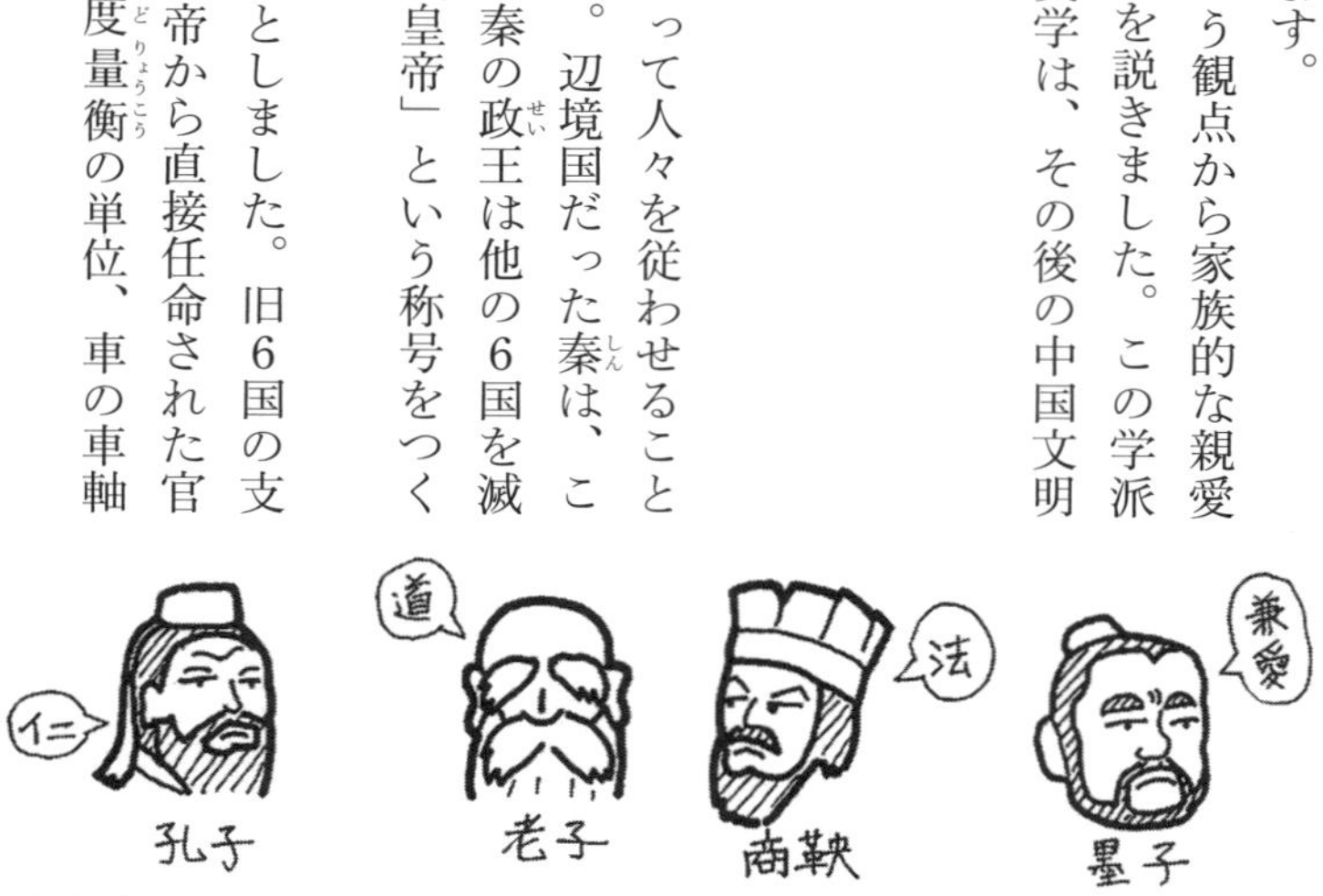

諸子百家

これは、皇帝ひとりが専制君主として中国全土の民を等しく支配しようとする体制でした。しかし、強引な改革と動員は人々の反発を招きます。始皇帝が死ぬとすぐに反乱がおこり、統一からわずか15年で秦は滅びました。

その後、農民出身の劉邦《りゅうほう》が貴族出身の項羽《こうう》を倒し、前202年に漢《かん》王朝を建てました。漢は改革の速度をゆるめたものの、けっきょく秦の制度を採用します。中国全土を支配するのにもっとも効率のよいシステムだったためです。

秦と異なるのは、第7代の武帝《ぶてい》から儒家思想が採用されたことです。秩序を重んじるこの教えが、社会を安定させるうえで役に立つと考えられたのです。漢は3世紀初頭に滅びますが、官僚制と儒教を基盤とした中華帝国のかたちは、その後の王朝に受け継がれます。

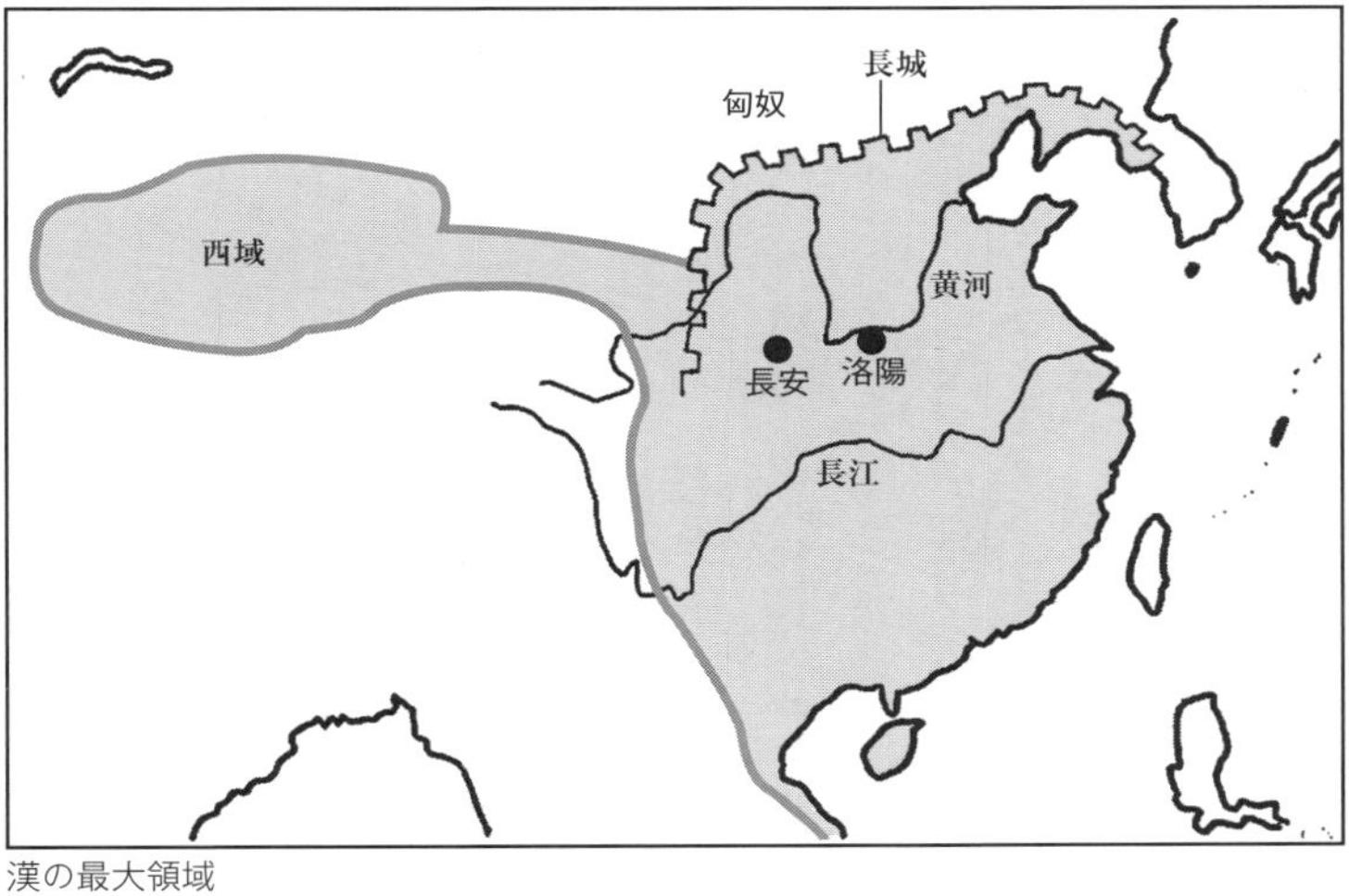

漢の最大領域

ギリシア人のポリスと哲学

地中海沿岸では、独自の展開が見られました。大きな内海が沿岸部の人々に開かれていたことで交易や移民がさかんになり、多くの都市国家が共存する状態が続いたのです。

現在のレバノンにいたフェニキア人は、前1000年ごろには船に乗って地中海全域で交易を行い、富を蓄えました。彼らは簿記の必要上、わずか20数種の表音文字で言語を表記する方法を編み出しました。これが、さまざまなアルファベットの起源です。

続いて海に乗り出したのが、ギリシア人です。彼らは、ギリシア本土や地中海・黒海の沿岸にポリスとよばれる都市国家を建設します。

ポリスでは、市民がみずから防衛にあたりました。前5世紀にペルシア帝国の大軍がギリシ

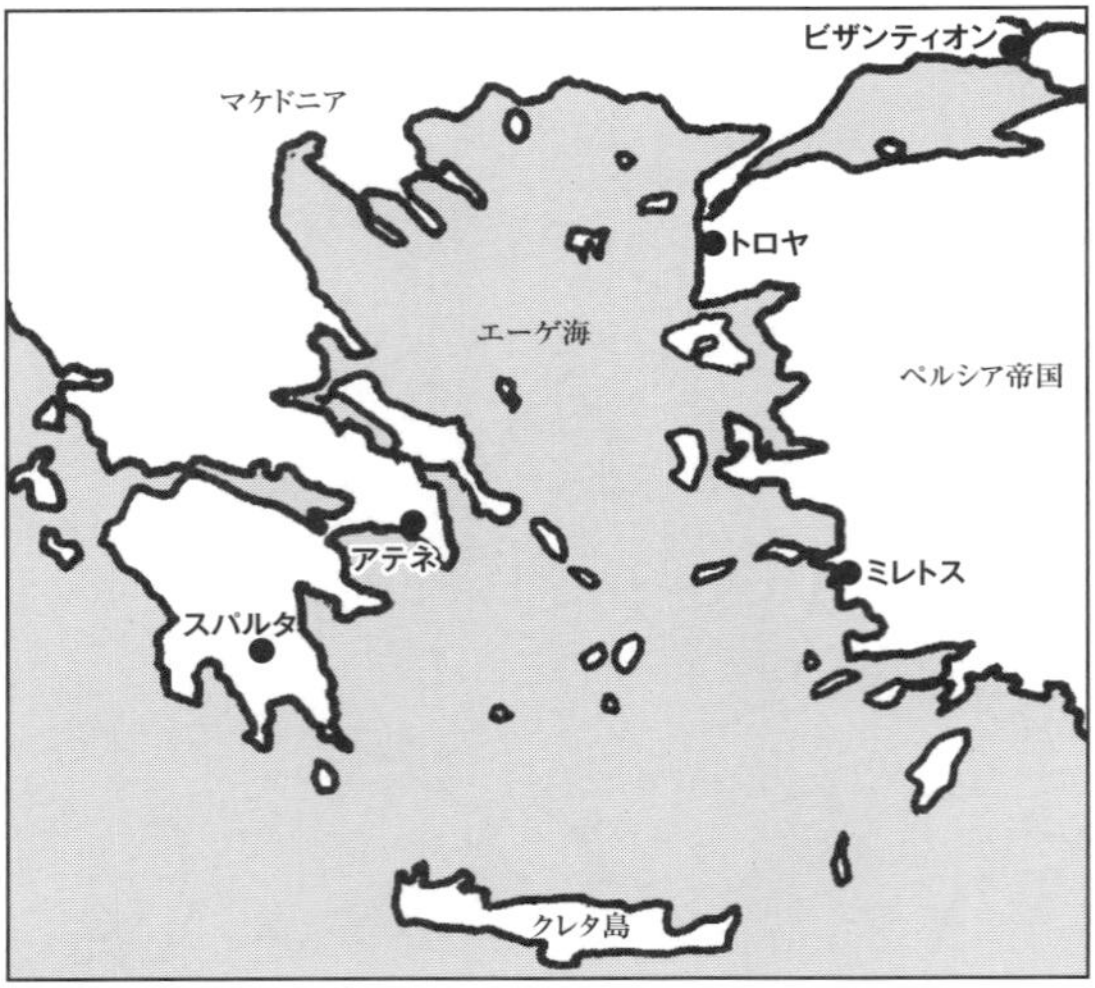

古代ギリシア

アに来襲したとき、これを退けたのは、ふだん農業や商業を営んでいる市民だったのです。国家を守るために戦う者は政治に関わる資格があるとされたため、貧民が軍船のこぎ手として活躍したアテネでは、全男性市民が民会に参加し発言する権利を持つようになりました。

その一方でポリスには、人間として扱われない大勢の奴隷がいました。奴隷に労働をまかせている市民は、広場で雑談をしたり集会で議論したりして余暇をすごしました。こうした環境から、論理的にものごとを考える哲学が生まれました。

初期の哲学は自然を考察するものでしたが、民主政が発達したアテネでは人間に関心が移りました。ソクラテスは、よく生きるためには真の知を求めなくてはならないと説きました。彼が処刑されたあと、その弟子プラトンは人間と自然の真の姿をとらえようとします。プラトンの弟子であるアリストテレスは、政治、文学、論理学、生物学などあらゆる領域を探究し、後世に大きな影響を与えました。

地中海波高し

地中海世界に統合の動きがあらわれるのは、前4世紀後半のことです。ギリシアの覇権を握ったマケドニアの若き王アレクサンドロスが、ギリシアの宿敵であるペルシア帝国を討つため、アジアへの大遠征をはじめたのです。

アレクサンドロスは数ではるかに勝るペルシア軍をつぎつぎに破り、その都を焼き払います。その後も遠征は続き、ついにはインド北部にまでたどり着きました。こうして、ギリシアとオリエントを統合する巨大な帝国があらわれました。しかし大王はまもなく病死し、後継争いのなか、帝国はエジプトをはじめとする国々に分裂しました。

このころ、地中海の西部では二大勢力が台頭していました。フェニキア人が築いた北アフリカの海洋国家カルタゴと、イタリア半島の覇者となった都市国家ローマです。両国は、ポエニ戦争という3次にわたる死闘を繰り広げました。

カルタゴにはハンニバルという名将があらわれ、ローマを苦しめます。しかし、けっきょくは国力にまさるローマがカルタゴをあとかたもなく滅ぼしました。ローマは東方にも進出し、地中海の覇者となりました。

アレクサンドロス大王

市民の帝国

ローマの政治体制は、共和政とよばれます。君主はおらず、市民の選挙で選ばれた公職者が政治を行います。ただし公職は貴族らによって占められ、公職者のＯＢからなる元老院が国政を左右したため、実質的な貴族政といえます。

貴族は指導力を発揮し、ローマ興隆の原動力となりました。しかし、ポエニ戦争後は征服地の富を独占し、軍役で疲弊《ひへい》した平民との格差が広がりました。また、海外領土である属州の人々は、ローマによって一方的に収奪されるだけでした。

ローマは、都市国家のシステムで運営するには大きくなりすぎていました。共和政は機能しなくなり、内乱が続きました。前1世紀中ごろ、政敵を倒して権力を集中した英雄カエサルは、帝国にふさわしいシステムをつくるため改革に着手しました。しかし、その矢先に暗殺者の前に倒れました。

その後、カエサルの養子オクタウィアヌスが内乱をおさめるとともに、エジプトの女王クレオパトラを倒し、地中海世界を統一しました。前27年、彼は元老院から「アウグストゥス（尊厳者）」の称号を授かりました。

アウグストゥスは共和政の諸制度を残しましたが、絶大な威光を背景に重要ポストを一手に握ることで、事実上の初代皇帝として専制的な権力をふるいました。これをもって、共和政ローマはローマ帝国になったとみなされます。

皇帝には、政治や軍事で功績をあげた者が就任することもありました。属州の有力者にも市民権が与えられ、1世紀末には初の属州出身の皇帝

クレオパトラ

カエサル

があらわれました。ローマの最大領土を築くトラヤヌス帝です。

中央政界をめざす各地の有力者たちは、地元市民の支持を必要としました。有力者は私財をなげうって、水道、浴場、劇場などを整え、剣闘や競馬を市民に提供しました。こうした帝国各地の名士層の頂点に位置したのが皇帝であり、剣闘士が戦う巨大なコロッセウム（円形闘技場）の建設に見られるように、市民の歓心を買うために気前よく贈与を行いました。ローマは市民の政治参加という地中海の伝統のうえに成立し、帝国中の富裕市民によって支えられた「市民の帝国」だったといえるでしょう。

反面、皇帝の地位は不安定で、あいつぐ政変の原因となりました。皇帝はみずからの権威を高め、官僚制を整備し、軍備を強化することに力を注ぎましたが、その負担を負わされた諸都

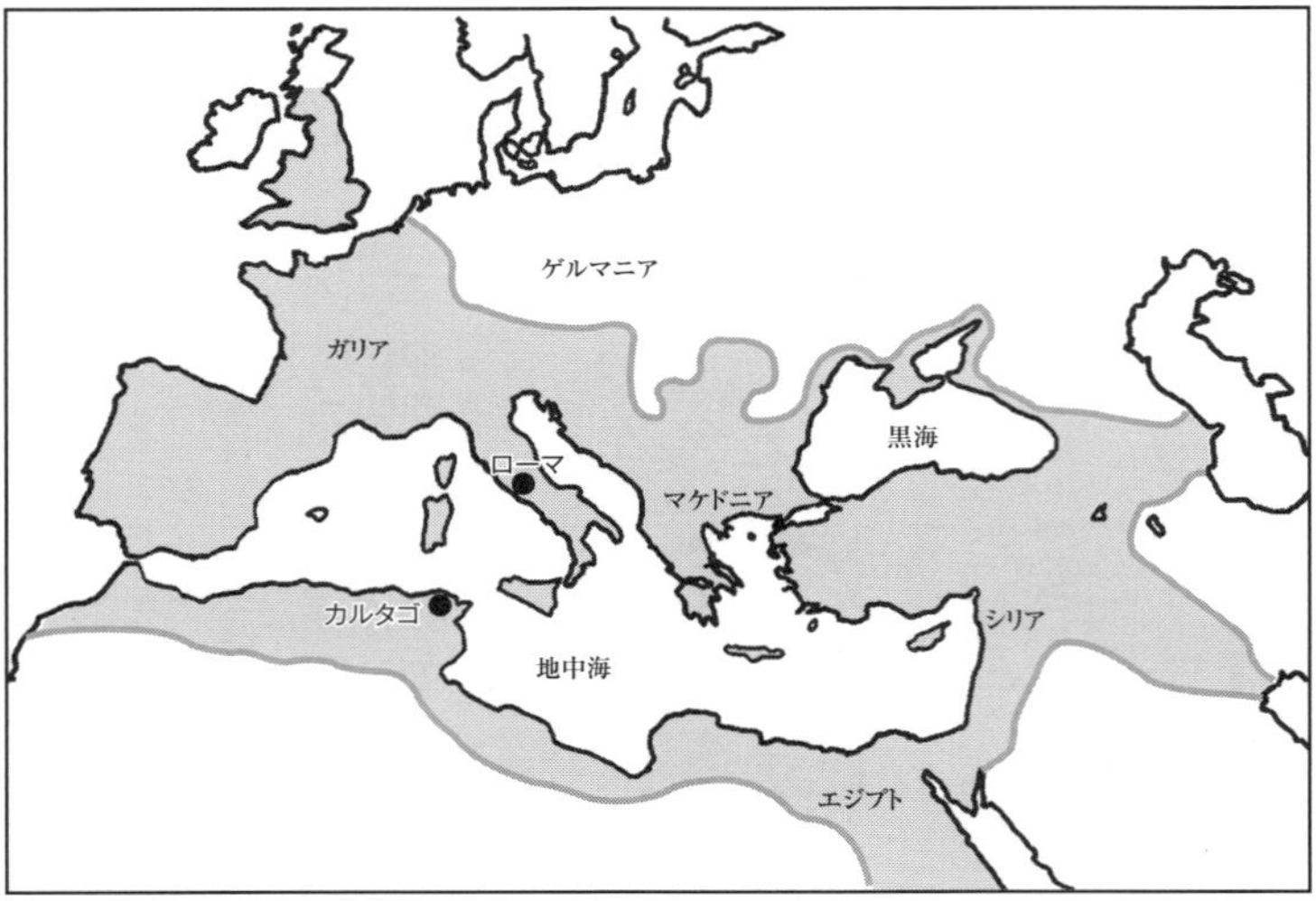

ローマ帝国の最大領域

市は疲弊し、地中海の社会はしだいに変容していきました。

4世紀末、ローマ帝国は東西に分かれます。東ローマ帝国はその後1000年以上も続くのですが、西の帝国は476年に滅びてしまいました。

帝国の記憶

帝国の経験と記憶は、のちに影響を残しました。中国は、分裂してもそのつど統一しようとする力が働き、現在も13億の人々をどうにかまとめています。秦と漢が統一国家のモデルを示したことが、そうした求心力の源にあるのです。

西方では、市民の権利を定めたローマ法がヨーロッパの法律の基礎となります。ローマ帝国の公用語であるラテン語は、長いあいだ西欧の知識人の共通語として用いられました。また、現実には多くの国に分かれていても、「ローマ皇帝こそ全ヨーロッパの支配者である」という理念は残りました。ドイツの君主は19世紀の初頭まで「神聖ローマ皇帝」を称します。そしてロシアでは、東ローマ帝国の後継者としてツァーリ（カエサル、皇帝）を名乗る皇帝が、じつに1917年まで君臨し続けたのです。

本章のまとめ

◉馬や船による交易の発展や、鉄器の発明は、人々の視野と活動範囲を広げた。そのなかから、仏教など普遍性を持つ宗教と、広範囲を支配する帝国が生まれた。

◉皇帝専制と官僚制を特徴とする秦漢帝国、市民の政治参加を基盤としたローマ帝国は、それぞれ中国と地中海の文明のあり方に大きな影響を与えた。

第2章　都市国家から帝国へ
おもな動き

◉国家・交易・技術の発達

前2000頃　『ギルガメシュ叙事詩』が著される
　　インド・ヨーロッパ語系民族、馬をともない移動
前12世紀　オリエントで鉄器の使用が広まる

◉帝国の出現と精神の革命

前525　ペルシア帝国がオリエントを統一
前5世紀　インドで仏教が成立
前4世紀　ギリシアでプラトンらの哲学が栄える

◉皇帝の帝国と市民の帝国

前221　秦の始皇帝、中国を統一
前202　劉邦、漢帝国を樹立
前146　ローマ、地中海の覇権を握る
前27　ローマが帝政に移行

◉古代帝国の終焉

220　漢が滅亡
395　ローマ帝国、東西に分裂

第3章

三つの道

遊牧騎馬の民と草原の道

ユーラシア大陸の北方を、モンゴル高原から黒海の北岸を経てハンガリー平原まで、草原地帯が東西をつらぬいています。この大地は古来、遊牧民の住む地でした。

草原を馬で駆け、数多くの羊をつれて旅する遊牧民の姿はロマンに満ちていますが、その生活は大変です。衣食住の基盤となる羊、ヤギ、ラクダなどの家畜の数は一家族あたり数百頭に達することもあります。これだけ多くの家畜を養うには、たいへんな労力と高度な管理能力が必要です。

遊牧民は数家族で集団をつくり、夏に家畜を放牧する広い草原と、冬の寒さをしのぐ宿営地のあいだを往復します。このあいだの距離が2000キロメートルを超えることもあり、春と秋はほぼ毎日移動に費やさ

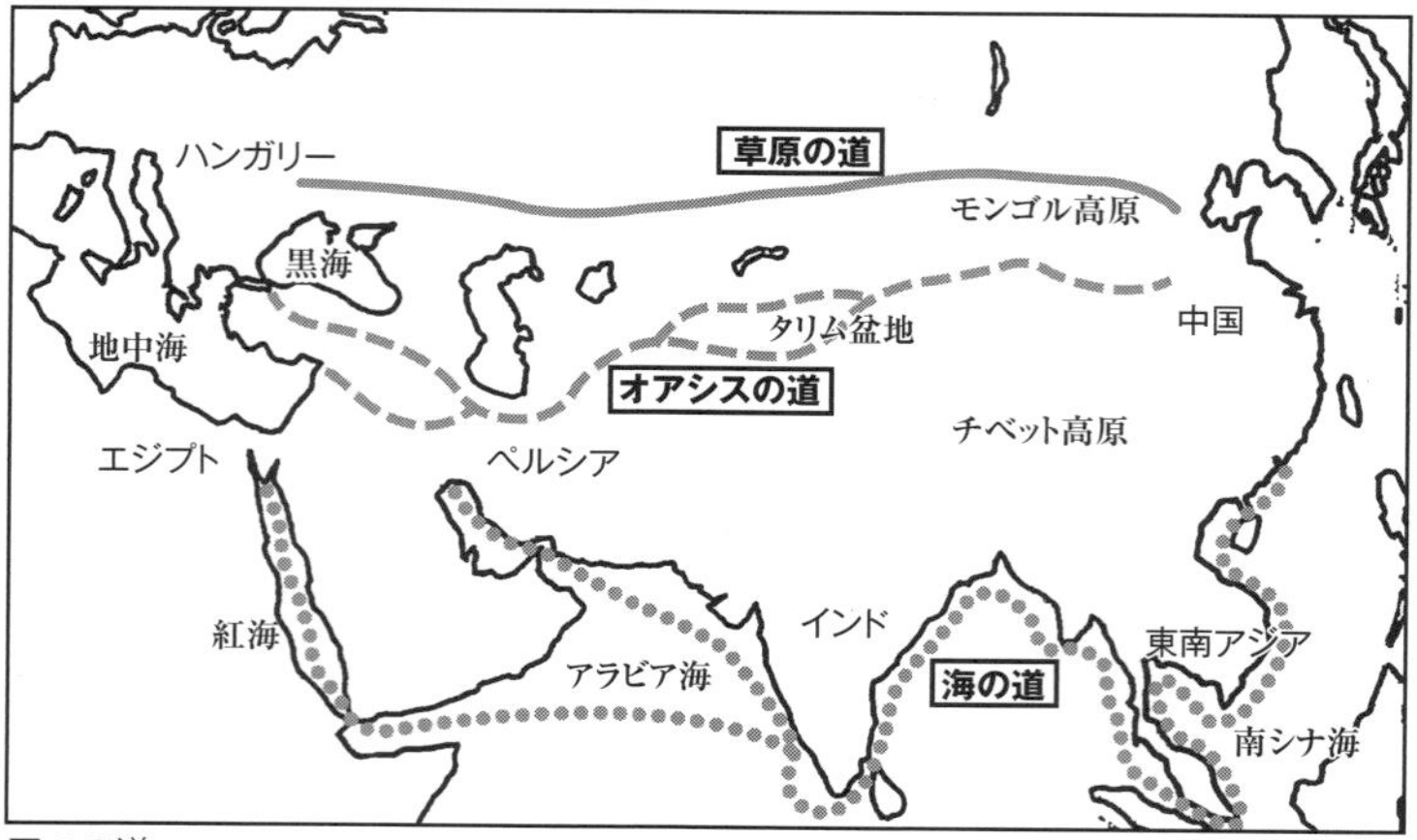

三つの道

れます。

このような遊牧民の日常に欠かせないのが、馬です。紀元前10世紀ごろに騎馬の技術が生まれたことで、遊牧民が扱える家畜の数は格段に増え、その生活は豊かになりました。

一方で、遊牧民は農作物や工芸品を自給できません。そのため、農耕民との交易が必要となります。農耕地帯の商人も、草原を駆ける騎馬遊牧民の機動力に注目しました。この両者が結びつき、ユーラシアを東西につなぐ「草原の道」が成立したのです。

遊牧民と農耕民のシーソーゲーム

遊牧民はふつう、家畜が草を食べ尽くさないよう小集団ごとに散らばって暮らしています。ただし、出自を同じくする氏族や、文化的な共通性を持つ部族といったつながりも保っています。強力なリーダーのもとにいくつもの部族が集まり、大きな集団をつくることも見られました。これが遊牧国家です。

遊牧国家の最初のものは、前7世紀ごろ黒海北岸にあらわれたスキタイです。この時代、南のオリエントにあらわれた統一国家に対抗したものと見ることができます。武力が劣れば、交易でも不利な立場に立たされてしまうからです。

幼いころから乗馬になれ親しんだ遊牧民が武装して集まると、機動力に富む強力な軍団ができあがります。スキタイの騎馬軍団は、ペルシアが送り込んできた大軍を翻弄《ほんろう》するなどオリエントの大帝国に対しても優位を示しました。

ユーラシア東部のモンゴル高原でも、中国で統合が進むのと並行して遊牧民の動きが活発になります。遊牧民の侵入に悩まされた中国の諸国は、土づくりの防壁を築いてこれを防ぎました。いわゆる万里の長城は、秦の始皇帝がこれらを修築しつなぎあわせたものです。一方、遊牧民を統一した匈奴《きょうど》という集団は秦にかわった漢を攻撃し、皇帝高祖《こうそ》（劉邦）を屈服させる大戦果をあげました。

以後のユーラシア大陸の歴史は、北の遊牧民と南の農耕民のシーソーゲームを軸として展開されていくことになります。

オアシスの道

ユーラシアの大草原地帯の南には、ゴビ砂漠やタクラマカン砂漠といったきわめて乾燥した大地が広がり、7000メートルを超す山脈も連なっています。このような過酷な環境ですが、高山の雪どけ水がわきだすオアシスでは小規模ながら農耕を営むことができました。フタコブラクダが導入されると、砂漠を通過する交易路が開け、オアシスは都市に成長しました。「オアシスの道」は、こうしてあらわれました。

オアシス都市は小規模で、たいした武力を持っていません。そこでペルシアや匈奴といった大勢力の支配下に入り、その保護を受けながら交易網を広げていきます。

前2世紀、漢の武帝《ぶてい》は「オアシスの道」の存在を知ると、何度も遠征軍を送って匈奴を退け、タリム盆地の諸都市を従えました。以後、富を生みだすこの道をめぐって、遊牧民と農耕民の帝国が争奪を繰り返すことになります。

シルクロードの文化交流

中国から地中海までをつなぐ「オアシスの道」は、「シルクロード（絹の道）」ともよばれます。蚕《かいこ》の繭《まゆ》からつくる絹が、中国からこのルートを通って西に運ばれていったことにちなんでいます。絹は商人から商人へと転売されていくので、地中海にたどり着くときにはたいへんな高値になっています。それでも、光沢が美しく肌触りがよいこの布を、ローマの貴婦人たちは競って買い求めました。

なお、孫悟空《そんごくう》らの活躍で知られる『西遊記《さいゆうき》』は「オアシスの道」を舞台とする物語です。主人公の三蔵法師《さんぞうほうし》のモデルが、中国・唐代の僧である玄奘《げんじょう》です。彼は仏教を学ぶため「オアシスの道」を西に進み、砂漠や高山を越える苦難の旅を続けてインドにいたり、多くの仏典を中国に持ち帰りました。

文化史のうえで大きな意味を持つ製紙法も、この道を通って伝えられました。

水に溶かした植物繊維をすいてつくる紙は、漢代の中国で生まれました。書きやすく、折る・切るが自在で、かさばらず保存にも向き、安価であるという長所を持った素材です。その製法は長いあいだ中国が独占していたのですが、8世紀に唐から西方に伝わりました。そしてカヤツリグサからつくるパピルスや、羊の皮をなめす羊皮紙《ようひし》といった従来の素材にとってかわり、知識の拡大に貢献したのでした。

インド洋の季節風交易

インド洋に突き出している南インドでは、古代ローマの金貨が数多く出土します。いまから2000年も前に、両者のあいだで交易が行われていたことを示す遺物です。

南インドは、コショウやシナモンに代表される香辛料の宝庫です。香辛料は料理に独特の味や色、辛みや香りをつけ、食物の保存にも役に立ちます。地中海や西アジアの商人は自国では産しないこの珍品を得るために、船に乗り南インドにやってきたのです。

インド洋西部では、夏に海からインドへ、冬にはその逆に季節風が吹きます。ローマ帝国が成立したころから、春にエジプトから帆船に乗り、ア

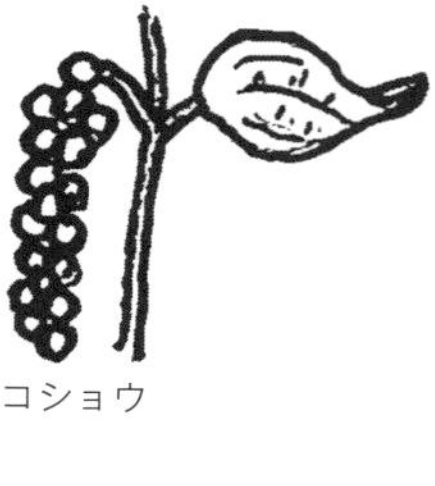
コショウ

ラビア海を横断して南インドへ直行し、香辛料を買って冬に帰るという貿易がさかんになりました。

インドには魅力的な商品がそろっているのに対し、ローマにはあまり輸出できるものがありませんでした。そのため地中海世界からインドへ、商品の代金として金や銀といった貴金属が流出し続けました。両地域のあいだの貿易では、以後もこのようなかたちが続きます。

「海の道」の開通

インドとならび、人口が多く特産物が豊富なのが中国です。しかし、両地域のあいだにはチベット高原とヒマラヤ山脈がたちはだかっているため、陸路では「オアシスの道」を通って遠回りするしかありません。そこで、海路が注目されることになります。

インド・中国間の航路は、東南アジアを通ります。この地もまた、香辛料など多くの特産品を持っています。こうした商品を積み出したり、外来の商船が立ち寄ったりする港町が各地にあらわれ、港市国家とよばれる都市国家に成長します。

ベトナム南部のオケオ遺跡からは、漢代の中国の鏡や2世紀のローマ皇帝が描かれたコインが出土しています。紅海から南シナ海にいたる「海の道」が、このころに開通したことがわかります。

こうして、「草原の道」「オアシスの道」「海の道」という、ユーラシアの東西を結ぶ三つの道がそろいました。取り引きされる品物は絹、香辛料、貴金属など、少量のぜいたく品が中心でした。しかし、遠い地の産物や情報が伝えられるようになったことでくらしは変わり、人々の視野や知識も広がっていったのです。

本章のまとめ

◉ユーラシア北方の草原におこった騎馬遊牧民は、強大な武力で農耕民の国家に対抗した。両者は、乾燥地帯のオアシス都市の争奪を繰り広げた。

◉遊牧民が担う草原の道、中国の絹が運ばれたオアシスの道、季節風を用いる海の道は東西の世界を結び、商品や文化の交流に重要な役割を果たした。

第3章　三つの道
おもな動き

◉騎馬遊牧民と「草原の道」

前1000頃　騎馬の技術が生まれる
前513　スキタイ、ペルシアの侵攻を退ける

◉「オアシスの道」をめぐる攻防

前200　匈奴、漢の高祖を屈服させる
前2世紀　漢の武帝、タリム盆地を支配下に置く

◉「海の道」の開通

1世紀　ローマと南インドの海上交易がさかんになる
2世紀　地中海世界から中国にいたる海上交易路が開通

第4章

文明圏の形成

文明圏──言語と宗教の役割

世界を旅すると、土地ごとの文化の違いを実感します。言葉や文字はさまざまで、コミュニケーションに苦労します。食事や習慣の違いに戸惑うことも少なくありません。人々が何を大事に考え、何をタブーとしているのかも異なります。

とはいえ、たとえばイギリスとフランスのあいだには共通点が多いような気もしますし、イランの文化は中国よりもエジプトに近いこともわかります。そうして見てみると、多様性を持ついくつもの地域を包み込む大きなまとまりがあることに気づくことでしょう。こうしたまとまりを、ここでは文明圏と名づけておきましょう。

文明圏は、歴史のなかで成立し長いあいだ続いてきた、広い範囲におよぶまとまりです。では、その核になっているものは何でしょうか。

一つは言語です。近代以前の世界では、多種多様な日常の話し言葉とはべつに、広い地域に通用する共通語がありました。文明を担う知識人は、こうした共通語が通じる範囲でコミュニケーションをとることができたのです。

第二は宗教です。人々の活動範囲が広がるにつれ、特定の共同体だけでなく、多くの人々に共有され得る（つまり、普遍性を持つ）宗教があらわれてきます。宗教は、人々がどのように世界をとらえ、何に価値を置くかを決定します。そのため、同じ宗教を信じる人々の考え方や生活のあり方は似かよってきます。

言語と宗教は、たがいに関連しています。たとえば、宗教の聖典に用いられている言語が信者のあいだでの共通語となることがあります。ラテン語やアラビア語はその典型でした。

こうした文明圏は紀元前からあらわれ、消長を経ながら現在につながるかたちにまとまりました。この章では、さまざまな文明圏の成立と発展のようすを見ていきます。

ヘレニズム文明の影響

紀元前4世紀のアレクサンドロス大王の遠征を機に、ギリシア人がエジプトやアジアの各地に移り住みました。ギリシア風の都市が建てられ、ギリシア語がエリートたちの共通語として用いられました。アフガニスタンの山中でギリシア語が刻まれたコインが用いられ、ゼウス神の像がまつられていたことには驚きをおぼえます。

このように、オリエントの地にギリシアの要素が被《かぶ》さり生まれたのが、ヘレニズム文明です（ヘレニズムとは、「ギリシア風の」という意味です）。そうした経緯から、この文明はオリエントとギリシアの融合という性格を持っています。たとえば、人々はギリシアの神々とエジプトの神々をあわせて信仰していました。また、オリエントの技術にギリシアの合理的な思考が加わり、自然科学が発達しました。

その後、ヘレニズム文明圏の東半はイラン系諸国に、西半はローマ帝国に征服され、一つの文明圏としては消滅しました。しかし、ギリシア語によるヘレニズムの哲学・科学はイスラーム文明やキリスト教文明に受け継がれていきます。

仏教のゆくえ

インドで生まれた仏教はアジアに広がり、各地の文明に強い影響を与えます。

仏教は「仏の教え」であり、「仏になるための教え」でもあります。釈迦《しゃか》の教えを学び、釈迦と同じ「真理を悟った人（ブッダ、仏）」になることをめざすのです。そのため、釈迦が悟った「真理（ダルマ）」そのものに究極の価値があるとされています。

当初は、悟りを開くためには出家して教団に入り、厳しい戒律を守って修行することが求められました。そのなかでは釈迦の教えを忠実に守ることが重視され、その教説はパーリ語の経典にまとめられました。この系統の仏教は上座部《じょうざぶ》仏教とよばれ、のちにミャンマーやタイに伝わりました。

ボロブドゥールの仏像

一方、1世紀ごろのインドでは、「だれでも仏になれる可能性を持っている」として、広く人々を救うことをめざす新たな教えがあらわれました。この大乗《だいじょう》仏教は、中央アジアを経て中国、朝鮮、日本に広がりました。チベット仏教もこの系統の教えです。大乗仏教では、古代インドの文語であるサンスクリット語の諸経典が新たにつくられ、用いられます。「色即是空《しきそくぜくう》、空即是色《くうそくぜしき》」の一節で日本人にもなじみ深い『般《はん》若《にゃ》心経《しんぎょう》』は、7世紀にインドを訪れた玄奘《げんじょう》によって漢訳されたものです。

仏教では、真理はあらゆるかたちでこの世界に姿を見せており、真理にたどり着くための道（方便）もさまざまだとされます。こうした柔軟性から、仏教は各地の信仰や儀礼と混じりあっていきます。日本で、仏が神となってあらわれた（権現《ごんげん》）とされたり、神社の境内《けいだい》に寺が建てられたりするのはその例です。

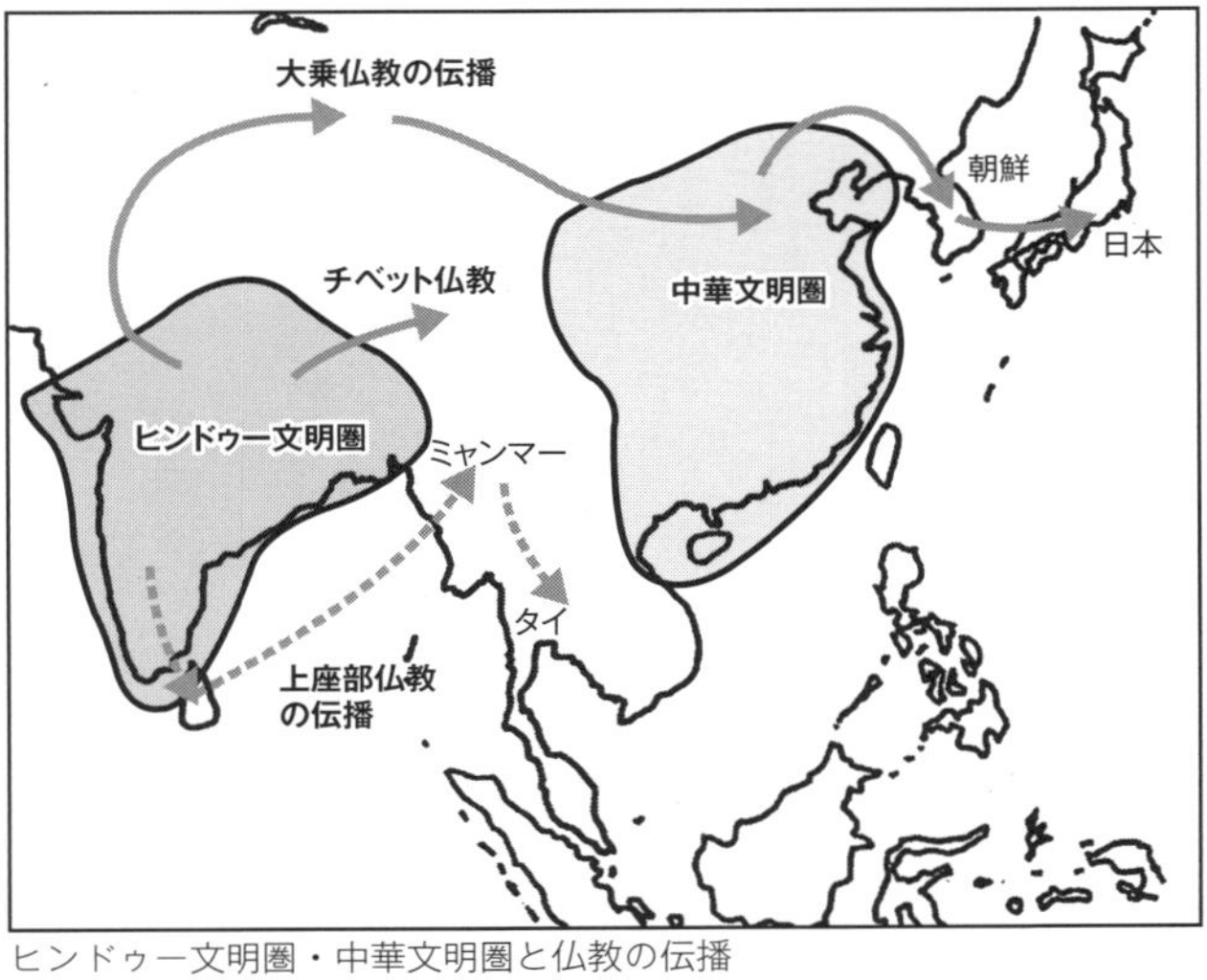

ヒンドゥー文明圏・中華文明圏と仏教の伝播

仏教文明圏は、各地域で独自に発展した信仰の、きわめてゆるやかなまとまりだといえるでしょう。

インドに根づくヒンドゥー教

こんにち、仏教はその発祥の地であるインドではほとんど姿を消しています。かわって主流となっているのが、ヒンドゥー教です。

ヒンドゥー教は、前1500年ごろにインドに移り住んだアーリヤ人の信仰とそこから派生した高度な哲学に、インド土着の民間信仰が融合してできた宗教です。インドに根ざすさまざまな思想や生活様式の集合体であり、その性格は多様なのですが、永遠に生死を繰り返すという輪廻《りんね》の思想がその中心にあります。人々は、来世でよりよい生が得られるように願って生活します。輪廻から抜け出すこと（解脱《げだつ》）をめざす人々もいます。

そのためには、正しい行いをなすこと、よく学ぶことが重要だと説かれるのですが、その指針となるのが、『ヴェーダ』とよばれる聖典群や、長大な叙事詩《じょじし》、生活規範を説いた法典などの膨大なサンスクリット語文献です。

学問とは無縁の庶民のあいだには、神を熱烈に愛することを説く信仰が広まります。ヒンドゥー教には多くの神々がいますが、世界を保持するヴィシュヌと世界を破壊するシヴァがとくに人気があります。

7世紀以降、インドでは戦乱が続き、農村は閉鎖的になって自給自足化が進みました。そのなかで、カーストとよばれる職業にもとづく小集団が数多く生まれてきました。食事や結婚は同じカーストのなかで行われ、家業は世襲されます。ヒンドゥー教はカーストにもとづく生活様式に宗教的な意味を与えることで、人々の一生に深く関わってきました。

こうしてヒンドゥー文明圏が成立する一方、学問的な性格が強いインド仏教は民衆から離れ、ヒンドゥー教に吸収されてしまいました。仏教の開祖釈迦は、ヒンドゥー教ではヴィシュヌ神の化身の一つとされています。

中華の文明

中国は歴史上、まぎれもなく独自の文明圏をかたちづくっています。しかし、その宗教は多様です。古来の礼楽を整理した儒学が尊ばれる一方、外来の仏教も広まり、呪術や民間信仰を体系化した道教もさかんです。言語もさまざまで、こんにちでも北京《ペキン》、上海《シャンハイ》、香港《ホンコン》で話される言葉は異なります。

こうした中国を一つの文明圏としてまとめていたのは、政治の働きです。秦の始皇帝以来の歴代王朝では、皇帝が任命した官僚が行政を担う中央集権体制が受け継がれました。このことが文明の性質を決めたのです。

諸王朝の政務は、すべて文書を通じて行われました。漢字は表音文字と違い、意味をあらわす文字体系です。中国人と日本人が筆談を交わすことができるように、話し言葉が異なっても文字を通じてコミュニケーションがとれます。このことは、多様な諸地域を結びつけるうえで大きな意味を持ちました。

6世紀末からは、科挙《かきょ》という筆記試験によって官僚が選ばれるようになりました。官僚になることが権力に近づく唯一の道でしたから、富裕者の子弟は合格をめざして勉学に専念しました。漢字の読み書き能力を共有する分厚い知識層は、こうして形成されました。

科挙ではまた、儒教の経典に関する知識が問われました。古代の文献を集めた経典類が漢文の模範とされたことに加え、儒教の説く「礼」が重視されたためです。

礼は単なる儀礼にとどまらず、個人の行動から社会や国家の秩序にまでおよぶ規範の体系です。この教えが帝国を維持するために必要だとみなされ、礼を身につけた者こそが民を教え導く資格があるとされたのです。

多様な中国を一つに束ねる皇帝と、それを支える漢字と礼。このことは、中国の支配層のあいだに、みずからを「華《か》」（文明）の中心と誇る意識を生みました。こうした中華思想のもとでは周辺は「夷《い》」（野蛮）として差別されますが、一方で礼を身につければ「夷」でも「華」の一員とみなすという側面もありました。

ある種の開放性を持った中国文明は、東アジア諸国に影響をおよぼします。漢字や儒教は中国の法令や制度とともに、朝鮮半島やベトナムの文化の礎《いしずえ》となりました。日本もこれらを学ぶため、さかんに遣唐使《けんとうし》を送りました。こうして学んだ文物が日本文化の重要な基盤をなしたことは、いうまでもないでしょう。

一神教の系譜

宗教に関しては柔軟で開放的だったユーラシア東半の文明圏に比べ、ユーラシア西半に生まれた文明圏では、宗教が強力な求心力を持ちました。キリスト教とイスラーム教という、二つの一神教がそれです。

一神教の起源は、前5世紀ごろからパレスチナで成立してきたユダヤ教です。信者であるユダヤ人はみずからを、唯一絶対の神ヤハウェによって選ばれた民族である、としていました。ユダヤ人の国家は弱小で、苦難の歴史を歩んできましたが、いつか救世主（メシア）があらわれると信じられていました。

ユダヤ教は、聖書に示される戒律を絶対視します。しかし1世紀初頭、ローマ帝国の支配下にあったパレスチナにイエスがあらわれ、戒律主義を批判し信仰を通じた内面の救いを説きました。ユダヤ教主流派の敵意を受けたイエスは処刑されましたが、その弟子たちはイエスこそ神の子、救世主（キリスト）であると信じました。こうして、ユダヤ教からキリスト教が分かれてきたのです。

キリスト教は、ユダヤ人だけでなく全人類に救いの道を示す教えとして、地中海世界に布教されます。キリスト教徒はユダヤ教の聖典を『旧約聖書』として受け継ぎつつ、イエスや弟子の言行録などを『新約聖書』としてまとめました。

ところで、ローマのような多神教の文明と一神教とは、相性がよくありません。パレスチナのユダヤ人社会はローマ帝国からの独立をめざして立ち上がりましたが、壊滅しました。以後、ユダヤ人は各地に散らばって共同体を営み、信仰を保ち続けます。

キリスト教徒も、「皇帝崇拝を拒否した」としてしばしば迫害されました。しかし、来世の救いを信じるキリスト教徒は現世の苦難を耐えしのびます。ローマ帝国が危機に陥ると、キリスト教は人々の心をつかみ、ついに政府によって信仰が公認されます。その後キリスト教は支配層にまで広がり、392年にはローマ帝国の国教とされ、他の宗教がすべて禁止されるにいたりました。キリスト教文明のはじまりです。

二つのキリスト教文明圏

キリスト教の特徴は、教会という巨大な信者の団体を組織したことにあります。そのなかには一般の信者を教え導く聖職者があらわれ、司教―司祭―助祭といったピラミッド型の階層が形成されました。禁欲的な共同生活を送る修道院も各地につくられ、布教の拠点となりました。

しかし巨大組織であるがゆえに、教会内部では対立が絶えませんでした。まず、「キリストとは何者か」という教えの根本をめぐって論争が戦わされました。その結果、神・キリスト・聖霊（神から発する霊）の3者を一体とする「三位一体説《さんみいったいせつ》」が正統とされ、これに反する説は異端として退けられました。

4世紀末にローマ帝国は東西に分裂しましたが、教会も権力闘争や教義論争のすえ、8世紀ごろに東西に分かれました。東がコンスタンティノープル（現イスタンブル）の教会を中心とするギリシア正教会、西がローマ教皇（法王）を首長とするローマ・カトリック教会です。こうして、二つのキリ

二つのキリスト教文明圏（11世紀）

スト教文明圏が生まれました。

ギリシア正教会は、東ローマ（ビザンツ）帝国の保護を受け、ギリシア語で聖書や儀礼を整えました。またギリシア文字をもとにキリル文字をつくり、東ヨーロッパのスラヴ人に布教を行いました。その最大の成果が、10世紀末のロシア人の改宗です。

カトリック教会は、西ローマ帝国が滅びたあと、各地に王国を築いていたゲルマン人への布教に活路を見出しました。8世紀にはもっとも有力なフランク王国と協力関係を築きます。こうして成立した西ヨーロッパ文明圏では、ラテン語が教会や学問の言語として受け継がれます。

このように、二つの文明圏の成立にあたっては、国家と教会の協力関係が大きな意味を持ちました。しかし、国家は現実の生活において、教会は精神生活において、人々に権力をおよぼします。両者のあいだに競合が生じた場合は、どちらが優先されるのでしょうか。

ビザンツ文明圏では国家権力が強大で、教会はおおむねこれに服しました。これに対し、西ではフランク王国が分裂したあと、諸王国の権力は弱体化しました。そのためカトリック教会が諸国家に対し優位に立ち、教皇が絶大な権威を持つようになりました。しかし、キリスト教世界における「国家と教会の関係」という問題はその後もくすぶり続けます。

ローマ教皇

イスラーム教の誕生

砂漠に覆われた辺境の地であるアラビア半島では、この地に住むアラブ人の新たな一神教としてイスラーム教がおこり、やがて大きな文明圏を形成することになります。

開祖であるムハンマドは、交易都市メッカの商人でした。その教えは人々に受け入れられず、彼は北方のメディナに移りました。この街でムハンマドは指導者となり、小さな教団国家をつくります。この622年が、イスラーム暦の元年となっています。その後ムハンマドはメッカを降伏させ、その他の都市や部族も従わせました。彼が没した632年の時点で、アラビア半島はほぼ統一されていました。

「イスラーム」とは、唯一の神に「服従する」という意味で、その信者はムスリムとよばれます。アラビア語でアッラーとよばれる神は、ユダヤ教やキリスト教の神と同一であるとされています。ただし、ムハンマドを通して伝えられた啓示（神の言葉）によって一神教が完成したという立場から、イスラーム教こそが完全な教えだと主張します。啓示はムハンマドの死後にまとめられ、聖典『コーラン（クルーアン）』となりました。

ところで、ムハンマドは神の言葉を伝える預言者であると同時に、信者の共同体のリーダーでもありました。彼の死後、イスラーム共同体をだれが率いるのかが問題となりましたが、結局、信者のなかから後継者（カリフ）を選び、それに従うというかたちをとりました。

カリフのもとに結束したアラブ人ムスリムは、ジハード（聖戦）とよぶ征服戦争に打って出ます。アラブ軍はビザンツ帝国などの大国をも打ち破り、領土を広げていきます。イスラーム共同体は、8世紀初頭には地中海世界の南半と西アジアを統合する巨大な帝国となりました。

イスラーム文明圏の成立

イスラーム教は、神のもとで信者はみな平等だとし、聖職者を置きません。一方で、信者からなる国家とともに発展してきた歴史を持っています。つまり、宗教と国家が一体なのです。このことは、さまざまな問題の原因にもなりました。

イスラーム共同体は大帝国に成長したことで、膨大な異民族・異教徒を抱え込むことになりました。政府は彼らに従来の信仰の保持を認めましたが、アラブ人の軍団を養うために彼らから税を徴収しました。やがて被征服民のなかにはイスラーム教に改宗する者もあらわれましたが、税は免除されませんでした。信者の平等という理念に反する事態に、改宗者の不満は募りました。

8世紀中ごろから、カリフの位はムハンマドの叔父の家系であるアッバース家により世襲

アラブ人戦士

されるようになりました。このアッバース朝ではアラブ人の特権は廃止され、ムスリムであれば民族にかかわらず平等に扱われるようになりました。被征服民の改宗者は増え、たとえばイランでは10世紀には人口の8割がムスリムになったといわれます。

イスラーム教の理念を実際の政治に反映させる方法も模索されました。知識人らの努力により、『コーラン』の規定やムハンマドの言行に関する伝承が集められ、社会や政治に関するイスラーム法の体系が成立しました。『コーラン』の言語であるアラビア語は広く学ばれ、知識人の共通語になっただけでなく、北アフリカや西アジアでは人々の日常語になりました。イスラーム教とアラビア語を基盤とする広大な文明圏が姿をあらわしてきました。

10世紀にはアッバース朝は事実上解体し、カリフの存在は名ばかりとなりましたが、そのころにはイスラーム教はしっかりと根づいていました。諸王朝では、イ

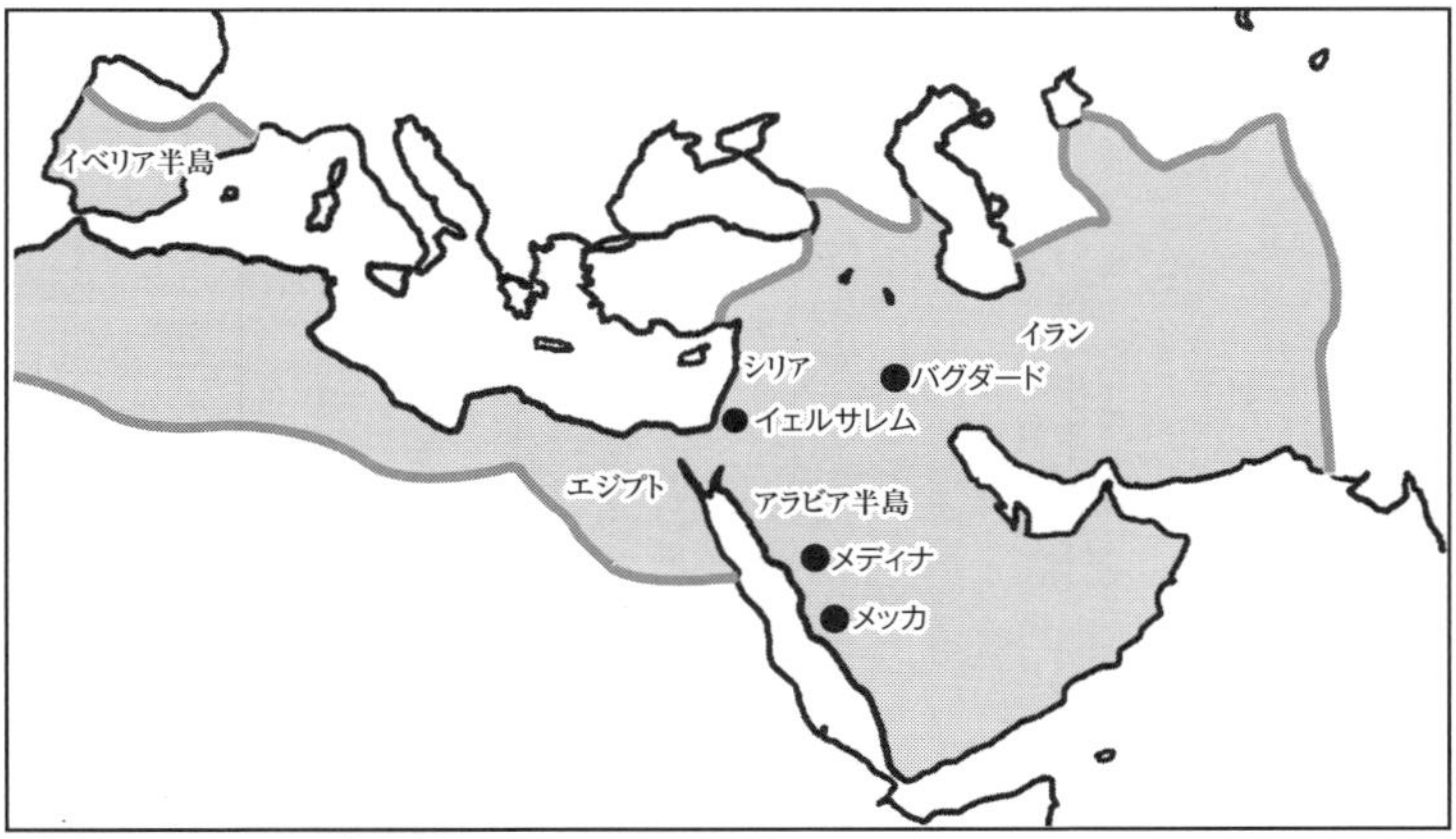

8世紀のイスラーム共同体

スラーム法が統治原理とされます。学生や教師は各地の学院をめぐり、交流しながら学問を修めました。こうしたウラマーとよばれる知識人は、イスラーム法の知識を生かして裁判官や教師の役割を果たすようになります。

イスラーム文明圏は、政治的には分裂していても、宗教に由来する法と言語が共有されることで一体性が保たれていたのです。

文明の衝突と……

イスラーム文明圏は、武力で征服した既存の文明圏の上に重なるかたちで築かれました。アッバース朝解体後も、地方王朝は外の世界に対する征服活動を続けました。イスラーム文明圏はサハラ以南のアフリカへ、そしてインドへと拡大していきます。イスラーム教は他の宗教にはおおむね寛容でしたが、戦争にともなう殺戮《さつりく》や略奪は当然おこりました。偶像崇拝を禁じる教義から、仏教やヒンドゥー教の寺院を破壊することもありました。

一方、イスラーム勢力に押され気味だったキリスト教世界は、11世紀末から反撃に転じました。これが十字軍で、ビザンツ皇帝の救援要請を受けたローマ教皇が提唱し、西ヨーロッパの諸侯や騎士たちが参加しました。彼らは行く先々で虐殺を繰り広げながら、イエスゆか

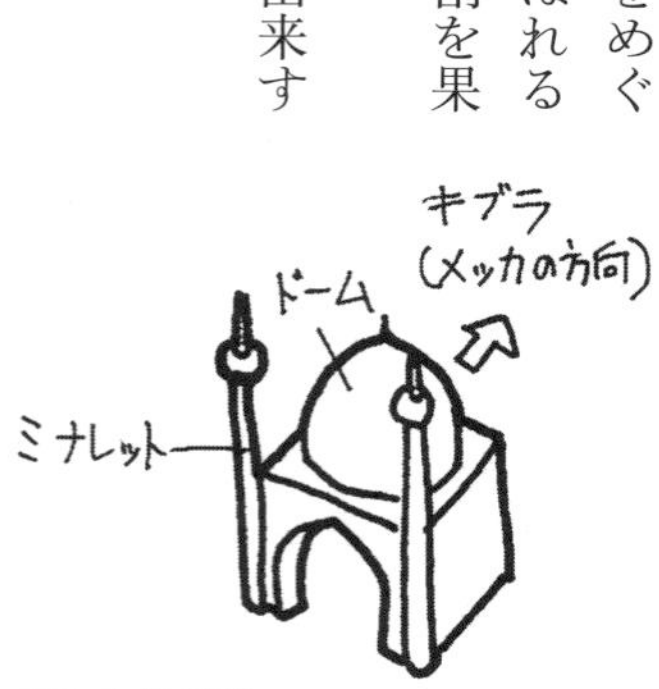

モスク（礼拝所）

りの聖地イェルサレムを占領しました。しかし12世紀後半、エジプトの王サラディンにより、この地はムスリムの手に奪還されました。その後も十字軍遠征は繰り返されますが、けっきょく失敗に終わりました。

西ヨーロッパ諸国は、東欧や北欧にも「十字軍」と称して征服や植民を行いました。カトリック教会はこうした運動に深く関わり、異教徒の改宗を進めます。その際、現地の伝統文化を破壊したり、反発する動きを厳しく弾圧したりしました。のちにヨーロッパ世界が海外に拡張するとき、同じことがさらに大規模におこることになります。

文明の交流と継承

以上のように、文明圏が拡大し接触するとき、多くの不幸な出来事がおこりました。しかし、文明どうしの実り多い交流があったことも また、記す必要があるでしょう。

9世紀前半、アッバース朝の都バグダードに、「知恵の館」とよばれる研究機関がカリフの肝いりでつくられました。ここにはユダヤ教徒やキリスト教徒の学者が集められ、プラトンやアリストテレスをはじめとするギリシア語の学術文献が組織的にアラビア語に翻訳されました。

このようにイスラーム文明圏は、先行する諸文明の成果を積極的に受け継ごうとしました。

統治の経験が豊富なイラン人は官僚として登用され、アラビア文字表記のペルシア語が行政の言語として用いられました。インド数字とゼロの概念は、イスラーム数学の発展に貢献しました。

イベリア半島は、のちのスペインの原型となるキリスト教諸国と、イスラーム王朝が対峙する地でした。11世紀、トレドを奪取したキリスト教徒は、この街にあった膨大な書物を見て驚きました。ヨーロッパ中から学者がこの地に駆けつけ、アラビア語の学術書をつぎつぎにラテン語へ翻訳していきました。その結果、古代ヘレニズムの著作がイスラーム世界の学問とともに西ヨーロッパに伝わったのです。

異なる文明どうしの交流こそ相互の文明を発展させてきたのだという視点は、忘れてはならないでしょう。

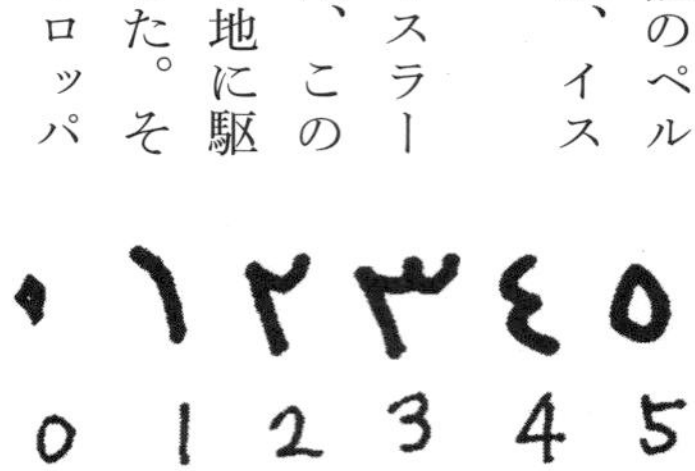

アラビア数字

本章のまとめ

◉知識人の共通語と普遍性を持つ宗教を核とするまとまりが、文明圏である。インドではヒンドゥー教が、中国では漢字が、文明圏の柱となった。

◉一神教にもとづく東西のキリスト教文明圏とイスラーム文明圏は、衝突を繰り返しながらも、先行する文明の継承や相互の交流によって発展をとげた。

第４章　文明圏の形成
おもな動き

◉ヘレニズム文明と中国文明

前334　アレクサンドロス大王の東方遠征

前2世紀　漢が儒学を官学とする

◉新たな文明圏の成立

1世紀　インドで大乗仏教が成立

4世紀　ヒンドゥー教がインドに定着

392　ローマ、キリスト教を国教とする

◉イスラーム教の誕生と発展

622　ムハンマド、イスラーム共同体を創設

750　アッバース朝が成立

◉文明の衝突・交流・継承

830　バグダードに知恵の館が設立される

1096　第１回十字軍の開始

12世紀　アラビア語からラテン語への翻訳がさかんになる

第5章

騎馬から火器へ

民族移動の波

184年、宗教結社に率いられ頭に黄色い布をまいた農民が、中国の北部でいっせいに蜂起しました。数十万の規模にまでふくれあがったこの黄巾《こうきん》の乱によって漢王朝は統治能力を失い、『三国志』で知られる群雄割拠《ぐんゆうかっきょ》の時代へと入っていきます。同じころ、西方に君臨するローマ帝国でも経済が不振となり、3世紀には反乱やクーデタが頻発するようになりました。東西の二大文明でおこったこの変調は、地球規模の寒冷化が原因であったといわれています。気候の変動は、農耕地帯の北に位置する草原地帯にも影響を与えました。家畜を養うための草地が減ったことで、遊牧民がよりよい環境を求め移動をはじめたのです。

中国の北部に侵入した遊牧民は、自立してつぎつぎと王朝を建てていきました。漢人の王朝はこれをおさえられず、どうにか南の長江流域を保つという状態でした。

ヨーロッパでは、フン人という遊牧民に押し出されたゲルマン人が、北方の森林地帯からローマ帝国の内部へ移動をはじめました。混乱のなかでローマ帝国は東西に分裂し、西ローマ帝国は滅亡、その跡地にはゲルマン人の諸王国が分立します。

中華帝国の試行錯誤

民族移動の波はやがておさまり、8世紀にはユーラシア大陸の新たな秩序が姿をあらわしました。中央アジアを境に、東には中国の唐王朝、西にはムスリムのアッバース朝が君臨していました。ヨーロッパでは、東に東ローマ（ビザンツ）帝国、西にフランク王国がありました。

かつての古代帝国の主力であった歩兵軍団は、機動力と攻撃力に富む騎馬遊牧民にまったく歯が立ちませんでした。そこで新たな国々は、騎馬兵を軍事力の柱にしようとします。しかし、馬を走らせながら弓を引いたり剣をふるったりする技能は、一朝一夕に身につくものではありません。そのような戦士をどうやって集め、維持するかが課題となりました。

中国の唐王朝は伝統的な中華帝国の制度を引き継ぎ、農民を集めて軍団を編成しました。しかし、農民が重い軍役に耐えられなかったため職業軍人制へ移行し、遊牧民出身の屈強な者を多く採用しました。こうした傭兵《ようへい》軍団は国境に置かれ、節度使《せつどし》という隊長がこれを率いました。

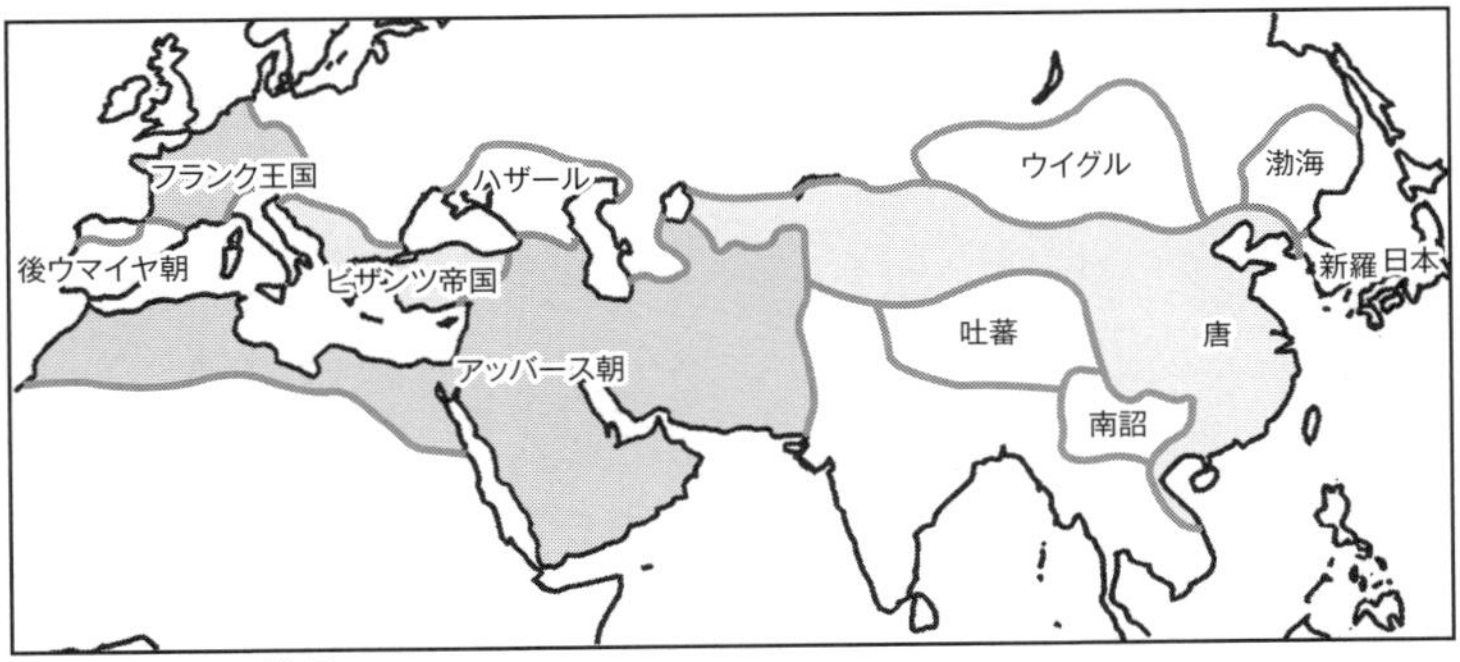

8世紀中ごろの世界

このことは、傭兵隊長に国防をゆだねることを意味しました。このリスクは8世紀中ごろ、三つの節度使を兼ねる安禄山《あんろくざん》が反旗をひるがえしたときに表面化しました。北方遊牧民の力を借りることで大乱は鎮圧されましたが、唐の権威は地に落ちます。やがて、地方で自立した節度使が天下を争う乱世となりました。

10世紀後半に中国を再統一した宋《そう》は、職業軍人制を維持しつつ、軍を文人官僚の統制下に置きました。皇帝権力は強まりましたが、軍人の地位は低下して防衛力は弱まりました。以後宋は北方の遊牧国家に対して金品を贈り、友好を保つことに腐心することになります。

傭兵たちの国

イスラーム世界では、アッバース朝がそれまでのアラブ人戦士に替えて騎馬軍団を導入しました。乗馬に長けた遊牧民の奴隷を買い、軍人として養成してカリフの親衛隊としたのです。こうした軍人を、マムルークといいます。

マムルーク軍団はきわめて強力でしたが、地位が高まるとともに横暴になり、給与の支払いが滞るとすぐに暴れまわりました。アッバース朝は軍事費の重荷にたえられず、10世紀には財政が破綻してしまいました。

その後イスラーム世界に分立した諸王朝も、戦いに備えてマムルークを用いざるを得ませんでした。強力だが扱いにくいこの戦力を維持するために導入されたのが、イクター制です。トラブルが多かった給与の現金支給をやめて、一定の地域から税を集める権利を軍人に与えるというシステムです。

以後のイスラーム世界では、外国人傭兵が農村を支配するようになります。軍人が政権を握ることも珍しくありませんでした。

西ヨーロッパの封建社会

訓練するマムルーク

中世に入ったころの西ヨーロッパは、混乱のもとにありました。9世紀、フランク王国はドイツ、フランス、イタリアに分裂しました。さらに、南からムスリムの海賊、東から遊牧民、北からヴァイキングといった外敵が押し寄せていたのです。

この危機に、諸王国は無力でした。そこで、地方領主は城を建てて自衛にあたりました。農民は領主の保護下に入り、租税や労働を担う農奴となりました。また、小さな領主は大きな領主の臣下となり、保護してもらうかわりに軍事奉仕の義務を負いました。こうした主従関係は王を頂点とし、公《こう》や伯《はく》などの諸侯、地方の城主、その下の騎士といったぐあいにピラミッド状に積み重なり、網の目のように西欧を覆います。

　こうして成立した封建社会は、きわめて分権的な性格を持っていました。大小の領主はそれぞれ独立しており、主従の契約で結ばれているだけでした。とはいえ、封建社会が確立されるとともに、西ヨーロッパはいちおう安定へと向かいました。

武士の時代

　ユーラシア各地では、傭兵、戦士階級という違いはあっても、軍事の専業化という共通の現象が進んでいました。一般の民衆は税や労役を担うものの軍役からは解放され、生産活動に専念できるようになりました。それを背景として、気候が温暖になった11世紀ごろから、各地で農業や都市の発展が見られるようになります。

　中国の人口はそれまでの上限の6000万から宋代には1億を超え、新興都市がつぎつぎにあらわれました。西欧でも、領主の指導のもと開墾が進み新農法が取り入れられたことで、11世紀から13世紀のあいだに人口は倍増しました。

　大陸から海をへだてた日本も、やや遅れて戦士の時代を迎えました。唐をモデルにつくられた天皇中心の朝廷は地方の治安悪化に対応できず、武芸を専業とする貴族や、地方の有力者に軍事をゆだねていったのです。武士の誕生です。

東国では、武家の棟梁《とうりょう》をいただく独立政権として鎌倉《かまくら》幕府が生まれました。14世紀、京都に室町《むろまち》幕府が成立するころには、武士は地方領主として全国に広がっていました。

戦乱がたえなかった武士の時代は、成長の時代でもありました。平安時代末期に700万程度だった人口は、戦国時代の末には1200万になっていたと推定されています。

鎌倉時代の武士

遊牧国家の成長

世界を変えるきっかけをつくった遊牧民は、その後どうなったのでしょうか。

6世紀以降、トルコ系の遊牧民がモンゴル高原の北部から広がり、草原地帯の各地に遊牧国家を建てます。彼らはオアシス都市と協力して交易を行うなかで文字を取り入れ、都市に定住する者もあらわれました。トルコ系の言語が広まった中央アジアは、のちにトルキスタンとよばれるようになります。

トルコ系遊牧民は、イスラーム文明圏と接触しました。奴隷として買われたトルコ人がマムルークとなったほか、イスラーム教に改宗する部族も増えてきました。その一派が建てたセルジューク朝は西アジアを制圧し、ビザンツ帝国からアナトリアを奪って、この地をトルコ化・イスラーム化していきました。発祥の地であるモンゴル北部からはるか西方に、現在「トルコ」という国が存在するのには、こうした歴史があるのです。

東アジアでも、遊牧民の国家は発展をとげていました。モンゴル高原の東部からおこった契丹《きったん》は、10世紀前半に遼《りょう》王朝を築き、華北の一部を支配下に置きました。遼は遊牧民を部族単位で束ねる一方、中国風の行政制度と官僚を用いて農耕民を治めました。北方の民は、農耕世界をも支配する術を身につけていきました。

史上最大の帝国

1206年、モンゴル高原の諸部族の代表が集まり、テムジンを遊牧国家の長であるハンとして推戴《すいたい》しました。チンギス・ハンの誕生です。分裂が続いてきた草原地帯の遊牧民が統合され、モンゴル帝国が成立した瞬間でした。

組織づくりの才を発揮しながら実力でのしあがってきたチン

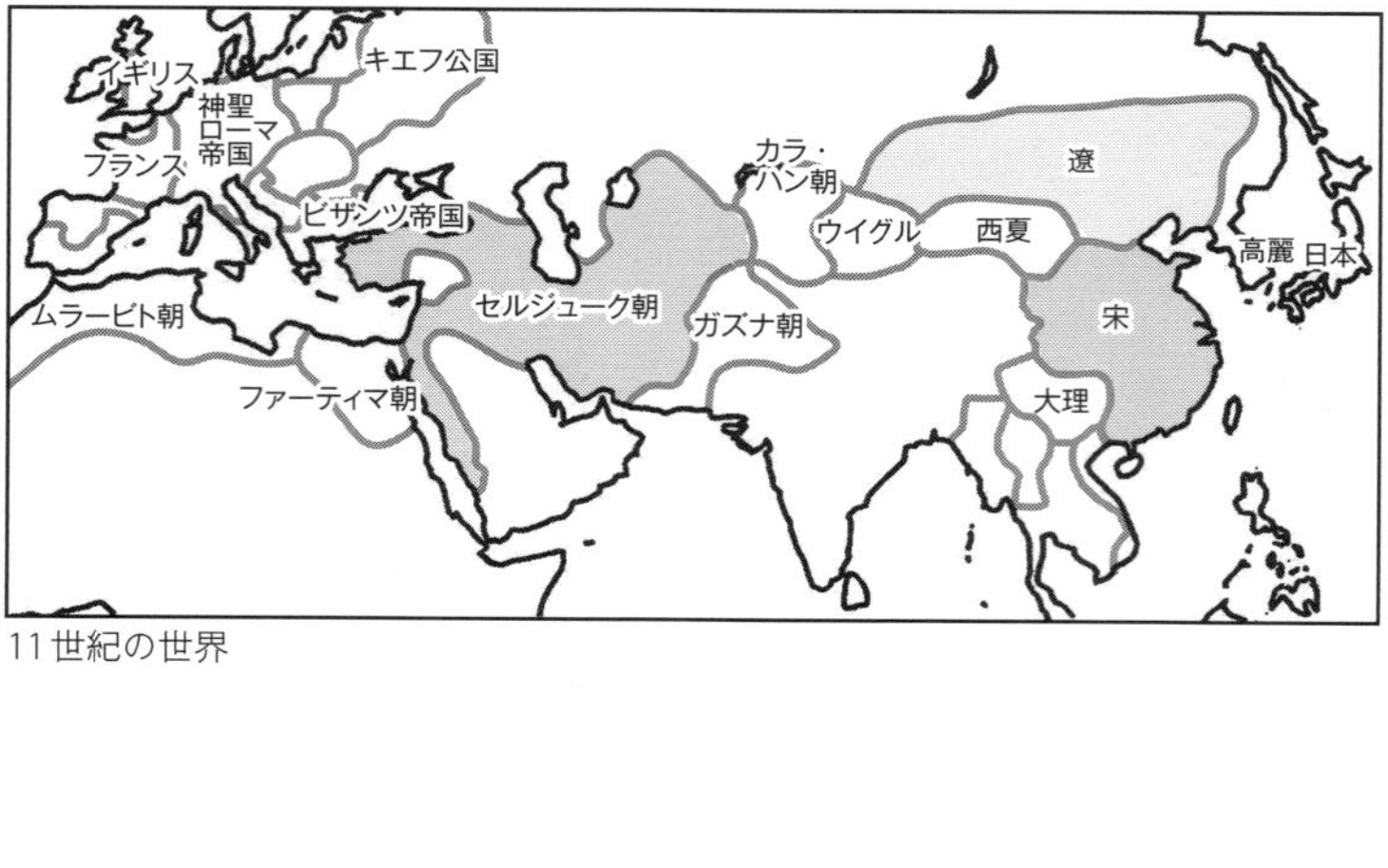

11世紀の世界

ギス・ハンは、騎馬遊牧民を機能的な軍団に編成し、20年あまりの治世を征服に費やしました。その結果、中国北部からイラン東部にいたる巨大な版図《はんと》が築かれました。帝国に組み込まれたユーラシア中の遊牧民は、勝利を積み重ねるなかで団結と忠誠を固めました。

帝国の拡大は、チンギス・ハンの子孫により続けられました。13世紀後半の第5代ハンであるフビライのときには、西はロシア、イラクから、東は中国南部までのユーラシア主要部を支配する空前の大帝国が姿をあらわしました。

チンギス・ハン

モンゴル軍は抵抗する者には容赦せず、大量殺戮もいとわなかったのですが、征服後の統治はおおむね寛容でした。さまざまな宗教を公平に扱い、有能な人材であれば民族を問わず登用しました。農耕社会には貢納《こうのう》を求めましたが、その内部には関わりませんでした。一方で遊牧民の伝統として交易に関心が強く、交通網の整備に力を注ぎます。全ユーラシア規模の交易網が成立し、帝国内外の人々が活発に行き交いました。イタリアの商人マルコ・ポーロが中国を訪れ、フビライに仕えたとされるのはその一例です。

モンゴル帝国の解体

世界帝国となったモンゴルですが、問題もありました。帝国の分権的構造です。

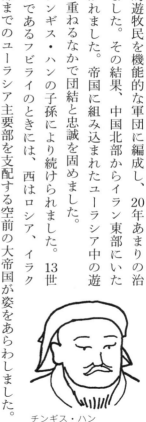

分かれて暮らす遊牧民の性質上、モンゴル帝国内には遊牧民の軍団が分散して各地に駐屯していました。相続にあたっても、人と家畜を子供たちに分け与えるというかたちをとります。軍を与えられた一族は、それぞれ征服を進めることで帝国の拡大に貢献しました。

しかし、大小の権力集団の結束は時とともに弱まり、内紛があいつぎます。フビライはモンゴル高原と中国を支配する元《げん》朝を開きましたが、それ以外の地域は三つのハン国として、別の道を歩むようになりました。

14世紀には、地球全体で寒冷化が進みました。農耕地帯は凶作と飢餓に見舞われ、草原の遊牧民も打撃を受けます。さらに、中央アジアで発生したおそるべき疫病ペストが交易網に乗って広がり、ユーラシア各地で猛威をふるいました。

中国では大規模な農民反乱がおこり、そのなかで成立した明《みん》王朝に追われてモンゴル人は北へ引き揚げました。その他の地域ではモンゴル系の王族や貴族をいただく諸国家が健在でしたが、世界を支配する大帝国の姿はもはや過去のものと

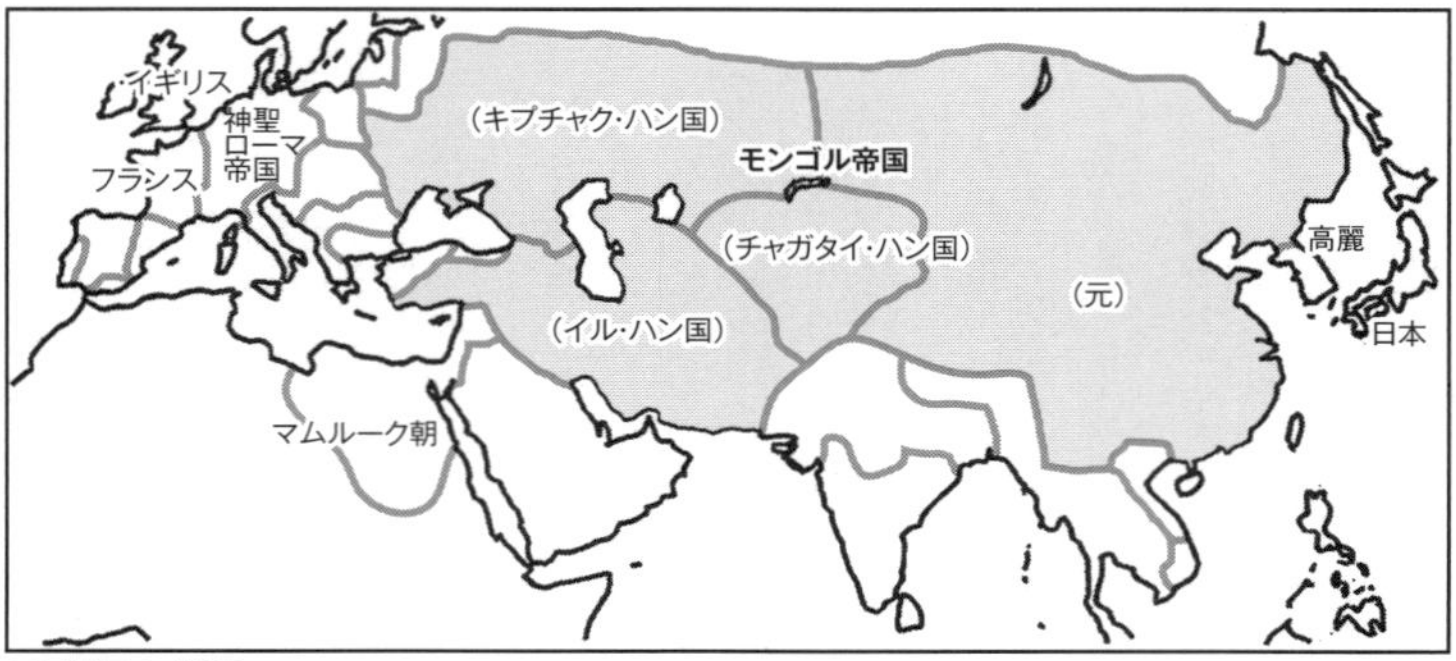

13世紀の世界

なりました。

火器の登場

モンゴル帝国が解体したころ、戦争や政治のあり方、そして遊牧民の運命に決定的な意味を持つことになる技術革新が、静かに進んでいました。火器の開発です。

硝石《しょうせき》と木炭を配合した火薬は唐代の中国で発明され、宋代には火炎放射器やロケット弾が使われていました。その後、イスラーム世界を経て火薬が伝わったヨーロッパでは、封建領主が拠《よ》る城を攻めるために、鉄や石の弾を撃ち出す大砲が発達します。乙女ジャンヌ・ダルクがフランスを勝利に導いたといわれる百年戦争も、フランスの強力な砲兵隊がイギリス軍の城塞をつぎつぎに破壊したことが真の勝因だったのです。

百年戦争が終わった1453年、もう一つの世界史的な意義を持つ戦いが行われていました。トルコ系のイスラーム国家であるオスマン朝が、ビザンツ帝国の都コンスタンティノープルを攻撃していたのです。長さ8メートルの巨砲を含む多数の火砲を連日撃ち続けると、難攻不落を誇った3重の城壁もついにほころび、都は陥落しました。

ローマ帝国の末裔《まつえい》は、ここに消え去りました。そして、その都をイ

ジャンヌ・ダルク

スタンブルと改称して新都としたオスマン帝国が、東地中海の覇者として台頭してきたのです。

火砲の帝国

15世紀後半になると、携帯用の火器として火縄銃が登場しました。1分間に1発程度しか撃てませんでしたが、弓よりも威力があるうえに短い訓練で使え、費用も安いという利点がありました。

1514年、オスマン帝国軍とイランのサファヴィー朝の軍が、チャルディラーンの地で衝突しました。遊牧民の騎馬軍団を主力とするサファヴィー軍に対し、オスマン軍の切り札は大砲と鉄砲を備えた歩兵軍団でした。彼らは車を並べて防壁とし、その背後から銃砲撃を浴びせることで騎馬兵の突撃をなぎ倒しました。1000年にわたりユーラシアを制してきた遊牧民は、もはや無敵の存在ではなくなっていたのです。

16世紀のイスラーム世界

このころ、ムガル帝国も火力戦術を用いて北インドを征服し、のちサファヴィー朝も火器を導入します。こうして16世紀のイスラーム世界には、火器装備の歩兵隊を従えた君主が広い領域を中央集権的に統治する新たな帝国がならび立ちました。

ヨーロッパでは、イギリス、フランス、スペインなどが火器を用いて国内の統一を進めましたが、欧州全域に覇権を打ち立てる国家はあらわれませんでした。諸国が外交と戦争を繰り返すなかで、戦争の技術は磨かれていきます。大砲の威力が増すと、城壁ではなく土塁と堀、そして火力で都市が守られるようになります。野戦では、槍兵の援護を受けながら銃兵が代わる代わる発砲する隊形が生み出されました。低コストの歩兵が主力になると軍の規模は格段に大きくなり、騎兵はわき役にまわるようになります。

無数の戦闘のなかで鍛えられたヨーロッパの軍隊は、のちにアジアの諸文明をもおびやかすことになります。

17世紀ヨーロッパのマスケット兵

15世紀ヨーロッパの巨砲

遊牧民の時代の終わり

戦法の革新は、遊牧民と農耕民の力関係を少しずつ変えていきました。

モンゴル帝国の支配下にあったロシア人は、帝国の弱体化とともに自立の動きを強め、15世紀末にはモスクワ大公国が独立しました。この国家は火器を用い、モンゴル系諸国家を倒しながら拡大していきます。16世紀末からは、毛皮を求めてシベリアの森林地帯へ進みました。半世紀後にはその領土は太平洋に達し、面積のうえでは世界最大のロシア帝国へと成長しました。ユーラシア西北の遊牧民は、ことごとくロシアの支配下に入りました。

東アジアでは17世紀中ごろ、清《しん》朝が中国全土の主となりました。一方草原地帯では、ジュンガルという遊牧国家が拡大を続けていました。2000年にわたり続いてきた農耕民と騎馬遊牧民の戦いは、いよいよ最後の局面を迎えることになります。

清が銃や大砲を備えた歩兵の大軍で侵攻してきたのに対し、遊牧民であるジュンガルも、火器を用いて迎え討ちました。しかし、火力の戦いは物量で決まります。数億の人口を背景とした清に対抗する術はなく、ジュンガルは18世紀中ごろに滅び去りました。

ユーラシアを疾駆した遊牧民の時代は、こうして幕を閉じました。しかし、このときにはすでに世界史の表舞台は内陸を離れ、海へと移っていたのでした。この世界史の転換は、次の章で見ていきます。

本章のまとめ

◉ユーラシア全域にわたる遊牧民の移動は、古代帝国を崩壊させた。その後、農耕地帯の諸国家は騎馬戦力の導入に努め、遊牧民は帝国統治の経験を蓄積した。

◉モンゴル帝国は遊牧民を結集して空前の版図を築いたが、その解体後は火器を用いる諸国家が台頭した。優位を失った遊牧国家は、18世紀に消滅した。

第5章　騎馬から火器へ
おもな動き

◉古代帝国の解体と民族大移動

220　中国の漢王朝が滅亡
375　ゲルマン人の大移動はじまる

◉ユーラシアの新秩序―唐とイスラーム国家

618　中国に唐王朝成立
622　ムハンマド、イスラーム共同体を創設

◉騎馬戦士の時代―封建領主とトルコ人

870　フランス、ドイツ、イタリアの原型が成立
1055　セルジューク朝、西アジアの覇権を握る
1192　鎌倉幕府の成立

◉モンゴルによるユーラシア大統合

1206　チンギス・ハン、モンゴル帝国を樹立
1279　フビライ・ハン、中国全土を併合

◉「火砲の帝国」の出現

1453　オスマン帝国、ビザンツ帝国を滅ぼす
1526　インドにムガル帝国成立

◉遊牧国家の終焉

1581　ロシア、シベリア進出を開始
1755　清、ジュンガルを滅ぼす

第6章

海の時代

ムスリムの大航海時代

「船乗りシンドバッド」の物語をご存じの人は多いと思います。命知らずの商人がインド洋を舞台に奇想天外な航海を繰り返して富を築くという、イスラーム世界の説話集『アラビアン・ナイト（千夜一夜物語）』におさめられているお話です。もちろん架空の物語ですが、「ムスリムの大航海時代」といえる時代の雰囲気をよくあらわしています。

8世紀ごろから、アラビアやペルシアの商人はダウ船という三角帆の小型船に乗り、季節風を利用してインドとのあいだを往復していました。彼らのおもな目的は、コショウをはじめとするインドの香辛料を得ることでした。ムスリム商人は南インドや東南アジアの港市に住みつき、この地にイスラーム教が広がるきっかけをつくりました。彼らはまた、マラッカ海峡を通って唐代の中国も訪れ、華南の広州に居留地をつくりました。

西アジアからインド洋を南西に進んだアフリカの東海岸にも、象牙、金、奴隷などを求めてムスリム商人が訪れました。港市が開け、アラブと現地の要素が融合した文化が生まれます。この地で現在話されているスワヒリ語はその一つです。

ダウ船

こうして、東は中国から西はアフリカ沿岸にいたる、広大な海上交易網ができあがりました。ネットワークの中心であったアッバース朝の首都バグダードの人口は、9世紀には100万に達します。アッバース朝衰退後は、エジプトのカイロがその地位を引き継ぎました。

中国商人の海

10世紀後半に中国を統一した宋《そう》は、軍事的には弱体でしたが、長江下流の開発が進んだこと、商業の規制が緩和されたことから経済的にはたいへん繁栄します。商取引が激増したことで銅銭が不足し、世界初の紙幣があらわれたほどです。従来の絹織物に加え、高温で焼かれた美しい陶磁器が特産品の仲間入りをしました。

中国商人が海外に進出しはじめたのはこのころです。彼らが用いたのが、堅牢な平底の帆船であるジャンク船です。重量物の運搬に適しているうえ、正しく方位を示す新発明の羅《ら》

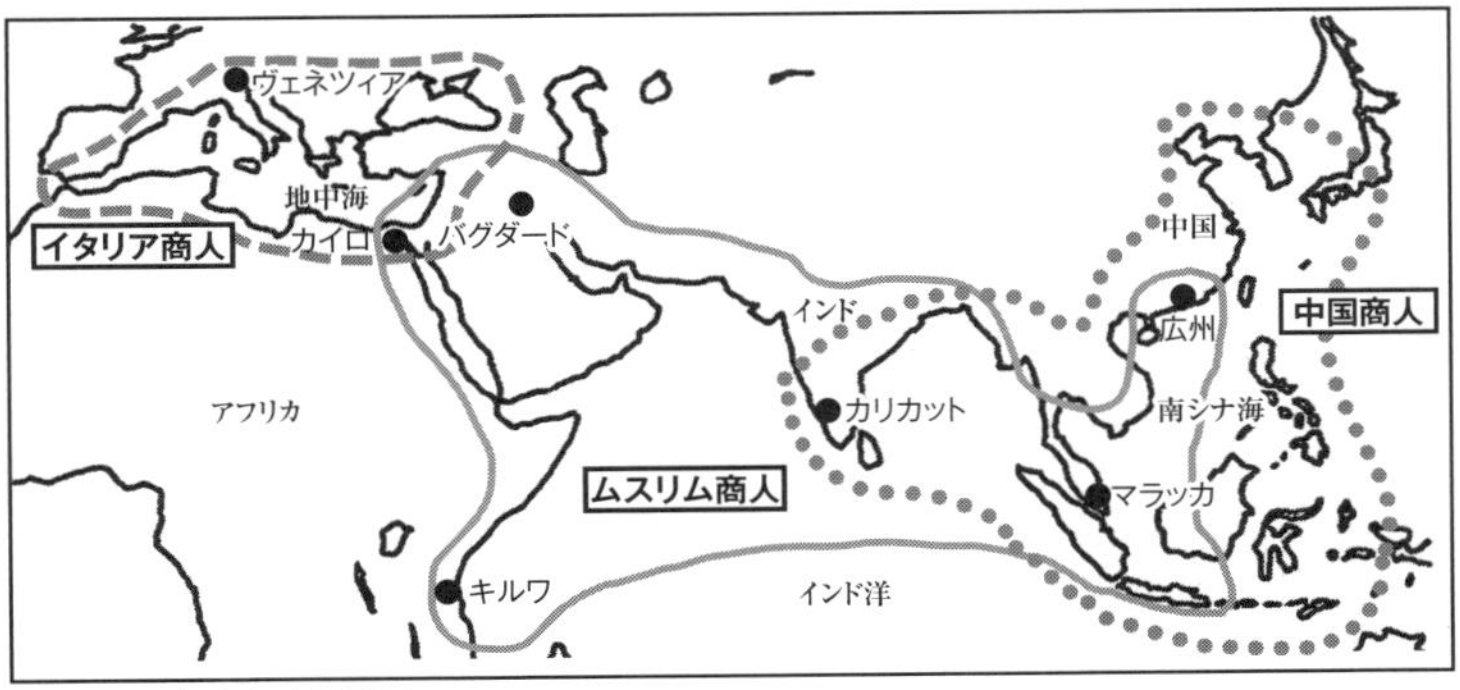

ムスリム商人と中国商人

針盤《しんばん》を備え、より安全な航海ができました。中国商人は南シナ海を縦横にかけめぐり、なかにはインド洋に出てムスリム商人と取り引きする者もあらわれました。

13世紀後半、モンゴルの元《げん》朝が宋を併合します。ここで、皇帝フビライは南海交易のにぎわいを目にします。目ぼしい進歩がなかった陸上交通に対して、船舶の大型化と航海技術の発展はめざましく、すでに交易の主軸は海へとシフトしていたのです。

フビライは、「草原の道」「オアシスの道」を手に入れたのと同様の方法、すなわち軍事力で「海の道」を統制しようとします。元は二度にわたり日本に遠征軍を送り、ベトナムや遠くジャワまでを攻めましたが、いずれも失敗に終わりました。だれもが出入り可能な開かれた空間である海を活用するには、陸とは異なる方法が必要だったのです。

中国のジャンク船

東アジアの海の秩序

14世紀は、寒冷化と疫病によりユーラシア全域が混乱に陥った時期です。鎌倉幕府が滅び南北朝の動乱となった日本では、西国の武士や武装商人が東シナ海に乗り出し海賊行為を働きました。これが倭寇《わこう》です。

14世紀後半、元を追って中国を統一した明《みん》は、倭寇の取り締まりに乗り出します。その一環として、中国の民間人が海外に出たり、外国の民間船が中国にやってきたりすることをいっさい禁止しました。これが海禁《かいきん》とよばれる政策です。

一方で、周辺国の君主が明の皇帝に貢ぎ物を納め（朝貢《ちょうこう》）、返礼の品をたまわるという形式による交易は許されました。室町幕府の足利義満《あしかがよしみつ》のほか、朝鮮王国、琉球《りゅうきゅう》王国など、貿易による利益を得たい周辺国はこの朝貢体制を受け入れました。

明の皇帝にとっては、多くの国々が来朝することでみずからの徳の高さを示すことができます。そこで15世紀前半の永楽帝《えいらくてい》は、鄭和《ていわ》が率いる大艦隊をインド洋に派遣し、諸国に朝貢をうながすというデモンストレーションを行いました。

艦隊は数十隻からなり、最大の船は全長100メートルを超えていたといわれます。7回におよんだ遠征の目的地は南インドのカリカットでしたが、東アフリカまでおもむいた船団もあり、キリンを連れ帰って皇帝に献上しました。

「中国人の大航海時代」の頂点といえる南海遠征ですが、永楽帝の死後、北方遊牧民の脅威が高まると、すぐに打ち切られてしまいます。東アジアの貿易は、巨大な人口を持つ中国と、これを支配する皇帝の政治的な事情に左右されてきたのです。

バルト海と地中海

西に目を移しましょう。ローマ帝国分裂後に混乱が続いたヨーロッパでは、新たな海洋勢力が北からあらわれました。ヴァイキングとよばれるノルマン人です。

彼らは北欧から船で乗り出し、バルト海、地中海、黒海におよぶ各地で交易や略奪を繰り広げました。ロシア国家の基礎を築く勢力や、イギリスを征服して王朝を開く勢力もありました。アイスランドやグリーンランド、アメリカ大陸に到達した者もいます。

北の荒海を乗り越えた彼らの経験は、ヨーロッパの航海技術の進歩に貢献しました。以後、バルト海と北海を取り囲む地域での交易がさかんになります。

イスラーム勢力が優勢だった南の地中海では、11世紀ごろからイタリア商人の進出がはじまりました。ヴェネツィアやジェノヴァといった港市国家は十字軍の輸送を請け負いつつ、エジプトやシリアでムスリム商人と取り引きをしました。ここでイタリア商人が買い付けたのが、インドから運ばれてきたコショウなどの香辛料でした。

交易の発展とともに、数多くの都市が生まれます。ヨーロッパの都市は小規模ですが、大商人を中心に市民が自治を行っていたことが特徴です。

13世紀には、バルト海・北海と、地中海の両交易圏を結びつける大西洋経由の航路もひらかれます。南北の航海技術は融合し、樽のような船体を持ち三角と四角の帆を組みあわせた万能帆船が生まれました。中国起源の羅針盤も伝わり、次の時代への動きがはじまります。

ポルトガル海洋帝国

ヨーロッパの南北を結ぶ航路の中継点となるのが、イベリア半島です。この地にはイタリア商人が入り込み、先進的な航海術が伝わりました。15世紀になると、ポルトガルがアフリカ西岸の探検をはじめます。当初はアフリカの金や奴隷を目的としていましたが、探検がアフリカ南端の喜望峰《きぼうほう》にまで達すると、新航路開拓の期待が高まります。

1497年、リスボンを出港したヴァスコ・ダ・ガマ率いる4隻の船団は、喜望峰をまわってインド洋に入り、翌年、アラブ人の案内のもと南インドのカリカットにたどり着きました。ここに、ヨーロッパとアジアを直接結びつけるインド航路がひらかれました。

以後、ポルトガルは船に乗せた大砲の威力でムスリム商人を追い払いつつ、インド洋の香辛料交易への割り込みを図ります。ポルトガルは東南アジアにも進出し、香辛料の宝庫であるモルッカ諸島に姿をあらわしました。その後、中国や日本とも貿易をはじめます。

ポルトガルは、軍事的にはアジアの諸帝国に対抗する力はありませんでした。しかし、各所に設けた拠点を遠洋航海に適した帆船で結びつけ、アジアの物産を直接ヨーロッパにもたらすことで大きな利益をあげたのです。新しいタイプの海洋国家の登場です。

コロンブスとマゼラン

ポルトガルの隣国スペインもアジアをめざしました。そのために起用されたのが、イタリア人のコロンブスです。彼は大地は球体であるという学説を取り入れ、アフリカ南端を回るより、大西洋を西へ進むほうがアジアへの近道だと考えます。1492年に出港したコロンブスは70日あまりの航海のすえ、陸地にたどり着きました。バハマ諸島の小島の一つサンサルバドル島です。

彼はその後もこの海域の探検を繰り返しましたが、死ぬまでこの地を「インディアス（広くアジアを指す）」だと信じていました。しかし、イタリア人アメリゴ・ヴェスプッチの探検によって、この地はヨーロッパ人にとっての「新大陸」であることがわかり、彼の名にちなんで「アメリカ」とよばれました。なお、「西インド諸島」「インディアン」という名はコロンブスの勘違いに由来しています。

西まわりでアジアへ向かう試みは、その後も続きました。スペインに雇われたマゼランは南米大陸の南を抜け、99日間かけて太平洋を横断し、その後フィリピンにたどり着きました。マゼランはこの地の住民と戦って死んでしまいましたが、当初の5隻の船団のうち残った1

サンタ・マリア号

隻がインド洋を経由して、１５２２年スペインに帰還しました。これが人類史上初の世界周航となりました。

アメリカの征服

ポルトガル人が到達した南米のブラジルを除き、アメリカ大陸の大部分はスペインの勢力圏とされ、富と冒険を求めるスペイン人が続々とこの地に入っていきました。彼らはそこで、独自の発展をとげていたアメリカ先住民の大帝国と遭遇したのでした。

16世紀初頭、メキシコの中部に君臨していたのがアステカ帝国で、その都はヨーロッパの大都市をしのぐ規模でした。南アメリカでは、インカ帝国がアンデス山脈一帯を支配していました。その人口は１０００万を超え、高度な石造建築技術を持っていました。

たがいを知らなかった二つの世界が出会ったとき、驚くべきことがおこりました。１５２２年、スペイン人コルテスは４０

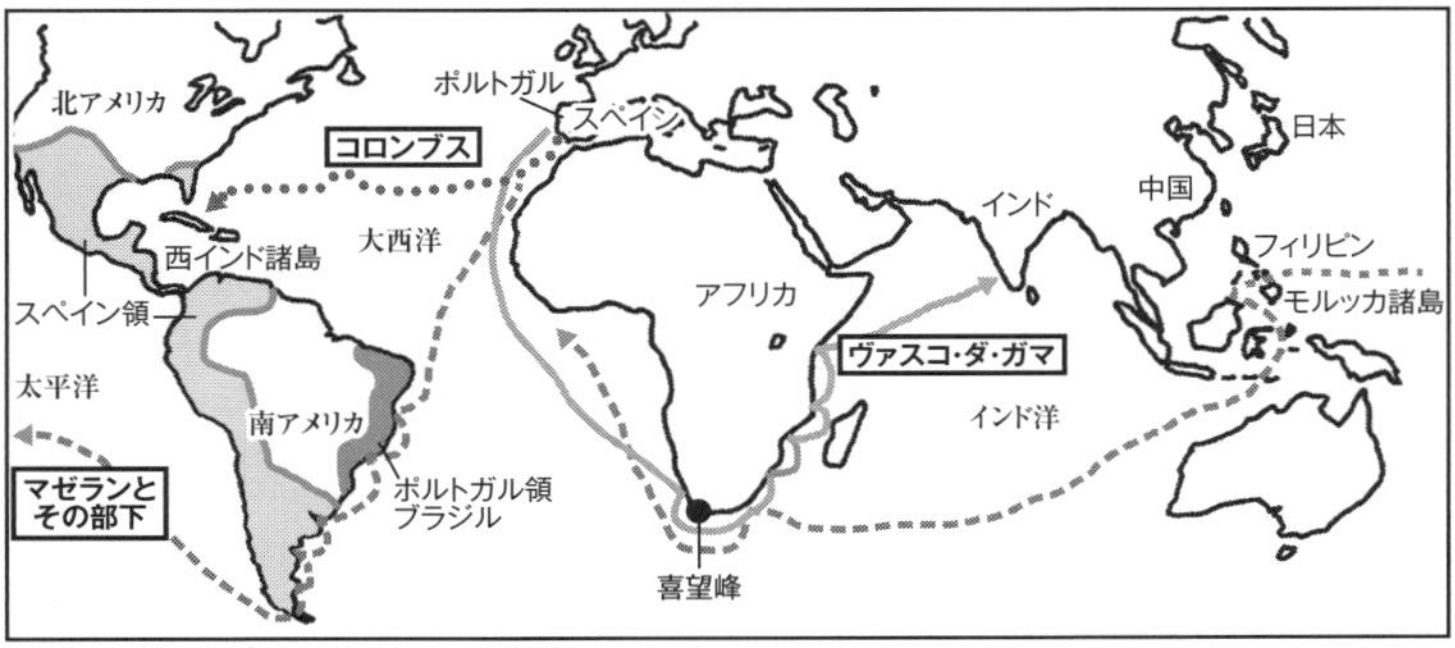

ポルトガルとスペインによる航路

0名ほどの兵でアステカ帝国の都をおとし、これを徹底的に破壊します。その後南米に入ったピサロにいたっては、わずか180ほどの兵でインカ皇帝をとらえ、帝国を滅ぼしてしまいました。

このような結果となった理由はいくつかあげられます。野心に満ちた「征服者」は交易ではなく、武力と謀略を用いて富を奪い取ることをめざしていました。対する先住民は、「征服者」が持つ騎兵、鉄製武器、火器などを備えていませんでした。また、アメリカには馬や牛といった大型の家畜がおらず交易も活発でなかったため、先住民は家畜や人間との接触から得られる免疫を十分に持っていませんでした。そのため、スペイン人が持ち込んだ天然痘《てんねんとう》、マラリア、インフルエンザにたちまち感染し、大量の犠牲者を出したのです。

メキシコから南アメリカにいたる地域の大部分はこうしてスペイン領となったのですが、その統治は「征服者」に丸投げされた状態でした。彼らは先住民を農園や鉱山で酷使し、疫病はいよいよ猛威をふるいました。こうして、推定で先住民人口の8割が失われるという人類史上類を見ない破局が引きおこされたのです。

ヨーロッパ人による新航路の開拓は、二つの世界を結びつけました。しかしそれは、アメリカ大陸に住んでいた人々にとっては文明の破壊を意味したのです。

銀の道

二つの世界の出会いは、さまざまなモノの交換を引きおこしました。アメリカ大陸には、ヨーロッパからの入植者が麦、牛、馬を持ち込みました。一方、トウモロコシ、ジャガイモ、サツマイモは、アメリカ大陸からユーラシア大陸に伝わって食料事情の改善に貢献し、タバコ、トマト、唐辛子なども食生活にいろどりを加えました。

ヨーロッパ経済にとって、アメリカ大陸は初の有望な海外市場となりました。折しも南米やメキシコで巨大銀山がつぎつぎに発見され、16世紀末には全世界の産出量の半分に達する銀が生産されるようになりました。これらの多くは、税または商品の代金としてスペイン船に積まれて大西洋をわたり、ヨーロッパに流れ込みました。

大量の銀は、貨幣不足に陥りがちであったヨーロッパ経済を下支えし、長期にわたる成長を可能としました。とくにイギリス、ネーデルラント、フランスなど大西洋に面した国々では貨幣経済が発展し、物価の上昇とともに、封建領主層にかわって都市の商工業者が台頭しました。市場を通じて商品や労働力が交換されるという資本主義経済の基礎が、しだいにかたちづくられていきます。

ヨーロッパに集まった銀の一部はポルトガル人の手を経て、香辛料や絹織物などの代金としてアジアへ流れ、この地に好況を引きおこしました。メキシコから太平洋を横断して訪れるスペイン船も、アジアに銀をもたらします。地球を一周する「銀の道」が姿をあらわしました。

日本人の大航海時代

16世紀の日本は石見《いわみ》銀山などの開発により、アメリカ大陸に次ぐ銀の産地となりました。そうなると、購買力が高まった日本と、国際商品の産地である中国とのあいだで貿易がさかんになるのは自然の流れです。しかし明は民間貿易を禁止していますから、取り引きは密貿易のかたちをとりました。明政府が取り締まりに乗り出すと、商人たちは武力で反抗しました。これを後期倭寇といいますが、その多くは中国人だったといわれます。

明は後期倭寇をおさえきれず、1567年に海禁をゆるめました。日中間の行き来は禁止されたままでしたが、第三国で取り引きすることはできました。またポルトガル船が日本と中国のあいだを往復し、双方の物品を交換して利益をあげました。中国にはアメリカと日本の銀が流入して経済が活気づき、日本には中国や東南アジアの物品が入り込んで生活を大きく変えました。

16世紀後半に日本の統一を進めた織田信長《おだのぶなが》は貿易に目をつけ、後継者である豊臣秀吉《とよとみひでよし》は中国中心の朝貢体制にかわる日本中心の東アジア秩序を夢想します。しかし二度にわたる朝鮮への侵攻は失敗に終わりました。

豊臣政権にかわった江戸《えど》幕府も、当初は貿易の活性化を図り、幕府の許可を得た朱印船《しゅいんせん》が海外に向かいました。東南アジアには日本町とよばれる居留地ができ、タイ王室に仕える山《やま》田《だ》長政《ながまさ》のような人物もあらわれました。奥州《おうしゅう》の伊達《だて》政宗《まさむね》が派遣した支倉《はせくら》常長《つねなが》は、日本でつくられた西洋式帆船に乗って太平洋を横断し、ローマまで赴いて教皇と会見しました。短いながらも、「日本人の大航海時代」といえる時代はたしかにありました。

ポルトガルとスペインの没落

大航海時代を先駆けたポルトガルですが、その地位は16世紀中にはすでに揺らいでいました。長大な交易路を維持するために国力をすり減らし、台頭するアジア商人との競争にもさらされたためです。１５８０年にはスペイン王フェリペ２世により王位が乗っ取られ、以後60年間スペインの支配が続きます。

そのスペインですが、ネーデルラントやイタリア、広大な中南米を領有するまぎれもない大国でした。ポルトガル王を兼ねたことで地球を一周する交易路を手にし、「太陽の

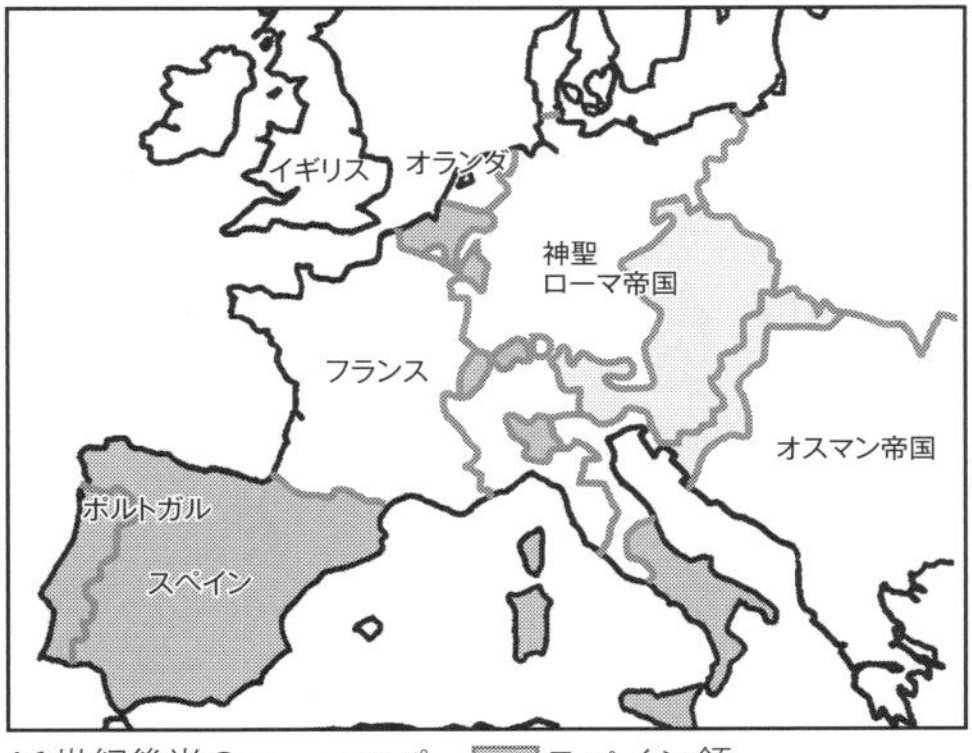

16世紀後半のヨーロッパ　スペイン領　オーストリア領

没しない国」であると誇りました。

　しかし、ヨーロッパではフランスやオスマン帝国との戦いが続いており、スペインの財政は火の車でした。フェリペ2世は戦費調達のため属領に重税を課しますが、豊かなネーデルラントでの反乱を招いてしまいます。けっきょく、ネーデルラント北部は1581年にスペインからの独立を宣言しました。これがオランダです。

　エリザベス1世率いるイギリスはオランダ独立を支援し、ドレークらの海賊に特許状を与えスペインの銀輸送船を襲わせました。業を煮やしたフェリペ2世は、無敵艦隊を派遣してイギリス征服をねらいますが、海賊をかき集めたイギリス艦隊の前に大敗しました。以後、カリブ海にはイギリスやオランダなどの海賊が巣くい、スペインへの銀の輸送路をおびやかします。戦争に富を浪費したスペインは国内の産業を育てることができず、没落していきました。

オランダの世紀

スペインの海洋支配が崩れたあと、めざましい発展をとげたのがオランダでした。小国な

エリザベス1世　フェリペ2世

がらも、もともとヨーロッパの商工業の中心地であり、独立によって富裕な商人が国政を掌握したことで、経済発展に最適な環境を整えることができたのです。

オランダはヨーロッパの基幹産業である毛織物業に加え、造船業でも圧倒的な地位を築き、17世紀前半には全ヨーロッパの船の半分がオランダ船だったといわれます。この海運力によって、オランダ商人はヨーロッパの商品流通を一手に握りました。安全で便利な銀行システムがつくられ、ヨーロッパ中から資金がいったんオランダのアムステルダムに集まり、また各地へ投資されるという流れができました。

オランダはアジア貿易にも力を入れました。1602年に設立されたオランダ東インド会社は、人々から広く出資を募り利益を配当する史上初の株式会社で、香辛料や陶磁器などをヨーロッパにもたらして利益をあげました。その商業活動に必要な銀は、日本との貿易を通じて得ていました。そこでオランダは他のヨーロッパ諸国を排除し長崎での貿易を独占したのですが、これが日本側から見た「鎖国」です。

オランダの商人たち

17世紀の危機とその対応

オランダが国際商業の主導権を握った17世紀は、じつは世界経済が変調をきたした時代でした。気候が寒冷化し、飢饉《ききん》や疫病によって多くの地域で人口が減少しました。アメリカ大陸と日本での銀の生産も落ち込み、景気を冷え込ませます。社会不安が広がり、世界各地で一揆や戦乱があいつぎました。

各国は危機への対応を強いられます。東アジア諸国は貿易を制限し、国内産業を育てる方向へ向かいました。日本は鎖国政策をとりつつ、新田を開発し、生糸《きいと》や綿織物などの輸入品を国産化していきます。平和が続いたこともあり、人口は17世紀のあいだに倍増して3000万となりました。しかし、国内のみでの成長はやがて限界に達します。

中国では1644年に明が滅び、清朝の支配がはじまりました。一方、日本人の母を持つ明の遺臣の鄭成功《ていせいこう》は台湾からオランダを追い出し、ここを拠点に抵抗を続けます。清は沿海部の住民を内陸へ強制移住させるなど、海禁を徹底して対抗しました。17世紀末に台湾が降伏したあとも、清の貿易統制は続きました。一方で、北方遊牧民の脅威が消えたこと、アメリカ原産のトウモロコシやサツマイモが導入されたことから中国の人口は急増し、19世紀初頭には4億に達しました。

多くの国々がひしめいていたヨーロッパでは、危機のなかで小さくなったパイの取り合いが生じます。統一国家を持たないドイツとイタリア、産業が育たなかったスペインやポルトガルは競争から脱落しました。

イギリスとフランスでは、権力を伸ばそうとする国王とそれに反発する勢力のあいだで内乱がおこります。イギリスではピューリタン革命と名誉革命という二度の政変を経て、議会が実権を握る立憲王政が確立しました。フランスでは逆に、ルイ14世が貴族や民衆の反抗をおさえ、国王に権力を集中する絶対王政を打ち立てます。

注目すべきことは、英仏両国で「国の富をいかに増やすか」という観点から政策が立案されるようになったことです。金・銀などの貨幣こそが富と考えられ、国の富を増やすためには輸出を伸ばし、輸入を減らすことが有効だとされました。こうした考えを重商主義といいます。

重商主義政策は、イギリスやフランスが先行するオランダを追い上げるうえでの武器となりました。両国が毛織物業などを保護育成し、武力をも用いてオランダの権益を攻撃するようになると、人口や軍事力が乏しく中継貿易を基盤としていたオランダの優位は崩れていきました。

大西洋の三角貿易

イギリスとフランスも東インド会社をつくり、アジアから商品を輸入しました。17世紀末に香辛料が値崩れすると、インドの綿織物が新たな人気商品となります。ただし英仏はインドに売るものがないため、一方的に銀を支払い続けていました。重商主義の考えでは、これは望ましい状況ではありません。

対して大西洋では、両国はより巧妙な貿易システムを構築しました。まず、英仏の商人は西アフリカの国々に武器やインド産の綿織物を売り、アフリカ人奴隷を買います。奴隷は英仏が領有するカリブ海の島々に運ばれ、この地のサトウキビのプランテーション（大農園）で働かされます。そうしてつくられた砂糖はヨーロッパにもたらされ、上流階級の食卓にのぼります。甘いものが乏しかったヨーロッパにとって、砂糖は大きな利益が見込める第一級の国際商品でした。

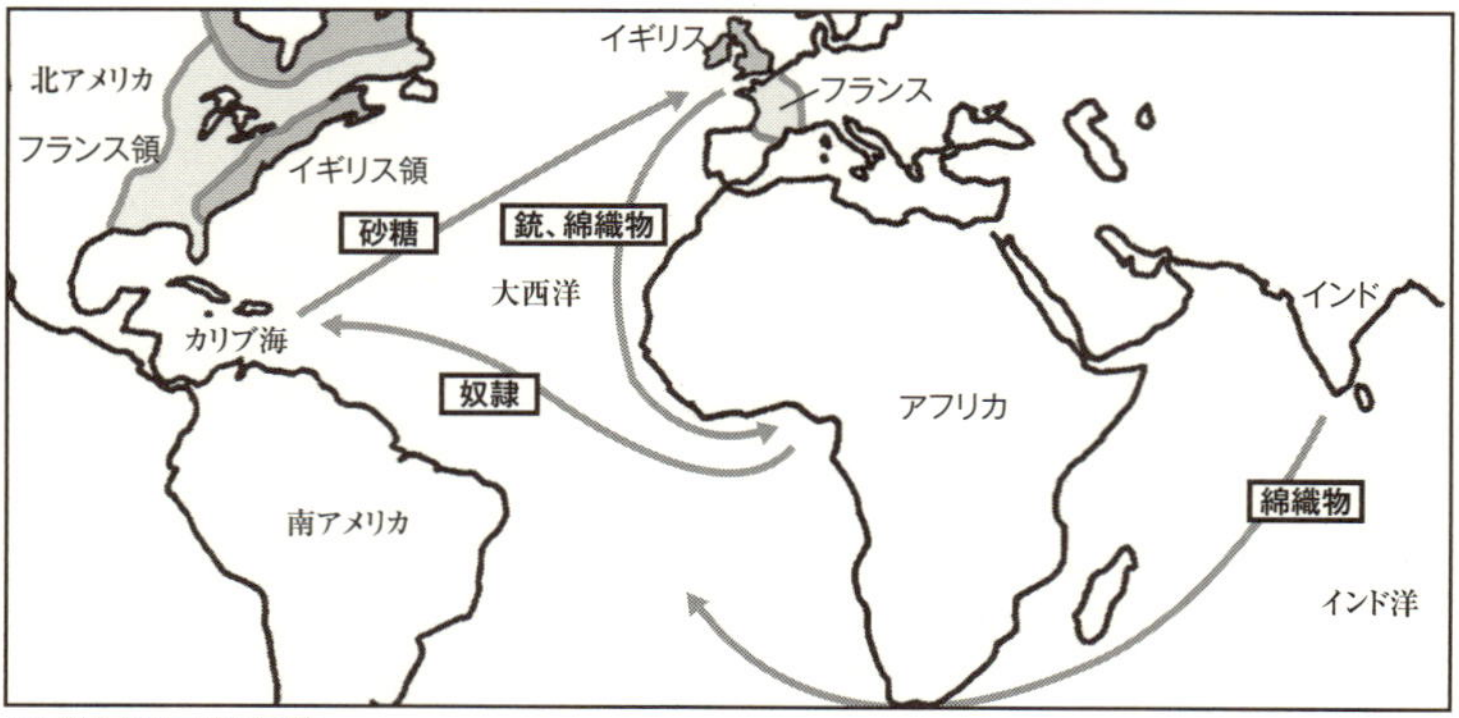

18世紀の国際商業

ヨーロッパ、西アフリカ、カリブ海をつなぐこの貿易を、大西洋三角貿易といいます。その最大の特徴は、大勢の人間を「商品」として売り買いすることです。西アフリカの小国は英仏から購入した銃を用いて奴隷狩りを行い、捕虜を英仏の商人に売り飛ばしました。奴隷は猛暑のなか、狭い船内に数カ月もすし詰めにされ、途中で死ぬ者も少なくありませんでした。生き残った奴隷は、サトウキビ農園での過酷な労働を一生続けることになります。

奴隷として大西洋をわたったアフリカの人々は、1000万を超えるとされています。多くの人口を失ったアフリカの社会は、深刻な打撃を受けます。カリブ海には人口の大部分が奴隷からなる特異な社会が築かれ、農園開発による環境破壊も進みました。イギリスとフランスはこうした爪あとを残しながら三角貿易を回転させ、富を築いていったのです。

イギリスの時代へ

北アメリカ大陸の大西洋岸には、イギリスが13の植民地をつくりました。アメリカ先住民を排除して白人中心の社会をつくった点が、スペイン植民地と異なる点です。フランスはカナダを領有したあと、ミシシッピ川流域（ルイジアナ）にも進出しました。

フランス領は広大だったものの白人の人口は少なく、先住民との交易が経済の中心でした。それに対し、イギリス領の人口は18世紀中ごろには本国の3分の1に達する200万人となり、本国製品の市場として、またタバコ・木材などの産地として重商主義体制に組み込まれました。イギリスとカリブ海・北米植民地のあいだの貿易量は、18世紀中に23倍という驚くべき成長をとげます。

海上交易や植民地経営で競合するイギリスとフランスが対決するのは、必然でした。17世紀末からの両国の抗争を、第二次英仏百年戦争とよぶこともあります。

フランスは本国の人口と経済規模で上回るものの、ヨーロッパでの覇権を追求したため多くの国々を敵にまわしました。一方、イギリスはまず海上での優位をめざしつつ、外交により反フランスの国々を味方につけました。なかでも、かつての覇権国家オランダの財力と海軍をあてにできたことは大きな力となりました。

国のシステムも戦局を左右しました。イギリスでは、地主や大商人など富裕層の代表が集まる議会が政治を行い、信用を保ちながら財政運営を行ったため、低い金利で国債を発行することができました。一方フランスでは議会が開かれず、宮廷による放漫財政が続きました。国の借金はしばしば踏み倒され、金利は高騰し、ますます財政は苦しくなりました。

イギリスの優位は、18世紀中ごろの七年戦争で揺るぎないものとなりました。敗れたフランスは、北アメリカの植民地をすべて手放しました。イギリスはインドでもフランスの勢力を追い払って、植民地支配の第一歩を踏み出しました。

世界の海と商業をめぐるドラマは、イギリスを覇者としてひとまず決着しました。これを礎にイギリスは産業革命の扉を開くのですが、この話は次の章で述べることとしましょう。

本章のまとめ

◉ムスリム商人や中国商人の活躍により、インド洋から東シナ海にいたる海上交易が栄えた。ポルトガルやスペインはアジアの富を求め、この海域への参入を図った。

◉スペインが征服したアメリカ大陸では、先住民の人口が激減し文明が崩壊した。一方、この地で採掘された膨大な銀は、世界経済に好況をもたらした。

◉世界商業を主導したオランダが転落すると、18世紀には英仏が覇権をめぐって争った。勝利したイギリスは大西洋貿易により富を蓄え、産業革命へと向かった。

第6章　海の時代
おもな動き

◉ムスリム商人の活躍

8世紀　アラブ人、中国の広州に居留地を築く

9世紀　バグダードが100万都市として繁栄

◉中国商人の海外進出

10世紀　中国商人が南シナ海に進出

1405　鄭和のインド洋遠征開始（第1回）

◉ヨーロッパ人による大航海時代

1492　コロンブス、サンサルバドル島に到達

1498　ヴァスコ・ダ・ガマ、インド航路を開く

1522　マゼランの部下、世界周航を達成

16世紀　メキシコとペルーがスペインに征服される

1588　スペインの無敵艦隊、イギリスに敗れる

◉オランダの台頭と17世紀の危機

1602　オランダ東インド会社の設立

1639　日本、オランダ以外のヨーロッパ船の来航禁止

◉大西洋貿易と英仏抗争

17世紀　英仏が北米大陸への植民を開始

18世紀　大西洋の奴隷貿易が全盛

1763　イギリスがフランスとの植民地戦争に勝利

第7章

科学・技術と文明

古代世界の科学と技術

世界史をはじめて学ぶ人でも、エジプトのピラミッドはご存じでしょう。完成時の高さ146メートル、底辺230メートルに達するクフ王のピラミッドは、平均2・5トンの石材を280万個も積み上げてつくられており、4500年以上経ったいまも崩れることなくそびえ立っています。古代における技術と知識の粋を集めた建造物といえます。

人工的な生活様式である文明は、建築物をはじめ、治水や灌漑《かんがい》、車両や船舶、道路や運河、衣類や金属といった技術と、その基礎となる自然に関する知識によって支えられています。これらはまず、古代オリエントで発展を見ました。

その影響を受けたギリシア文明は、世界を秩序あるものとみなし、人間の理性によってその法則を明らかにしようとします。プラトンは数学を重視し、彼の学園アカデメイアの門に「幾《き》何《か》学を知らぬ者くぐるべからず」という額をかかげたといわれています。一方、アリストテレスは自然の観察に熱心で、天文、気象、生物に関する膨大な情報を集めました。このように当時、科学は哲学の一環をなしていました。

オリエントとギリシアの文明が融合したヘレニズム文明では、エジプト

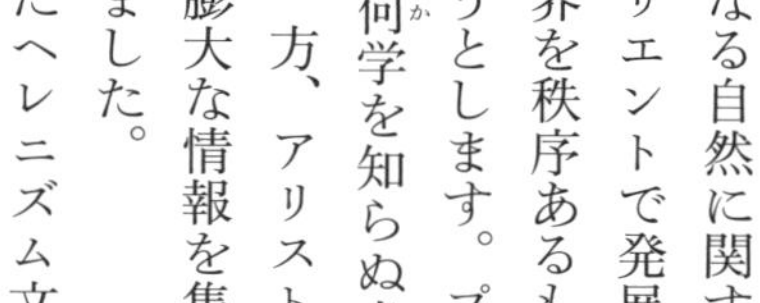

クフ王のピラミッドとスフィンクス

の王立研究所が置かれたアレクサンドリアを中心に、自然科学分野の研究が進められました。アルキメデスによるてこの原理や浮体の原理、エウクレイデス（ユークリッド）による平面幾何学などがこの時代の業績です。地球は太陽のまわりを公転しているという説もすでに唱えられています。ただしその後の主流となったのは、地球を中心に他の天体が回るという、2世紀にプトレマイオスが完成させた精緻な天動説の体系でした。

イスラーム科学の行方

ヘレニズム文明はローマを経て、イスラーム世界に吸収されます。ギリシア語の著作はアラビア語に訳され、さらに新たな研究が付け加えられました。哲学者イブン＝シーナーは医師でもあり、後世まで教科書として用いられる『医学典範《てんぱん》』を著しています。錬金術《れんきんじゅつ》は卑金属から金をつくり出すという本来の目的は達しなかったものの、薬品や化学反応についての知見を深めました。「アルコール」「アルカリ」などはアラビア語起源の言葉です。インド起源のゼロの概念を用いた代数学や、きわめて正確な暦を生んだ天文学も特筆されます。

しかし、世界最高の水準にあったイスラーム科学も、そのうち目立った業績を生み出さなくなります。その原因の一つは、トルコ人らの政権が政治・軍事や土木・建築に熱心だった反面、自然の探求に関心が薄かったことがあります。知識人は官僚や裁判官になるため、もっぱら語学や法学の学習に励んでいました。

もう一つの原因は、イスラーム教との関係です。宗教は真理を啓示（神の言葉）のかたちで示し、信じることを人々に求めます。これに対し科学を含む哲学は、理性により真理を探求する学問です。イブン＝シーナーは哲学の真理が啓示に優先するとまで述べたのですが、こうした姿勢が知識人や一般信者の怒りを買い、攻撃を受けたのです。

哲学にかわり、真理への道として定着したのが神秘主義です。スーフィーとよばれる修行者たちは、禁欲や瞑想《めいそう》によって唯一絶対の神に近づき一体となることをめざします。神秘主義は学問にまで高められる一方、庶民のあいだにも踊る、歌うなど簡略化されたかたちで広まりました。そうした風潮のなかで、哲学や科学の研究は停滞しました。

技術大国中国

中国は、技術大国としてユーラシア東部に君臨していました。とくに秀でていたのが、火をあやつる技術です。前１６００年の殷《いん》の時代にはすでに、金属を溶かし型に流し込む鋳造《ちゅうぞう》が行われ、複雑かつ精巧な青銅器がつくられました。さらに高い温度が必要な鉄の鋳造が行われたのは前7世紀で、ヨーロッパに２０００年もさきがけています。

製鉄に必要な木炭をとるために森林の伐採が進んだ中国では、石炭が早くから用いられました。石炭を蒸し焼きにしてつくる高火力のコークスも、宋代《そう》には普及しています。この時代からすぐれた陶磁器が生み出されるのには、こうした背景があります。

紙や木版印刷技術の発明は、書物を安価・大量に発行することを可能としました。航海を助ける羅針盤、戦争を一変させた火器も、宋代に実用化されています。暦をつくるための天文学、鍼灸《しんきゅう》や漢方で知られる医学にもすぐれた業績があります。

中国の科学や技術の特徴は、実利的な性格が強いことです。たとえば実用的な算術はあっても、ユークリッド幾何学のような体系をつくり出すことはありませんでした。

もう一つの特徴は、知の世界が官僚によって担われていたことです。官吏を選抜する科挙《かきょ》が万人に開かれていたことで富裕層はこぞって勉学に励みましたが、その内容は詩文のつくり方や膨大な儒教経典の暗記でした。同じ価値観を持つ分厚い知識層が生み出される一方で、独創的な研究を行う余地はあまり残されませんでした。

中国では、巨大な国土と人口を一つの国家にまとめていくという政治的な価値が優先され、そのために知の世界のエネルギーも動員されたわけです。

西ヨーロッパの覚醒《かくせい》

ローマ帝国解体後の西ヨーロッパでは社会全体の読み書き能力が著しく低下し、人里離れた修道院でラテン語文献が細々と学ばれているといった状態でした。やがて封建制が安定し、人口の増加とともにヨーロッパが膨張に転じると、イスラーム世界からギリシアの古典やアラビアの学問が伝わりました。こうして、12世紀ルネサンスとよばれる知的覚醒がおこります。その拠点となったのが大学です。これは教師や学生がつくった組合から発展し、領主から自治を認められた研究機関で、オックスフォード大学や今日ソルボンヌとして知られるパリ大学がその代表でした。

この時代にはキリスト教神学が最高の学問とされていたのですが、興味深いのは、ギリシア哲学を用いて神の存在を証明しようとする営みが生まれたことです。これをスコラ学といいます。しかし14世紀になると、人間の理性で解明できる範囲は限られており、哲学によって信仰上の問題を論じることはできないとする考えがあらわれてきました。そして哲学の領域としては、経験的・実証的な分野が残されました。

スコラ学のもとでは、新たな科学的発見は生まれませんでした。しかし、哲学を再発見しその居場所をつくったという点に、その意義があったといえるでしょう。

ルネサンスと科学

14世紀から15世紀のヨーロッパの人々は、飢饉《ききん》、疫病、戦乱といった危機の時代を生きていました。そのなかでイタリアを中心に展開された文化運動が、ルネサンスです。

「ルネサンス」という語は、古代文化の「復興」という意味を持ちます。ただし神学を補強するためではなく、人間とは何か、生とは何かという問いの答えを得るため、ギリシア・ローマの古典を学んだところが特徴です。この時代、いままでの価値観にとらわれない生き生きとした文学・美術作品が生まれたのには、こうした背景があります。

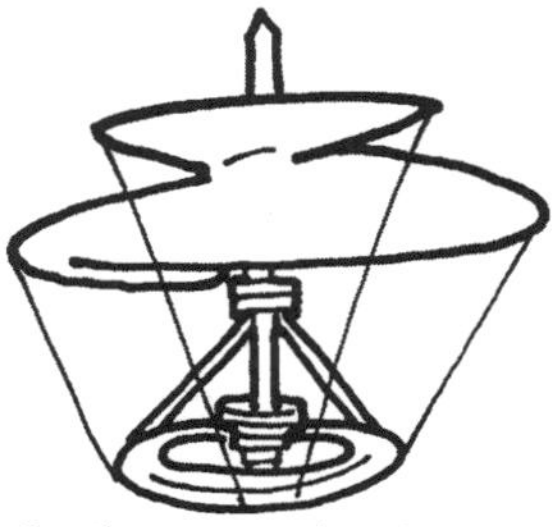

ダ・ヴィンチのスケッチ（ヘリコプター）

この時代の理想像は、人間の可能性をあらゆる分野で開花させる「万能人」でした。画家、彫刻家、建築家でもあったレオナルド・ダ・ヴィンチはその典型です。彼はまた科学者・技術者でもあり、数学的に厳密な遠近法を用いて「最後の晩餐《ばんさん》」を描いたり、人体の解剖図、戦車や飛行機などの構想を残したりしています。自然や技術へのまなざしが中世から変わってきたことがうかがえます。

活版印刷と宗教改革

ルネサンス後半の知の世界に新展開をもたらしたのが、活版《かっぱん》印刷です。一字ごとにわかれた活字を組み合わせて版をつくるこの技術は、中国にはすでにありましたが、漢字の多さが普及のネックとなりました。イスラーム世界では、聖典『コーラン』の神聖さを損ねるとして印刷そのものが広まりませんでした。一方、30字足らずのアルファベットを用いるヨーロッパでは、１４５０年ごろにドイツのグーテンベルクによって活字が開発されたあと、急速に普及することになります。

グーテンベルクが最初に出版し好評を博したのは、キリスト教の聖書です。しかし皮肉なことに、印刷技術はキリスト教世界を大きく揺るがすことになるのです。

当時、富と権力をほしいままにするカトリック教会や聖職者のあり方に対し、批判が高まっていました。１５１７年、ドイツの修道士ルターは九十五カ条の意見書を発表し、金銭で救いが得られるかのような主張は間違っていると訴えます。するとこの文書は大量に印刷されてまたたくまに広まり、ドイツに大反響を巻きおこしたのです。新しい信仰のあり方を求める宗教改革のはじまりです。

ルターは、人が救われるには聖職者に導かれる必要があるという考えを否定し、信者はみずから聖書を読み、教えを汲《く》み取るべきだとします。そのため、彼は聖職者しか読めなかったラテン語聖書をドイツ語に翻訳したのですが、これは20年あまりのあいだに４３０版を数える大ベストセラーとなりました。オランダやイギリスでも、それぞれの言語に訳された聖

ルター

書が普及します。こうした動きは聖職者による教義の独占を打ち破るとともに、ラテン語にかわる各国語の発達をうながしました。

カトリック教会も態勢の立て直しに努めますが、北ドイツ、イギリス、オランダ、北欧ではけっきょく、プロテスタントとよばれる改革派教会が主流となりました。単一の宗教団体がヨーロッパの知と信仰を支配する時代は、ここに終わりました。

正しい知を求めて

16世紀には、ヨーロッパと古アメリカ文明の接触という出来事がありました。コペルニクスが太陽を中心に地球などの惑星がまわるという地動説を唱えたのもこの時代です。新知識は出版によって広まり、人々の世界観を一変させました。古代から受け継がれてきた知識や学問は権威を失いました。

17世紀になると、ヨーロッパはふたたび飢饉や戦乱といった危機に陥ります。不安にから

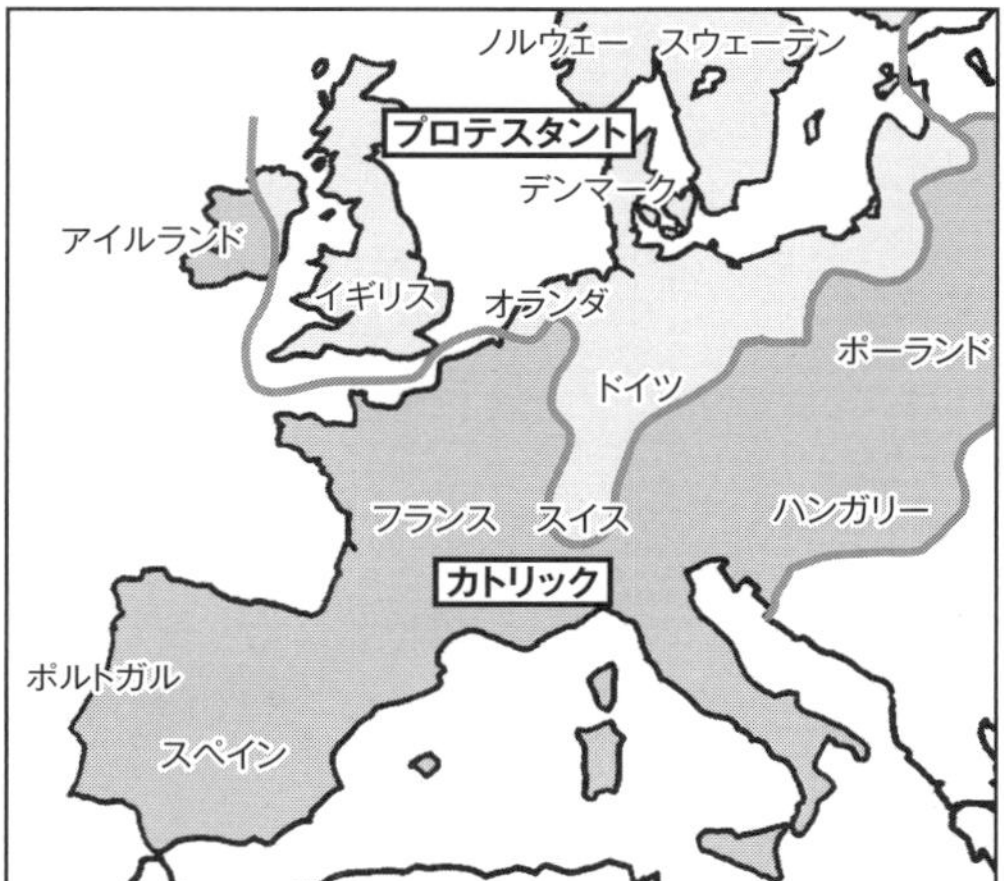

ヨーロッパのおおまかな宗教分布（16世紀後半）

れ疑い深くなった人々は、正しく世界を理解するための方法を見つけようとしました。イギリスのフランシス・ベーコンは、自然をありのままに観察し、個別の事例から一般的な法則を導き出す帰納法《きのうほう》を提唱します。知識の源泉を経験に求めるこのような考え方を、経験論といいます。一方、「われ思う、ゆえにわれあり」と述べたフランスのデカルトは、明らかな原理から推論を進めるという演繹法《えんえきほう》を提唱し、人間が生まれ持つ理性を知識の源泉とする合理論を展開しました。

自然を知るための方法が確立するとともに、惑星の楕円《だえん》軌道、落下の法則、血液循環、気体の圧力・体積の法則など重要な発見があいつぎました。17世紀末には、ニュートンの万有引力の法則が力と運動を解明します。こうした一連の出来事を、17世紀科学革命といいます。

人々は、人間の理性を用いれば宇宙の法則を解明できるという自信を持つようになりました。そして、この世のあらゆるものを理性の光に照らして検討し、世の中の迷信や不合理を一掃しようという啓蒙《けいもう》思想が、18世紀ヨーロッパの一大潮流となりました。

この動きはあらゆる学問分野におよび、新聞、雑誌、パンフレットなどの出版メディアにょって広まりました。その集大成が、18世紀中ごろのフランスで200人以上が執筆にたずさわり編纂された『百科全書』です。「学問・芸術・工芸の合理的辞典」と銘打たれたこの大著は、脱穀《だっこく》や釣りの仕方から、大砲の鋳造、造船、要塞の攻略法にいたるまで、当時知られた学問や技術について網羅しようとする野心的なプロジェクトでした。

人間の知が拡大していくことが実感されたこの時代、人類はどこまでも進歩していけるのだという確信が生まれました。こうした進歩の観念は、その後のさまざまな変革の原動力になりました。そして功罪あわせて、現在の私たちの世界観にも影響をおよぼしています。

農業の革命

ベーコンは、「知は力なり」と述べました。自然を知ることで自然を支配し、人間の生活を改善するための力を得ることができるという意味です。実際、自然についての理解が深まると、さまざまな技術の発展が見られました。

まず農業です。ヨーロッパの主食だった麦は、同じ土地でつくり続けると作柄《さくがら》が悪くなるという問題がありました。中世では土地を３分割して輪作する農法が普及しましたが、耕地の３分の１を休ませるという点で効率が落ちます。しかし18世紀になると、土地を四つから六つに区分し、小麦・大麦のほか飼料を栽培して、家畜の飼育・販売と組み合わせる輪作法があらわれました。

新農法の導入により、北西ヨーロッパでは市場向けの大農場ができます。食料事情は好転し、ヨーロッパの人口は増加していきます。１７５０年ごろまで６００万ほどだったイギリスの人口は、１８２０年ごろまでに倍増しました。こうした変化を、農業革命とよびます。

綿織物と蒸気機関

イギリスは、18世紀中ごろに世界商業の覇権を握りました。しかし、世界市場に送り出せる自国の商品がないということが泣きどころでした。大西洋三角貿易の商品を見ると、綿布、奴隷、砂糖のいずれもイギリス産ではありません。なかでもインド産の綿織物は、丈夫で、保温・吸湿性にすぐれ、肌触りがよく、色が美しいとあって、イギリス国内でも人気を博します。これによりイギリスでは繊維業者が圧迫されるとともに、インドへ大量の銀が流出しました。

そこでイギリスは、綿織物の国産化をめざします。その際、インドの豊富な熟練労働力に対抗するために技術の力が動員されました。民間の発明家の手により、原料の綿花から糸をつくる紡績《ぼうせき》、布を織る織《しょく》布《ふ》のそれぞれで工程を省力化する機械が開発されます。

さらに、水蒸気の熱エネルギーを運動に転換する蒸気機関が、ワットにより実用化されました。これにより、綿織物の生産効率は織布で20倍、紡績ではじつに２００倍に達しました。蒸気機関は、人力、畜力、風力や水力に頼ってきた人類に、自然の制約のない強力な動力源

ジェニー紡績機

をもたらしたという点で重大な意義を持ちます。

産業革命と自然

産業革命とよばれる一連の変革は、他の分野にも波及しました。機械をつくる産業がおこり、鉄の生産が増大します。燃料として石炭が増産され、コークスによる製鉄法が普及しました。原材料と製品を運ぶため、交通網も発達します。蒸気機関車が実用化され、1830年に営業運転を開始します。1838年には蒸気船が大西洋の横断に成功しました。

産業革命は、社会そのものを変えていきました。工場は、熟練した職人にかわって単純作業につく労働者を大量に必要とするようになり、農村の余剰人口がその需要を埋めました。イギリスでは1850年ごろ、都市人口が農村人口を上回りました。

世界商業の主導権を握ったイギリスが引き続き産業革命をおこしたことは、世界全体に影響をおよぼしました。象徴的なのが、イギリスとインドとの関係です。本家であったはずのインド綿布は、イギリス製品との競争に敗れて輸出を激減させます。やがてインドにもイギリスの綿布が流れ込み、インドは原料供給地へと転落してし

スティーブンソンの蒸気機関車

まいました。技術という「知」は、イギリスに世界経済を支配する「力」を与えたわけです。

産業革命は、新たな問題も生みました。都市には煙がたちこめ、排水が川や海を汚します。自然を征服する「力」を人間に与えた科学技術は、同時に自然を破壊し、人間の生活をおびやかしはじめました。これが、今日の私たちが直面している環境問題の原点なのです。

本章のまとめ

◉ヨーロッパは、イスラーム世界や中国の先進的な科学・技術の導入に努めた。なかでも、印刷技術は教会による知の独占を打破し、新知識の拡大に貢献した。

◉科学革命は人間の知への自信を深め、進歩の観念を生んだ。イギリスでおこった産業革命は自然を超えた力を生み出すとともに、環境問題の原点となった。

第7章　科学・技術と文明
おもな動き

◉古代の科学・技術―中国とギリシア

前７世紀　中国で鉄の鋳造がはじまる

前３世紀　エウクレイデス、アルキメデスらが活躍

◉イスラーム世界の学問とヨーロッパへの伝播

11世紀　イブン・シーナー、『医学典範』を著す

12世紀　パリ大学、オックスフォード大学の創設

◉ルネサンスと宗教改革

14世紀　イタリアでルネサンスはじまる

1450頃　グーテンベルク、活版印刷術を実用化

1517　ルター、宗教改革をはじめる

◉科学革命と啓蒙の時代

1543　コペルニクス、地動説を発表

1687　ニュートン、万有引力の法則を発表

1751　百科全書の刊行はじまる

◉産業革命の展開

1769　ワット、蒸気機関を改良

1830　イギリスで鉄道の営業はじまる

第8章

主権国家とは何か

主権とは何か

「国家主権を守る」「主権の侵害だ」「主権者である国民が」などという言葉が、政治や外交の場で用いられます。この「主権」という語は、どのような意味を持っているのでしょう。国内のすべての人々を従わせるとともに他国の命令や支配を拒むことができる、国家の持つ最高の権力が主権です。主権がおよぶ範囲は明確な国境によって区切られており、それが国家の領域とみなされます。こうした主権を持つ国家が190ほど集まって構成されているのが、現在の国際社会です。

ところがいまから500年ほど前まで、このような国家は存在していませんでした。

そもそも権力とは、英語では単に「パワー」というように、他者を従える「力」を意味します。ルールをつくり、違反する者を罰し、税を集め、兵力や労働力を動員する、といった力です。古代では、人々の身近にあって権力をふるっていたのは地方の豪族や都市の首長であり、王国や帝国といった広域の権力体はその上に乗っているにすぎませんでした。近代になるまで、権力はこのようにピラミッド状に積み重なっているのがふつうで、一定の領域に均等におよぶ単一の国家権力といったものはありませんでした。

徳治主義と中華思想

王国や帝国の君主は、下位の権力者を通じてではなく、人々を直接的に支配しようと工夫を重ねてきました。その典型が、中華帝国の官僚制度です。県やその上の郡・州といった行政区画を設け、中央から派遣された官僚がその統治にあたるというものです。

今日の国家システムと似ているようですが、やはり中華帝国は主権国家ではありません。というのも、「徳が高い者が支配者としての資格を持つ」という儒教理念を根拠として、限りなく大きな徳を持つ皇帝は全世界の支配者である、とみなしていたからです。

7世紀ごろの唐帝国を見てみましょう。まず皇帝に任命された官僚が派遣される領域があり、ここが「中華」（文明の中心）とされます。その外側には「夷《い》」（野蛮）とみなされる諸民族がいますが、そのなかには唐の支配を受ける勢力もありました。彼らは自治を許され、都護府《とごふ》という役所の監督を受

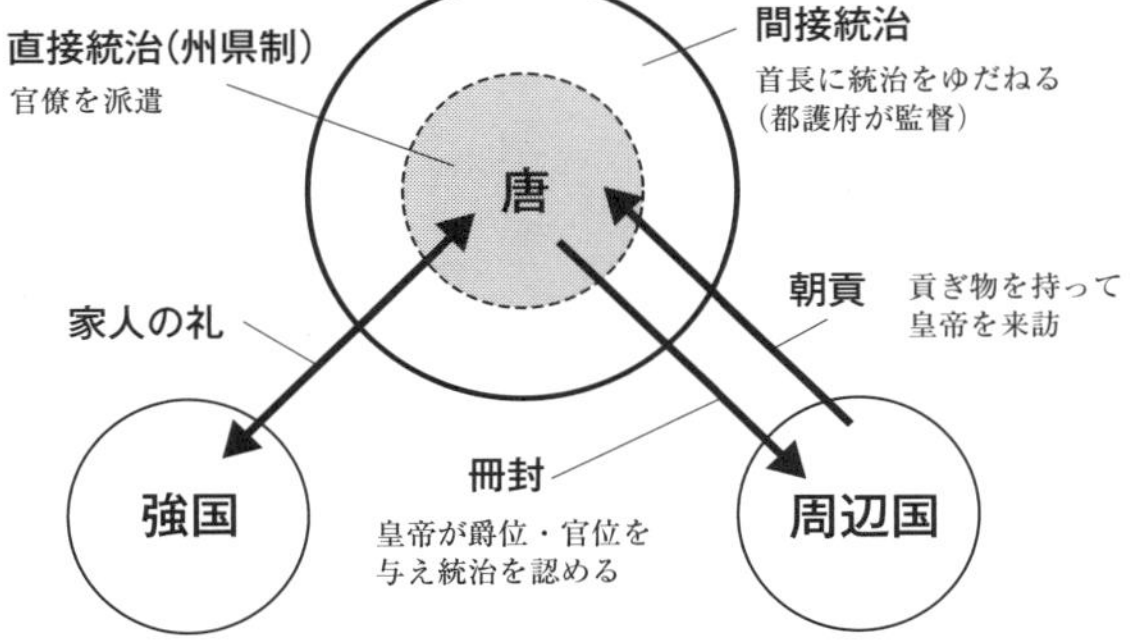

冊封と朝貢

けます。

その外側は実際には外国となりますが、皇帝の威光はそこにもおよぶとされます。皇帝の徳を慕《した》って朝貢する「夷」の君主を王に任命するという、冊封《さくほう》の形式で関係を築いたのです。東アジアでは、「王」は皇帝の臣下を意味します。相手国が強力で、こうした関係を築くことが難しい場合は皇族の女性を嫁がせ、義理の父子の関係をつくりました。

このように、中国の皇帝は周辺諸国に対して主君としてふるまい、外交を君臣の関係として処理していました。主権がおよぶ領域が限定され、各国が対等の関係にあるという国際体制が東アジア世界に存在しなかったことがわかります。

イスラーム世界の国家原理

イスラーム教は、ウンマ（イスラーム共同体）という国家とともに生まれ発展してきた宗教です。カリフの地位が形骸化したあとは、イスラーム世界にいくつもの国家がならび立ちますが、ムスリムはみなウンマの一員であるという理念は残りました。つまり、ウンマに属するか否かは住んでいる場所に関係なく、個人の信仰によって決まります。

イスラーム教は人々の内面だけでなく、社会生活全般に関わる宗教です。そのため、宗教をもとにした法（イスラーム法）が整備されてきました。イスラーム法は解釈の違いはあれ、世界のどこにいてもムスリムが等しく従うべき法規範とされました。

支配者がムスリムである場合はふつう、イスラーム法が国家の基本法として施行されます。しかし、異教徒にはイスラーム法は適用されません。とくに多くの異教徒を抱えていたオスマン帝国は、キリスト教徒やユダヤ教徒に宗教・宗派ごとの共同体をつくらせ、自治を認めていました。

領域ではなく、個人の信仰を基準にして権力や法がおよぶ範囲が決まってくるイスラーム世界もまた、こんにちの国家や国際体制とは異なる原理によっていたのです。

中世ヨーロッパの国家と身分制議会

中世の西ヨーロッパにはいくつもの王国がならび立っていましたが、その長である国王の権力はきわめて限られていました。まず、王国内には大小無数の領主が分立しています。彼らは自前の軍事力を持ち、所領内の農民に課税し、裁判権を行使しています。国王は彼らの所領に役人を送ったり、課税したりすることはできませんでした。また、人々の内面を指導するカトリック教会の力が絶大で、その長であるローマ教皇は各王国の内政にさまざまなかたちで影響力を行使しました。教会はまた、ヨーロッパ各地に膨大な所領を持つ巨大な権力体でもありました。

このような状況が変わり、国王の力が伸びてきたのは13世紀ごろからです。あいつぐ十字軍は、これに参加した諸侯や騎士を没落させる一方、リーダーとしての国王の権威を高めました。都市の政治を動かす商人は商売がしやすくなることを望み、国家統一を期待するようになります。14世紀のペスト大流行によって労働力が不足し農民の立場が強まったこと、傭兵や火器が普及したことは、封建領主の力をさらに弱めました。

このころ、王の家臣団の会議に他身分の代表が合流し、身分制議会が開かれるようになったことは注目に値します。フランスでは、聖職者・貴族・第三身分（都市代表）に分かれた三部会がつくられました。イギリスでは、大貴族と聖職者からなる上院と、州と都市の代表が集まる下院からなる二院制の議会ができます。

国王はふだん、みずからの所領からあがる収入で政治を行っていますが、戦争がおこったときにはとうてい足りなくなります。そこで議会を開き、各身分に臨時の税や資金援助を求めるのです。貴族や都市はそれとひきかえに従来の権利を保障させたり、新たな特権を要求したりします。つまり、議会は国王と各身分のかけひきの場だったわけです。

こんにちの議会とはずいぶんと性格が異なりますが、王国ごとに政治的なまとまりをつくるうえで身分制議会は大きな意義を持ちました。

宗教戦争と主権国家

16世紀の宗教改革は、主権国家の形成と深く関係しています。たとえば、離婚を教皇に反対されたイギリスのヘンリ8世は、みずからを首長とするイギリス国教会をつくり、修道院を解散させてその所領を没収しました。これは、「外国」であるローマ教皇の影響力を排除し国内の聖職者を支配下に置くために、君主みずから宗教改革を進めたケースです。

一方、宗派対立は各地に戦乱を引きおこしました。フランスではカトリックが主流でしたが、神が定めた務めとして労働に励むことを説くカルヴァンの教えも、商工業者らに受け入れられていました。16世紀後半になると、カトリックとカルヴァン派（ユグノー）の両勢力が衝突して流血の惨事があいつぎ、外国も介入してきました。

こうしたなか、国家権力を強化することで内乱をおさめ、外国の干渉を防ごうとする動きが出てきます。ボダンという学者は「国家が持つ絶対的・永続的な権力」を主権とよび、法の制定、外交、官吏の任免、最高裁判権、課税権などをこれに含めています。「主権国家」という概念が、ここに姿をあらわしてきました。

フランスの内乱を鎮めたのが、アンリ4世です。彼はユグノーのリーダーだったのですが、即位すると多数派のカトリックに改宗し、そのうえで人々に信教の自由を認めました。みずからの信条よりも

カルヴァン

国家の統一を優先する態度がここにあらわれています。

主権国家体制と国際法

16世紀のヨーロッパでは、国家を基本単位とする外交も活発になりました。外交官の交換や常駐が行われ、条約や同盟といった国家間の約束も結ばれるようになります。

注目されるのは、ある有力な一国が覇権を握ろうとするのを、他の国々が同盟して阻止しようとする動きがあらわれたことです。これを勢力均衡《きんこう》とよびます。16世紀には強大なハプスブルク家をおさえこむため、各国の同盟外交が展開されました。

1618年、カトリック勢力を率いるハプスブルク家の神聖ローマ皇帝に対し、ドイツのプロテスタント諸侯が反旗をひるがえしました。両派に諸外国が参戦し、宗教内乱は「三十年戦争」とよばれる国際戦争に発展します。そのなかで、フランスはカトリック国であるにもかかわらず、プロテスタント側に立ってハプスブルク家と戦いました。各国が国益を第一に考えて行動するようになったことを象徴しています。

1648年、60余国が参加した史上初の国際会議のすえにウェストファリア条約が結ばれ、戦争は終わりました。この条約により、300あまりのドイツの諸侯や都市にほぼ完全な主権が認められ、宗派に関してはそれぞれの小国家の選択にまかせることが確認されました。ここに、主権を持つ国家が対等の立場で参加する国際体制が確立しました。

主権国家体制のもとでは、各国が好き勝手にふるまっても、それをおさえるべき上位の権力は存在しません。先に述べた勢力均衡という概念は、国際社会を動かすのは力であり、平和を維持するには力のバランスをとるしかない、という考えにもとづいているのです。

一方で、一定のルールを国際社会のなかにつくり出そうとする動きも出てきます。三十年戦争の惨禍を見たオランダのグロティウスは、戦争においても各国が守らなくてはならない法があると説きました。国際法の思想は、こうして生まれてきました。

主権はだれのものか

ところで、主権国家において、主権を持ち行使するのはだれなのでしょう。

君主制の国家ではふつう、主権は君主に属すると考えられました。それを正当化するのが、「王の権力は神から直接与えられたものである」とする王権神授説です。ただし、実際に王がどれほどの権力をふるうことができたのかは国によって異なります。

フランスでは官僚制が整えられ、国王は三部会を開かなくても

ルイ14世

租税を集めることができるようになりました。その財力により、国王は10万以上の傭兵軍を維持し、貴族や都市の反抗をおさえこみました。このような絶対王政の全盛期を築いたのが、ヴェルサイユ宮殿で華麗な宮廷生活を送ったルイ14世です。彼が言ったとされる「朕《ちん》は国家なり」という言葉は、この体制のあり方をよく物語っています。もっとも、国王はさまざまな勢力や団体の利害を調停することで頂点に立っていたというのが実情で、文字どおり「絶対」の権力をふるったわけではありません。

イギリスの立憲王政

16世紀のイギリスでは、国王と、貴族や地主らからなる議会が協調しながら政治を行っていました。ところが17世紀の不況期に国王が議会を無視して課税を強化すると、議会がこれに反発し内乱がはじまりました。これは議会派の勝利に終わり、１６４９年に国王は処刑され、共和政が宣言されました。議会派にはカルヴァン派（ピューリタン）が多かったため、これをピューリタン革命とよびます。

この共和政は混乱が続き、けっきょく王政が復活しましたが、国王と議会の対立は続きました。１６８８年に議会は、王の娘の夫であるオランダ統領ウィリアムを招いて政変をおこしました。これが名誉革命です。

ウィリアム夫妻は王位につく際に議会の権利を認め、その文書を法制化します。この権利章典には、選挙や言論の自由、立法や課税における議会の権限などが明記されています。以後国王は、国家の基本法に従って議会と協調しながら政治を行っていくことになりました。これを、立憲王政といいます。

議会内にあった二つのグループは、政党に発展します。国王は多数党の有力者を集めて内閣を組織し、国政を協議しました。そのうち大臣のなかの最有力者が首相として閣議を主宰するようになり、議会の信を失った際には内閣は退陣するという原則もできました。こうしてイギリスは、「王は君臨すれども統治せず」といわれるように、議会が実質的に主権を行使する国となりました。

とはいえ、当時の議会政治は富裕者による政治にほかなりません。上院議員は高位の貴族や聖職者からなり、任期は終身でした。下院議員は選挙で選ばれますが、ある程度の土地を持っている男性（全人口の3パーセント程度）にしか選挙権はありませんでした。

社会契約説と啓蒙思想

政治的変動が続いた17世紀のイギリスでは、「そもそも国家とは何か」という問題について思索が深まりました。ホッブズという思想家は亡命先から内乱を観察し、『リヴァイアサン』

を著します。これによれば、人間は本来利己的であり、国家がない状態では「万人の万人に対する闘争」に陥って生命がおびやかされます。そこで人々はたがいに契約を結んで国家をつくったのであり、それゆえ国家主権に従う義務があると主張したのです。このように契約によって国家がつくられるという考えを、社会契約説といいます。

名誉革命を支持した哲学者ロックは、人間が生来持っている生命・自由・財産といった権利を守るために政府がつくられたと主張します。もしも政府が人々の権利を守らない場合、人々は政府に反抗しこれをとりかえる権利を持つとしました。これを抵抗権（革命権）といいます。このように、政府の権限を限定し個々人の権利を優先させる考えは、のちの自由主義の基礎となります。

18世紀に広まった啓蒙思想は、人間の理性に全面的な信頼を置き、社会の不合理を批判しました。政治に関しては、絶対王政や生まれによって一生が決まる身分制を攻撃し、力を付けつつあった商工業者に支持されます。フランスの啓蒙思想家モンテスキューはイギリスの議会政治を模範とし、立法権を議会、行政権を国王、司法権を裁判所が持ちチェックしあうという三権分立の思想を理論化しました。

啓蒙思想はまた、経済的に遅れた中欧や東欧の君主により、教会や貴族などの旧勢力をおさえて富国強兵を進めるための理論と

フリードリヒ2世

して歓迎されました。そうした君主の代表が、北東ドイツで軍事国家として台頭してきたプロイセンの国王フリードリヒ2世です。「君主は国家第一の僕《しもべ》」という彼の言葉は、君主は国家の人々のためにあるという姿勢を示しています。もっとも、何が人々のためになるかは君主が決めるわけですが。

しかし、啓蒙思想は単なる改革の思想にとどまりませんでした。フランスのルソーは、人間は本来自由であるにもかかわらず、文明社会のなかで自由を奪われ不平等な立場に置かれているとしました。そして自由を取り戻すためには、新たに社会契約を結び、人民がみずから参加する共同体をつくらなくてはならないと説きます。これはまぎれもなく、革命につながる思想です。

アメリカ独立革命

変革の波は、大西洋の向こう側、アメリカ大陸からおこってきました。

世界商業をめぐるフランスとの抗争に勝利をおさめたイギリスですが、長年の戦争により多額の負債を抱え込みました。そこで北アメリカ植民地の人々にも負担を求めたのですが、これが猛反発をよびました。植民地はそれまでほぼ放任の状態で、人々は町の集会や植民地議会を通じて自治を行っていました。こうしたなかでの課税や統制の強化は、自由を否定するものと受けとめられたのです。植民地側は自分たちのあずかり知らないところで決められた課税は無効だとし、対立はエスカレートします。

1773年、イギリス東インド会社の船にボストン市民が乱入して茶箱を投げ棄てるという、有名なボストン茶会事件がおこりました。本国が弾圧に乗り出すと13植民地は結束して対抗し、ついに武力衝突にいたります。

植民地側では独立の機運が高まり、1776年、アメリカ独立宣言を採択しました。そのなかでは、すべての人間には生命・自由・幸福追求の権利が与えられていること、政府はこれらの権利を確実にするためにつくられたのであり、その目的に沿わない場合、人々は新たな政府をつくることができることが述べられています。ロックの学説にもとづき独立の正当性を主張するこの文書は、人としての権利と政府の存在理由を明らかにした点で大きな意義を持っています。

ボストン茶会事件

独立戦争は、フランスを味方につけたアメリカが有利となります。孤立したイギリスは1783年、ついにアメリカの独立を認めました。

新たに成立したアメリカ合衆国ですが、国のあり方を一から決める必要がありました。議会での激論のすえ、1787年に合衆国憲法が採択されました。国家のしくみを憲法という法的文書のかたちで示すのは、これがはじめてのことです。

アメリカは君主を置かない共和政を採用し、人民が主権を持つ連邦国家となりました。また二院制の議会、大統領、最高裁判所がチェックしあう厳格な三権分立を採用します。1789年、独立戦争での司令官ワシントンが初代大統領となり、連邦政府がスタートしました。

アメリカ合衆国は、自由や平等という社会契約説や啓蒙思想でかかげられた理念を現実のものとするために、「独立革命」を通じて建てられた国家でした。もっとも、理念と現実のギャップに、その後のアメリカは苦悩することになるのですが。

フランス革命はじまる

アメリカ独立革命には、その理念に賛同したヨーロッパ人が義勇兵として参戦しました。スペイン領の中南米では合衆国の独立に刺激を受け、独立運動がはじまりました。そして、革命の波はフランスに押し寄せます。

政治・経済の両面でイギリスに遅れをとっていたフランスでは、絶対王政への批判が高まっていました。アメリカ独立戦争への参戦でイギリスに一矢を報いたものの、財政が破綻してしまい、ルイ16世は特権身分に課税を求めました。これに反発した貴族らの要求により、1789年、じつに174年ぶりに三部会が開かれたのです。

第三身分の代表は、ブルジョワとよばれる富裕層でした。啓蒙思想にもとづく国家改造の好機と考えた彼らは、みずからの部会を国民議会と称して政局の主導権を握り、憲法制定をめざしました。国王がこれを弾圧しようとすると、首都パリの民衆が立ち上がり、バスティーユ要塞を襲って武器弾薬を奪いました。この7月14日はフランス革命記念日となっています。

全国に騒乱が広がるなかで、国民議会は身分制を廃止し、人権宣言を採択しました。この文書では人間の自由と平等とともに、「あらゆる主権の根源は、本質的に国民のうちにある」ことがうたわれました。国民主権がはじめて明確に打ち出されたのです。

もっとも、革命をリードするブルジョワたちは、財産と教養があり正しく判断できる自分たちこそ政治を担う資格があると考えていました。2年後に制定された憲法では、選挙権は財産がある者にのみ与えられました。圧倒的多数の農民や都市民衆には、「国民」の一員として政治に参加することが認められなかったわけです。

1792年、フランスの革命政権と、革命をおそれる諸国とのあいだに戦争がはじまりました。革命政権が共和政を宣言し国王を処刑すると、全ヨーロッパが敵にまわりました。政権を握ったジャコバン派は、この難局を乗り切るには一般民衆の協力が不可欠だと考えました。彼らはすべての成年男性に選挙権を認めたり、農民に土地を与えたりするなど急進的な政策を進めます。

その反面、ジャコバン派は非常時を名目に、反対派をつぎつぎにギロチンにかけました。犠牲者の数は、1年あまりのあいだに4万にものぼりました。自由・平等・博愛という理想が野蛮な恐怖政治に行きついてしまったのは、皮肉としかいいようがありません。

ジャコバン派はクーデタで倒され、ふたたびブルジョワ中心の政府ができましたが、不安定な政情が続きます。そのなかで頭角をあらわした軍人が、ナポレオンです。彼は反フランス同盟を打ち破って名声を高め、独裁的な権力を握ります。そして1804年、国民投票で圧倒的な支持を集め皇帝となりました。

ナポレオンの栄光と没落

フランス革命の顚末《てんまつ》は、ある理念をよりどころとして一から国家をつくることの難しさを物語っています。他国の敵意に囲まれるという事態も重なり、フランスの人々はけっきょく、カリスマ的な軍事指導者に問題の解決をゆだねたのです。

ナポレオンは、革命の理念を定着させることでブルジョワ層の支持を得ます。その最大の成果がナポレオン法典です。法の下の平等、個人や自由の尊重、所有権の保障など近代市民社会の原理を確立したこの民法典は、日本を含む世界各国の法体系に影響を与え、フランスでは修正されつつ現在も生き続けています。

ナポレオン

対外的には、ナポレオンは「国民」として団結した兵士を率い勝利を重ねます。イギリスを除く全ヨーロッパがフランスの覇権のもとに置かれ、各地で身分制や領主制の廃止などの改革が断行されました。ナポレオンは、革命を他国に「輸出」したわけです。

しかし、ヨーロッパ各国の人々は自由や平等という理念を知ると同時に、フランスという外国に支配されているという現実にも気づきました。そして、「われわれの国家」をつくるために動きはじめます。ナポレオンがロシア遠征に失敗すると、支配下の諸国がいっせいに立ち上がりました。1814年にナポレオンは皇帝の座を追われ、翌年に再起するものの、けっきょく敗れて大西洋の孤島に流されました。風雲児ナポレオンの時代は終わりました。

保守主義、自由主義、ナショナリズム

ヨーロッパ諸国はウィーンで国際会議を開き、1815年に新たな国際秩序を定めました。これをウィーン体制とよびます。フランス革命前の状態を正統とするという原則のもと、フランスを含む多くの国で旧王家が復活しました。イギリス、オーストリア、プロイセン、ロシアは同盟を結び、のちにフランスも加えた五大国の勢力均衡によって平和を維持することになりました。

思想のうえでも揺り戻しがおこりました。革命での暴走を引きおこしたとして、理性万能

の啓蒙思想に対する幻滅が生まれます。そして歴史の知恵に学び、信仰・家族・身分的秩序など伝統的な価値を尊重する保守主義の思想がかたちづくられました。

しかし、ヨーロッパに広がった革命の理念は消えることはありませんでした。国民の代表を集めた議会を通じ、憲法にもとづいて政治が行われるべきだとする国民主権と立憲政の理念や、身分制や不合理な規制は廃止すべきだとする自由主義の思想は、各国のブルジョワに支持されます。

19世紀前半のヨーロッパでは、保守主義と自由主義の対決が、「われわれの国家」を求めるナショナリズムとからみあいながら展開していきます。またヨーロッパで定着した主権国家体制は、他の世界へも広げられていくことになります。これらについては、次の章でながめていくことにしましょう。

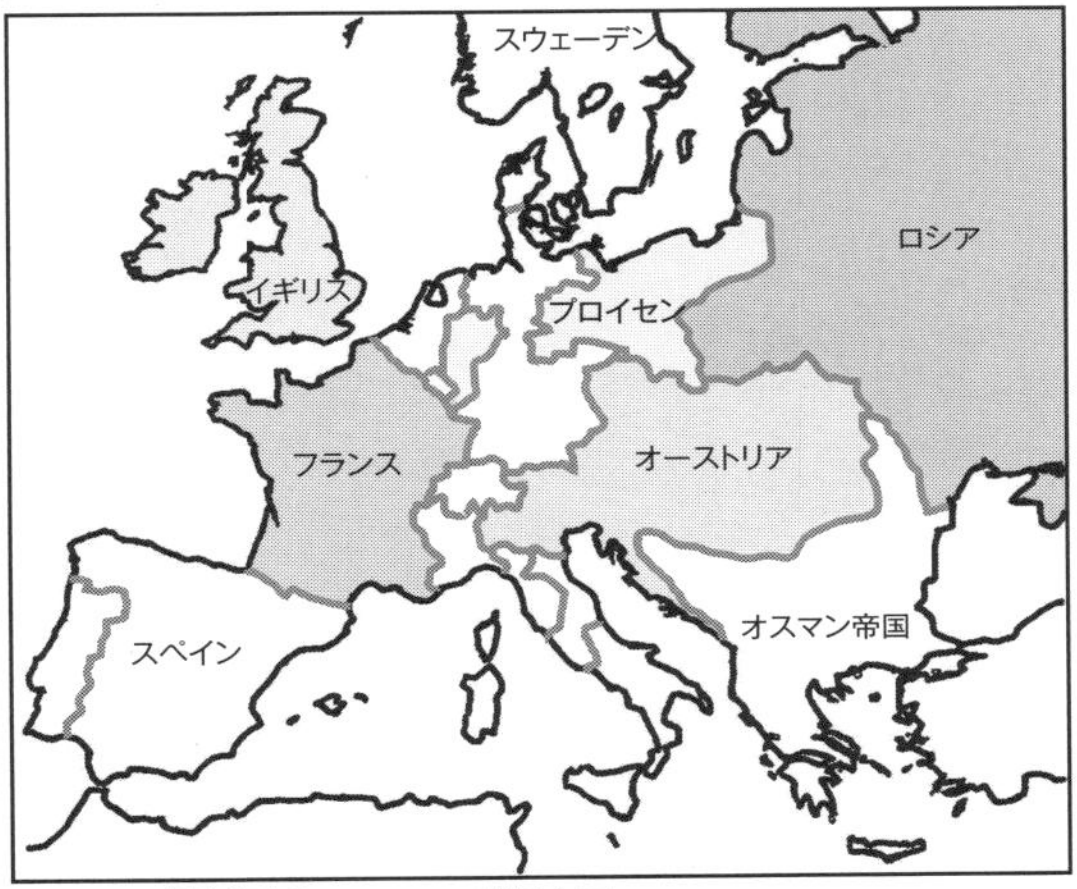

ウィーン体制下のヨーロッパ五大国

本章のまとめ

◉ヨーロッパでは宗教改革を機に、一定の領域を排他的に統治する主権国家が並立する国際体制が生まれた。そのなかで、勢力均衡や国際法の概念が成立した。

◉イギリスでは、君主権を制限し議会が政治を行う立憲王政が成立した。イギリスから独立したアメリカは、三権分立にもとづく共和政の連邦国家となった。

◉国民主権を打ち出したフランス革命と、ナポレオンによる革命の輸出は、既存の欧州秩序を揺り動かした。保守主義と自由主義の対決が以後の焦点となった。

第8章　主権国家とは何か
おもな動き

◉主権国家以前─中国、イスラーム世界、ヨーロッパ

618　唐帝国が成立
622　ムハンマド、イスラーム共同体を創設
14世紀　ヨーロッパ各国で身分制議会が成立

◉宗教改革と主権国家の出現

1534　ヘンリ８世、イギリス国教会を樹立
1576　ボダン、主権国家論を説く
1648　三十年戦争が終わり主権国家体制が確立

◉絶対王政と立憲王政

1661　ルイ14世の親政開始→フランス絶対王政
1688　名誉革命→イギリス立憲王政

◉啓蒙思想とアメリカの独立

1748　モンテスキュー、三権分立を説く
1776　アメリカ独立宣言
1787　アメリカ合衆国憲法制定

◉フランス革命とナポレオン

1789　フランス革命勃発
1804　ナポレオン、皇帝となる
1815　ナポレオンが没落しウィーン体制が確立

第9章

国民国家とナショナリズム

１８４８年の転換点

１８４８年2月、59年前のフランス革命、18年前の七月革命に引き続き、またもパリで市民の蜂起がおこりました。全人口の１パーセントに満たない富裕層にしか選挙権が与えられていない状態に対し、不満が爆発したのです。国王は亡命し、パリには臨時政府が建てられました。

当時のヨーロッパ諸国は、王朝や身分制といった伝統的価値を重んじるウィーン体制のもとにありました。そこへフランス二月革命の知らせが駆けめぐり、抑圧的な体制に不満を抱いていた人々はつぎつぎに立ち上がりました。オーストリア、プロイセンでも革命がおこり、自由主義的な政権ができます。ドイツ統一の機運がにわかに盛り上がり、フランクフルトにドイツ諸邦の代表が集まりました。オーストリアの支配下にあったチェコ、ハンガリー、イタリア北部では独立運動がおこります。

運動の多くはけっきょく、保守勢力の巻き返しによって挫折に終わりました。しかし、ヨーロッパ各国の指導者はもはや、民衆の動向を無視することはできなくなります。プロイセンやオーストリアといった保守的な国家も、かたちのうえでは立憲君主政をとるようになります。１８４８年の諸革命はたしかに歴史の転換点となったのです。

1848年に立ち上がり倒れていった人々は、何をめざしていたのでしょう。共通していたのは、「国民のために」ということでした。ここでいう「国民」とは、単に「ある国家の領域内に住む人々」というだけの語ではありません。「一つの国家をつくっている（つくるべき）われわれ」という、強い仲間意識をもって語られていた言葉です。当時の（そして現在も）多くの人々にとって「国民」とは、そのために命をかけて闘う価値のあるものだったのです。では、「われわれは一つの国民である」というような仲間意識は、どのように生まれてくるのでしょう。そして、そうした意識にもとづいて国家をつくり動かすとき、どのようなことがおこったのでしょう。それがこの章のテーマとなります。

国民国家とナショナリズム

「われわれ」意識を共有する国民によってつくられる国家を、国民国家とよびます。意識のうえで、「われわれ」は「かれら」と明確に区別されています。つまり、この概念はいくつもの国家がならび立っていることを前提としており、主権国家体制が成立したヨーロッパで生まれてきたものです。

しかし、18世紀後半までの主権国家は、まだ国民国家とはいえません。まず、国家の主権を持っているのは君主です。ヨーロッパ各国の王族や貴族は国際的な結婚や交流によってエリート意識を共有する一方、自国の平民を仲間だとは思っていません。平民のほとんどは生まれ故郷で一生を終え、国家という大きな枠組みを意識することはありませんでした。

それが、ある時点から人々は「われわれ」意識を持つようになり、「われわれの国家」をつくろうとするわけです。このような国民国家をつくろうとする運動、また国民や民族としての意識を高めようとする運動を、ナショナリズムといいます。

言葉が通じない者どうしがたがいを仲間だと意識することは困難です。したがって言語を共有することが、ナショナリズムの前提となります。それも地域的な話し言葉ではなく、より広い範囲で共有される文章語が必要です。

その意味でナショナリズムのはしりとして注目されるのが、17世紀のオランダとイギリスです。両国はカトリック教会から離脱して独自の教会組織と自国語訳聖書をつくっており、宗教と言語を通じて一体性を強めていました。また両国は、カトリックの擁護者を自認するスペインと敵対していました。こうした外圧の存在も、ナショナリズムを生む一因となります。

議会が実質的に主権を握った点も、両国に共通しています。まだ富裕市民や地主といったエリート層しか政治に参加できませんでしたが、彼らは都市や地域の名士でもありました。こうしたリーダーを通じて、一般民衆は「国家」を意識するようになりました。

出版の役割――アメリカの場合

たがいに会ったこともなければ名前も知らない数百万もの人々が、「われわれは仲間である」と考えるようになるにあたっては、出版メディアの役割が重要です。たとえば新聞は、人がじかに見聞きできる範囲をはるかに超えた情報を伝えます。そして同じ新聞を読む人々は、同じニュースを共有し、同じ問題意識を抱くようになります。

アメリカを見てみましょう。北米植民地の人々はおもにイギリスからの移民とその子孫からなり、宗派はおおよそプロテスタント、言語は英語でした。植民地議会による自治の伝統もありました。そこへ18世紀中ごろに本国からの「外圧」が加わり、人々は新たな国家の形成へ向かったわけです。

本国との対立が深まると、植民地では膨大な新聞記事やパンフレットが書かれます。3カ月で12万部を売り上げたトマス・ペインの『コモン・センス』は「独立こそが真の利益である」と説き、人々の意識を「イギリス王国の臣民」から「アメリカ人」へと変えました。そして、半年後の独立宣言への流れをつくったのです。

出版メディアは人々に現状を知らせ、問題点を明らかにし、多様な意見を集約する役割を持ちます。こうして形成される世論は、ナショナリズムに不可欠な要素となるのです。

国旗、国歌、国語、軍隊

1789年、フランス革命がおこります。この年に発表された人権宣言で国民主権の考えがはじめて打ち出されたことは、前章で見たとおりです。

絶対王政下の人々には、「国民」意識はありませんでした。人々の帰属意識はさまざまな身分・地域・団体にあり、これらを束ねていたのが国王でした。革命がおこると、こうした組織や団体は解体され、王政そのものも廃止されます。ここではじめて、等しく権利を持つ一人ひとりの国民が集まって国家がつくられるのだと考えられるようになりました。

とはいえ、人々はすぐに国民意識にめざめたわけではなく、政府にはそれを待つような余裕もありませんでした。フランスは全欧州を敵にまわし、国内にも反革命の動きがありました。革命政府は、すみやかに「フランス国民をつくりあげる」必要がありました。

まず、国民統合のシンボルがつくられます。赤・白・青の三色旗が国旗とされ、義勇兵の軍歌「ラ・マルセイエーズ」が国歌となります。パリ周辺の言語が「国語」と定められ、全国で教えられることになりました。度量衡《どりょうこう》の単位も、科学的根拠を持つメートル法に統一されました。

そして国民意識の形成に決定的な役割を果たしたのが、軍隊と戦争です。危機に際して革命政府は義勇兵を集め、1793年には全国民を対象とする徴兵《ちょうへい》制を施行しました。国家を守るために武器をとって戦うことが、国民の義務とされたのです。

革命政府は反発する動きをおさえこみつつ、120万もの大軍をつくりあげました。兵士はみな素人ながら、「祖国」を守るという使命感に燃えていました。ナポレオンはこの「国民軍」を率いて、傭兵からなる各国の軍を破ったのです。

20年以上におよぶ戦争のなかで、数百万もの若者が国家によって訓練され、国家のために戦いました。この経験がフランスの国民意識の核となります。そして、フランスの侵略に立ち向かったヨーロッパ諸国にもまた、同様のナショナリズムを生むことになったのです。

国民国家モデルと産業革命

フランス革命の際にも、膨大な出版物が生み出され、政治や社会について議論が戦わされました。そのなかで、王朝、身分制、農奴制、特権的団体といった「古い」国家モデルに対し、憲法、議会、自由、人権、法の下の平等、国語、国旗、国歌、徴兵制、国民的祭典などが「新しい」国家モデルとしてたたえられました。このことは、「国民国家とは何か」をだれの目にもわかるように示したという点で、きわめて大きな意味を持ちます。1848年の諸革命はその帰結だったのです。

もう一つ、ナショナリズム形成のうえで重要な意味を持ったのが、このころにはじまった産業革命です。複雑な産業社会は、標準化された国語を基礎とする教養を人々に求めます。専門家が加わる議会を通じて法律や制度を整える必要もあります。人々に財産権を保障し、職業選択の自由を認め、能力のある人に等しくチャンスを与えることも重要です。

そうして見ると、国民国家こそ産業社会にふさわしい国家モデルだということになります。イギリスにならった産業化を進めて自国の地位を高めようとする指導者や、国際競争のなかで勝ち残りをめざす企業家たちは、国民国家の建設をめざすことになります。

しかし、自由で平等な一体性を持った「国民」からなる国家、というモデルを実現しようとするとき、多かれ少なかれ現実の壁に突き当たることになりました。こうした状況を地域ごとに見ていきましょう。

フランスの混迷

まずフランスです。国民国家モデルを生み出したこの国では、1848年当時、国民のあいだの亀裂が深刻になっていました。フランス革命以来めまぐるしく政体が変化し、そのたびに国民がさまざまな党派に分かれて対立してきたためです。

そのあいだをぬって権力を握ったのが、ナポレオンの甥ルイ・ナポレオンです。彼は1848年革命ののち、農民や労働者の人気を背景に大統領に当選し、さらに国民投票により皇帝となってナポレオン3世と称しました。彼は国民の要求の最大公約数を、経済の発展と国家の栄光だと見ました。産業の育成と対外発展をテコとして国民を統合する手法は、現在にいたるまで世界の多くの権力者が取り入れるところとなります。

1870年、ナポレオン3世はプロイセンとの戦争に敗れ失脚しました。3度目の共和政は、かつてのフランス革命の理念をかかげて国民をまとめようとします。しかし、右派の王党派や帝政派から左派の労働者政党にいたるまでこの体制を認めない人々は多く、政局はクーデタ騒ぎやスキャンダルに揺れ続けます。国民国家の本家であるフランスも、「国民」の統合に苦悩していたのです。

ナポレオン3世

大英帝国の状況

議会政治の先駆であるイギリスは、革命ではなく段階的な改革を通じて国民国家としてのかたちを整えていきました。19世紀後半には労働者にも参政権が与えられ、保守党と自由党という二大政党のあいだの政権交代もスムーズでした。経済的に絶頂期だったこともあり、国民の統合はうまく機能していたといえます。

とはいえ、イギリスは均質な国家ではありません。イングランドを中心としながら、スコットランド、ウェールズといった国々をあわせた「連合王国」なのです。

そのうちアイルランドは、言語はケルト系、宗教はカトリックと異質性がとくに強く、17世紀の侵略によってイギリスに組み込まれた歴史を持ちます。この地の人々が、われわれ「アイルランド人」は「イギリス人」に支配されていると考えるのは自然の流れでした。長い独立運動のすえ、アイルランドはようやく１９３０年代にイギリスから独立しましたが、北アイルランドはイギリス領にとどまり、のちに問題を残しました。

ところで、イギリスは広大な海外領土を持っていました。そのうちカナダ、オーストラリア、ニュージーランドなどは、イギリスからの移民とその子孫が住民の多数を占めていました。彼らの多くはみずからを「イギリス人」と考えていましたが、世代を経るにつれてそうした意識は弱まっていきます。これらの植民地はやがて自治を認められ、独自の議会や政府をつくるようになりましたが、そのなかで人々は「カナダ人」「オーストラリア人」といった意識を持つようになりました。

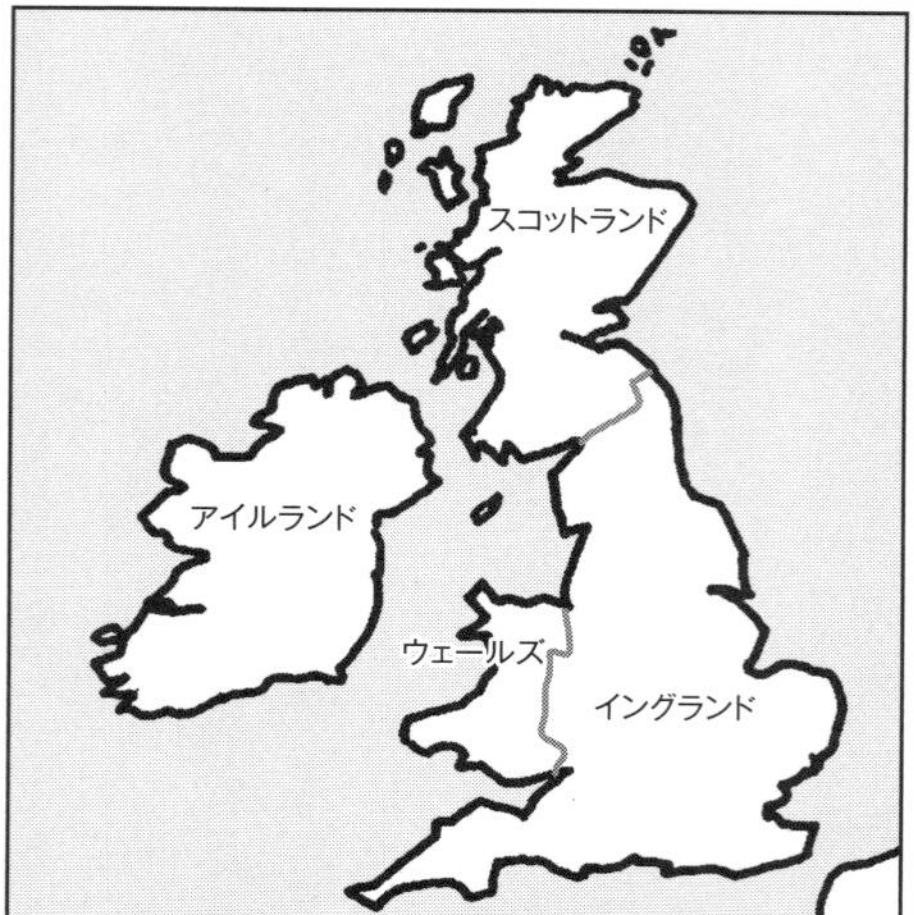

連合王国（19世紀）

イタリアとドイツのナショナリズム

英仏と異なり、イタリアとドイツの両地域は中世から分裂が続き、国家としてのまとまり自体がありませんでした。

転機となったのが、ナポレオンによる支配です。小国は取り潰され、領主制廃止などの改革が導入される一方、団結してフランスに対抗しようとの気運が盛り上がります。にもかかわらず、戦後のウィーン会議では大国の利害が重んじられ、統一国家は生まれませんでした。以来、両地域では国民国家の建設が課題となったのですが、どこからどこまでを「国民」として統合するべきなのか、という点が問題となりました。その際の基準とされたのは、血統、言語、文化的な共通性でした。この時期、民族の文化や歴史を強調するロマン主義がさかんになったのは、これと関係があります。童話で知られるグリム兄弟は言語学者で、ドイツ語辞典の編纂をライフワークとしていました。

次に問題となるのが、どのようにして統合を実現するかということです。1848年のフランクフルト国民議会は話し合いによって統一ドイツを生み出そうとする試みでしたが、失敗に終わりました。けっきょくイタリア、ドイツとも、もっとも有力な国家が武力で覇権を打ち立てるというかたちとなりました。

イタリアの場合、統一のためには北部を領有しているオーストリアを追い出さなくてはなりません。トリノを中心とするサルデーニャ王国はフランスと手を結び、これを実現しました。1861年にイタリア王国が成立、その9年後にはローマを含むほぼ全土を統合しました。

ドイツでは、プロイセンとオーストリアという二大国が主導権を争います。首相ビスマルクのもと軍備を拡張したプロイセンは、オーストリアを撃破して統一ドイツの枠組みから排除します。その後、統一の妨げとなるフランスをも破り、1871年にドイツ帝国を成立させました。

ビスマルク

イタリア・ドイツ型の国家建設は、さまざまな問題を生みました。「国民」の基準を言語や文化に置いたことで、「国民とは主権者である」という意識は未熟なままでした。またこの型のナショナリズムは、言語や文化が異なる国内の「他者」を排除したり、国外の「同胞」を取り込もうとする動きを正当化します。こうした問題点は20世紀前半に顕著になるでしょう。

多民族国家の危機――オーストリアとロシア

19世紀、中欧や東欧の諸民族のあいだではナショナリズムの核となる日常語の研究が進み、多くの民族が自立へと動きはじめます。これは、多民族国家であるオーストリアやロシアにとってゆゆしき事態でした。

統一ドイツから排除されたオーストリアは、難しい状況に置かれます。帝国の主人であるはずのドイツ人は全人口の4分の1にすぎず、第2の民族であるハンガリー人との連合国家というかたちをとったものの、両民族を合わせても半分に届きません。帝国はこの状態で、チェコ人などスラヴ系民族の不満をおさえこまなくてはなりませんでした。

ロシア帝国では、人口の約半数をロシア人が占めていました。そこでロマノフ王朝の皇帝はロシア語を公用語とし、ロシア人の民族意識を高めることで帝国の維持をはかります。他民族に対してはロシア文化に同化させるべく圧力を加え、ポーランド人らの独立運動を力ずくでおさえこみました。

1871年のヨーロッパ

これは専制君主のための「上からの」ナショナリズムにほかならず、「国民が主権者である」という理念とは無縁でした。ロシアには憲法も議会もなく、皇帝が専制的な権力をふるっていましたから、現状を変えようとする動きはテロや陰謀のかたちであらわれます。1881年には、皇帝が爆弾で暗殺されました。不穏な動きは続き、20世紀にはついに革命にいたります。

ラテンアメリカの場合

ラテンアメリカを見てみましょう。スペイン語またはポルトガル語が話され、ほとんどの住民がカトリック信者と、言語・宗教で共通性を持つ地域です。しかし、この地の人々は人種にもとづく階層によって分断されていました。上層に位置するのが、クリオーリョとよばれる現地生まれの白人です。次に混血、その下に先住民インディオ、最下層に黒人奴隷が位置します。

そのうち国家建設を主導したのは、クリオーリョでした。彼らは、スペイン本国が植民地の統制を強化したことに反発を強めていました。合衆国の独立に励まされた彼らは、ナポレオン戦争の混乱に乗じ、19世紀初頭に独立に踏み切ります。ラテンアメリカは広大で、地域間の交通も著しく不便だったため、植民地の行政区画にほぼ沿うかたちで10あまりの国家がつくられました。新国家の多くは合衆国にならって共和政をとり、国民主権と三権分立をうたう憲法をつくり、議会を開きます。

　しかし、国民国家の建設は困難をきわめました。官僚による植民地統治が続いた中南米には、北米のような自治の経験がありませんでした。そのため、軍事指導者が強権によって支配したり、抗争を繰り返したりする状況が続きました。また、クリオーリョが広大な土地を所有し、インディオらを小作人として働かせるという社会構造はそのまま残りました。貧富の格差がきわめて大きく、ごく少数のエリート層が国家を私物化するという状態は、「国民」の統合のうえで大きな障害となりました。

ラテンアメリカ諸国

アメリカ合衆国の苦悩

アメリカ合衆国は、独立を宣言した当時は大西洋岸にはりつくような国土でした。その後、フランスから大陸中央部の領土を購入したりメキシコとの戦争に勝利したりして、19世紀中ごろにはその領土は太平洋岸に達します。

新領土には白人はほとんどおらず、未開地とみなされました。こうした辺境（フロンティア）の存在は、アメリカという国家の性格に大きな影響を与えました。貧しい生活を送る人々も、未開地に入って自力で開拓すれば土地持ちの農民になることができたのです。こうして人口がたえず西へと広がることで格差の拡大がおさえられ、同時に自主自立をモットーとするフロンティア・スピリットが育まれました。

ごく一般の人々が参加する民主政治は、こうした背景から生まれました。年齢以外の制限

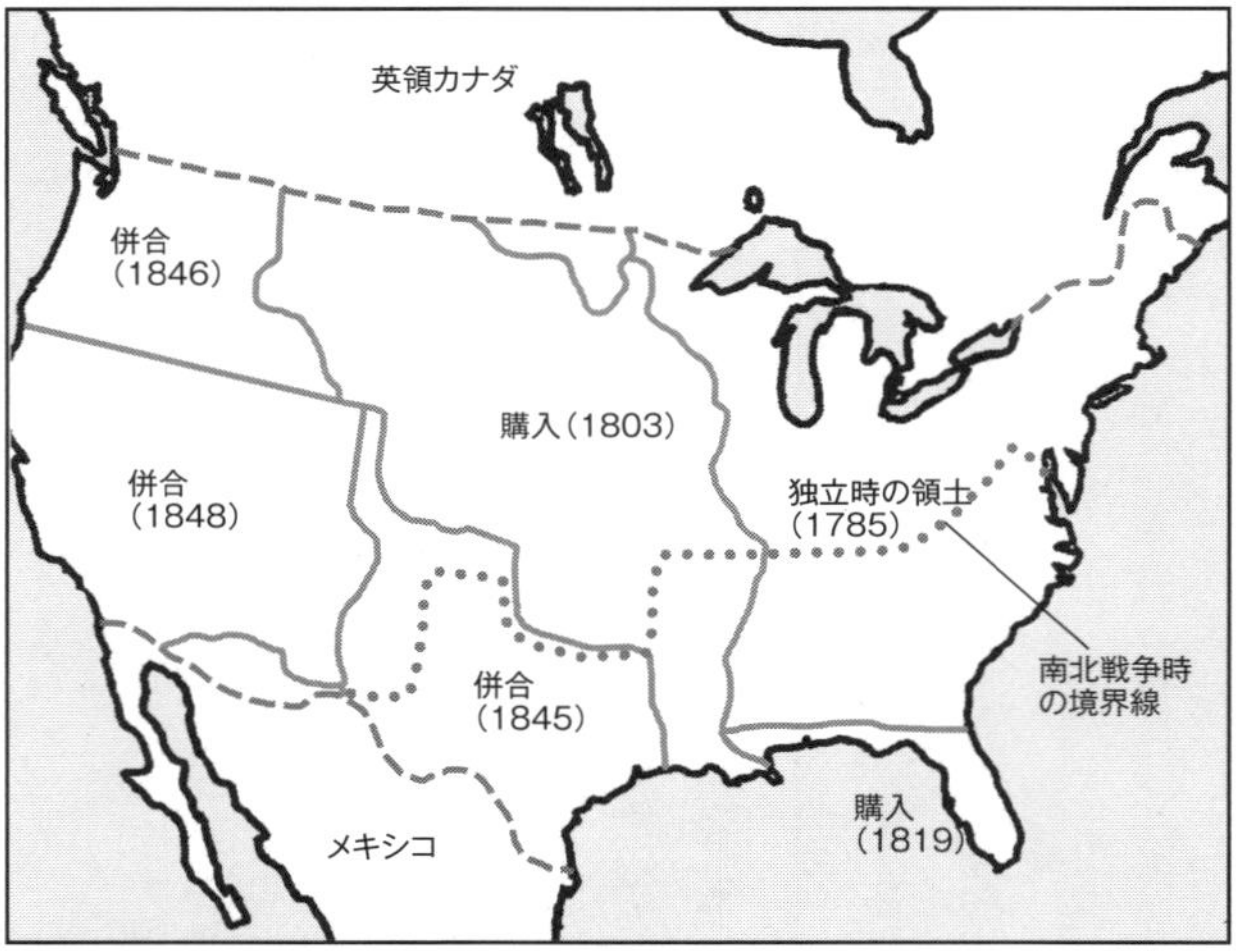

19世紀のアメリカ合衆国

を設けない普通選挙は、白人男性に関しては1830年代に実現しています。

しかしアメリカには、「自由と平等」の理念とはまったく矛盾する奴隷制が存在していました。これは植民地時代以来の制度で、初代大統領ワシントンも多くの奴隷を抱える大農園主でした。独立の際に奴隷制を廃止しようという意見もありましたが、奴隷が多い南部諸州の反発を考慮し実現しませんでした。

19世紀になると、イギリス綿工業の需要に応えるかたちで、南部諸州に奴隷を用いた綿花プランテーション（大農園）が拡大します。19世紀中ごろ、アメリカの輸出額の半分以上を綿花が占めるにいたり、奴隷の数は400万人に達します。一方、すでに奴隷制を禁止していた北部諸州は、南部の奴隷制に批判を強めました。両者は、西部開拓とともに新たに成立した州に奴隷制を認めるか否かで激しく対立します。

1860年、奴隷制反対の共和党から出馬したリンカンが大統領に当選しました。危機感をいだいた南部諸州は続々と合衆国から離脱し、翌年アメリカ連合国を結成しました。

こうしてはじまった南北戦争では、当初は南部が優勢でしたが、1863年にリンカンが奴隷解放宣言を発すると風向きがかわりました。彼が民主主義を「人民の、人民による、人民のための政治」と表現する演説を行ったのも、この年です。アメ

リンカン

リカ史上で最大の犠牲者を出した戦争は、1865年に工業力に勝る北部の勝利で終わり、アメリカはふたたび統一されました。しかしその直後にリンカンは南部の支持者に撃たれ、命を落としました。

この年、奴隷制は全廃されました。しかし、小作人となった黒人の境遇は厳しいままでした。南部では黒人の選挙権は厳しく制限され、あらゆる場面で差別が続きました。差別に対する戦いが実を結ぶのは、南北戦争からじつに100年後のことです。

もう一つ、人種をめぐる問題が残りました。それは、先住民との関係です。合衆国は中南米と異なり、先住民を他者として扱いました。西部開拓が進むにつれ、先住民は先祖伝来の土地を奪われ荒野へ追いやられます。抵抗すれば国家の敵とみなされ、軍隊により女子供も関係なく殺されました。先住民に市民としての権利が認められるのは、やはり20世紀になってからです。

アメリカ合衆国は、悲惨な内乱を乗り越えることで国民国家としての統合を成しとげました。しかし、白人以外の人々はいまだ、「国民」のなかに含まれなかったのです。

「オスマン国民」は生まれるか

19世紀のアジアには、西にオスマン帝国、東に清《しん》が君臨していました。これらは皇帝が軍隊と官僚制を用いて人々を統治する帝国であり、国民国家ではありません。

ヨーロッパ諸国に隣接するオスマン帝国は、オーストリアやロシアに対して軍事的な劣勢に立たされます。帝国の支配もゆるみ、19世紀中ごろにはエジプトが独立しました。こうしたなか、皇帝や宰相によるトップダウン型の改革がはじまります。ヨーロッパの行政・司法制度を導入し、産業や軍事の近代化をはかって富国強兵を実現しようとするものです。

しかし、これはうまくいきませんでした。イスラーム教は政教一致が原則で、イスラーム法が帝国の基本法でした。そのため、政治を宗教から切りはなして西洋の法秩序を導入しようとする動きは、保守派から反発を浴びたのです。皇帝の権力を強めることが改革の目的だったため、統制を嫌う地方やキリスト教徒も反発します。

危機が深まるなか、官僚や知識人のあいだで、オスマン帝国全体を国民国家とする構想が生まれます。憲法を制定して国民の権利を認め議会政治を行えば、帝国の「臣民」は「国民」としての意識にめざめるだろうと考えたのです。１８７６年、宰相ミドハトの起草による憲法がつくられ、翌年議会も開かれました。アジア初の立憲制です。

しかし、立憲政治は君主の権力を縛るものですから、皇帝は気が乗りません。一方、西欧のナショナリズムの影響を受けたバルカン半島の諸民族は、すでに「セルビア人」「ルーマニア人」「ブルガリア人」といった意識にめざめていました。１８７７年にロシアとの戦争がはじまると、皇帝はこれを口実に翌年憲法を停止します。オスマン帝国は戦争にも敗れ、バルカン諸国は独立してしまいました。

帝国を「オスマン人」の国民国家にしようとする試みは、こうして挫折しました。その後は、公用語であるトルコ語を核に、帝国を「トルコ人」の国民国家にしようとする動きが出てきます。しかし、これはアラブ人など他の民族の反発をよぶことになるのです。

清の開国と改革

東アジアの清帝国は、世界商業を主導するイギリスと対立を深めます。中国から茶を輸入するイギリスが貿易赤字を減らすため、麻薬であるアヘンをインドから密輸したためです。清がこれを取り締まりアヘンを廃棄すると、イギリスは激怒し、１８４０年に清との戦端を開きました。

このアヘン戦争は、近代兵器を備えたイギリス軍の圧勝に終わりました。清朝は上海《シャンハイ》など五つの港を開き、香港《ホンコン》を割譲しました。１８６０年にも英仏に敗れた清は欧米諸国を対等の関係にある外国と認め、条約にもとづいた外交を行うことになりました。中国こそ「世界の中心」であるという建前が崩れはじめました。

清朝は、技術に関しては西洋のほうがすぐれていると認めるようになりました。以後、地方官僚の主導により兵器や紡績《ぼうせき》の工場がつくられ、西洋式の陸海軍が編成されます。

もっとも、2000年にわたり続いてきた政治・社会の制度はきわめて強固で、儒教を核とする中国の思想・制度は西洋よりもすぐれているという信念は揺らぎませんでした。内外の情勢もいちおう安定したため、清朝の皇帝専制はしばらく存続します。

明治維新と立憲政

1853年、江戸時代の日本に、アメリカのペリー率いる「黒船」が来航しました。この圧力を受けた日本は清朝と同じく、不利なかたちでの開国を強いられました。中国と異なるのは、一般の日本人がこれを重大な危機としてとらえ猛烈に反発したことです。この一種のナショナリズムは、幕府にかわる新たな政府をつくろうとする動きに発展します。1867年、江戸幕府が政権を返上し、翌年天皇のもとに新政府が成立しました。

この明治維新の中心となったのは、薩摩《さつま》（鹿児島）・長州《ちょうしゅう》（山口）両藩の武士たちです。彼らは、日本が国際社会のなかで生き残っていくためには技術の導入だけでなく、政治や社会のあり方も変える必要があると考えました。藩を廃して県を置き、身分制を廃して徴兵制を敷き、税制を近代化して財政を整えるといった改革がつぎつぎに実施されます。「文明開化」の風潮のもと、欧米の文化や習俗ももてはやされました。

変革が実現できた要因は、じつは江戸時代の社会のなかにありました。諸藩とその下の農村は武士や農民により自治的に運営されており、識字率は欧米よりもずっと高かったと考えられています。方言の差はあっても文語は共有され、参勤交代を通じて各藩の武士が江戸で交流していたことから共通の文化的基盤がありました。経済でも、大阪を中心とする全国的な流通網が確立しています。こうしたことが、人々が問題意識と変革の必要性を共有することにつながったのです。

もっとも、急速な改革はひずみをもたらしました。もともと分権的だった社会に中央集権の網をかぶせたことで、地方では不満が高まります。増税や徴兵といった負担を負わされた庶民は一揆をおこしました。特権を奪われた武士の蜂起もあいつぎます。

そんななか、新政府が導入しなかった欧米の制度、すなわち立憲制を求める声が高まりました。この自由民権運動に押されるかたちで、政府は１８８９年に大日本帝国憲法を制定し、翌年には帝国議会を開きました。

もっとも、立憲国家のモデルに選ばれたのは英仏ではなく、帝政ドイツでした。欧米列強に対抗するため、すみやかに「国民」をつくりあげる必要があった日本は、「主権者である国民」という理念ではなく、「天皇のもとに一体である国民」という理念を選んだのです。

大久保利通

日清戦争の衝撃

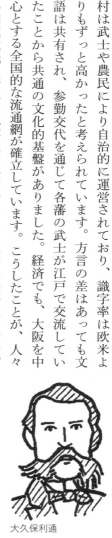

19世紀までの東アジアには、国民国家の前提となる主権国家の枠組みそのものがありませんでした。清は欧米とは対等の関係を結びましたが、アジア諸国に対しては中華思想にもとづく冊封《さくほう》・朝貢の関係を維持しました。

元来この枠組みの外側にいた日本は、明治維新後、欧米中心の主権国家体制の一員になろうと努力します。その一環として主権国家に欠かせない国境の画定に乗り出したのですが、この動きは中国を頂点とする東アジア秩序とぶつかることになります。

まず、琉球《りゅうきゅう》王国の扱いが問題となりました。この王国は17世紀から薩摩藩によって支配されてきましたが、清から冊封も受けていました。そのため日本は琉球を自国領だとし、清はみずからの属国であるとみなしました。1874年には、台湾《たいわん》に漂着した琉球の住民が殺されたことを理由に、日本が台湾に出兵するという緊迫した情勢になり

19世紀の東アジア

ます。この処理を通じて日本は国際法上有利な立場をつくり、１８７９年に琉球を沖縄県として組み込みました。

もう一つは、朝鮮王国をめぐる問題がありました。この国も清の冊封下にあり、欧米からの開国要求を拒んでいました。明治政府は朝鮮と国交を結ぼうとしますが、これも拒否されます。日本は自国の軍艦と朝鮮の砲台が交戦した江華《こうか》島《とう》事件を機に圧力をかけ、朝鮮を開国させました。以後朝鮮では、清に従属する政権と日本と結んで改革をめざす勢力とが対立し、日清の関係も緊張します。１８９４年、朝鮮で農民反乱がおこると日清両軍が出兵し、この地で衝突しました。

この日清戦争では、国力ではるかに上回るはずの清が日本に敗戦を重ねます。高官がやる気のない私兵を駆り出していた「専制国家」清に対し、国家が一丸となり士気が旺盛だった「国民国家」日本が勝利をおさめたのです。翌年の下関《しものせき》条約で、朝鮮は清との冊封関係から切り離され、台湾が日本に割譲されました。しかし同様に日本が獲得した遼東《りょうとう》半島は、ロシア、フランス、ドイツの圧力により清に返還されました。

近代日本の初の対外戦争が、東アジア文明の中心であった中国に対して行われ勝利したこと、そして欧米列強により屈辱を味わったことは、日本の国民意識に大きな影響を与えました。他のアジア諸国よりすぐれているという意識、そして欧米に追いつこうとする意識が、日本のナショナリズムの核となるのです。

一方、最後の冊封国を失った清は、自国はもはや「中華」ではなく、広い世界のなかの一国にすぎないという現実に直面します。以後、皇帝専制の帝国からいかにして国民国家を生み出すのかが模索されることになります。

植民地とナショナリズム

オスマン帝国、中国、日本は、ともかくも国民国家を形成する方向へと向かったのですが、他の多くのアジア諸国にはその前提となる国家主権がありませんでした。ヨーロッパ諸国の圧迫を受け、その植民地となってしまったからです。その典型が、イギリスに支配されたインドです。

インド植民地化の第一歩は、1757年、イギリス東インド会社の軍がフランスと結んだベンガル太守を破り、その後この地から税をとる権利を得たことです。以後、イギリス東インド会社は外交と戦争を繰り返し、インド全域に覇権を打ち立てました。

巨大なインドが征服を許した最大の原因は、政治的に分裂していたことです。当時、インドに君臨したムガル帝国は事実上解体し、地方勢力が乱立していました。その隙をつくかたちで、イギリス東インド会社は現地の領主や商人を味方につけ、現地で雇ったインド兵を用いながら支配を広げました。インドは、結束して侵略に対抗しようとする「インド人」意識があらわれる前に懐柔され、また各個撃破されてしまったのです。

イギリスの支配下で、インド社会は激変しました。多くの領主は取り潰しにあい、西洋の土地制度の導入により権利を失う農民が続出しました。イギリスの機械製綿布が流れ込んだことで、手工業も打撃を受けます。国の富は税というかたちでイギリスへ流出していきました。

ここにいたり、ようやく反イギリスの気運が高まります。1857年、インド人傭兵がおこした蜂起はまたたくまに燃え上がり、名ばかりとなっていたムガル皇帝をかつぎあげます。しかし反乱は統率がとれないまま、イギリス軍に鎮圧されました。ムガル帝国は名実ともに滅亡し、インドはイギリスの直接統治のもとに置かれます。1877年、イギリスのヴィクトリア女王を皇帝とするインド帝国が成立しました。

欧米による植民地化は、東南アジアでも進行しました。ビルマ（ミャンマー）とマレー半島はイギリス、ベトナムはフランス、現在のインドネシアにあたる島々はオランダの支配下に置かれます。

植民地となった国々は、まず外国を追い払い、みずからの主権を取り戻すところから国民国家の建設をはじめなくてはなりませんでした。その長く苦しい戦いについては、あとの章で述べていくことにしましょう。

本章のまとめ

◉仲間意識を持つ国民により国家を形成しようとするナショナリズムは、出版メディアの発達、対外的な危機意識、産業化の必要性などにより促された。

◉イタリアとドイツは、英仏型の国民主権理念ではなく、文化的共通性を基盤として武力統一を実現した。この型のナショナリズムは、多民族国家を動揺させた。

◉オスマン帝国の立憲政が挫折し、インドが植民地化するなか、日本は明治維新で国民国家となり、中華帝国を中心とする東アジアの冊封体制を崩壊させた。

第９章　国民国家とナショナリズム
おもな動き

◉アメリカ独立とフランス革命

1776　アメリカ独立宣言

1789　フランス革命勃発

◉ウィーン体制とナショナリズム

1815　ウィーン体制が確立

1848　フランス二月革命が波及しウィーン体制崩壊

1852　ナポレオン３世、フランス皇帝となる

◉各地での国民国家の形成

1861　イタリア王国成立

1863　リンカン、奴隷解放宣言を発する

1868　日本の明治維新

1871　ドイツ帝国成立

◉アジアの植民地化と諸帝国の衰退

1877　イギリス国王、インド帝国皇帝となる

1878　オスマン帝国、ロシアに敗れ憲法を停止

1895　日本、日清戦争に勝利

第10章

一体化する世界

大英帝国の偉容

　１８５１年、イギリスの首都ロンドンに、全長５６３メートルにおよぶ巨大な建造物が姿をあらわしました。このクリスタル・パレスで開かれたのが、最先端の工業と芸術のイベント、第一回万国博覧会です。わずか９カ月で完成させた鉄骨とガラスからなる会場、10万点の展示の半数以上を占めるイギリスの展示物は、大英帝国の工業力を世界に誇示するものでした。当時、イギリスの工業生産高は全世界の半分を占め、綿織物、鉄鋼、機械などが世界中に輸出されていました。

　インド、カナダ、オーストラリアなど広大な海外領土を持ち、地球規模で貿易を展開する大英帝国を支えていたのが、交通の発達でした。蒸気機関車が走る鉄道はイギリス全土、その後植民地にはりめぐらされます。海上では巨大な船体を持つ蒸気船が登場し、圧倒的な力を誇る海軍が七つの海を走る交易路を守っていました。

　イギリスは通信の技術革新も活用します。電線を通じてモールス信号を瞬時に、遠くへ伝えることができるようになると、１８５１年にはニュースの卸売業であるロイター通信社が設立されました。７年後には大西洋を横断する海底電信ケーブルが敷かれ、やがて地球を一周します。

情報をいち早くつかみ発信することで、イギリスは地球規模の帝国を維持するとともに、国際政治・経済のなかで有利な立場を築くことができました。その象徴が、地中海と紅海を結ぶスエズ運河をめぐる出来事です。これはフランスとエジプト太守が10年の難工事のすえ、1869年に完成させた運河なのですが、イギリスはその戦略上の価値に注目します。6年後、財政難となったエジプト太守が国際スエズ運河会社の株を売却しようとすると、情報をいち早くつかんだイギリス首相ディズレーリはユダヤ財閥から大金を借り、すぐさま株を買い占めました。イギリスは一夜にして、海上交通の要衝をおさえることに成功したのです。

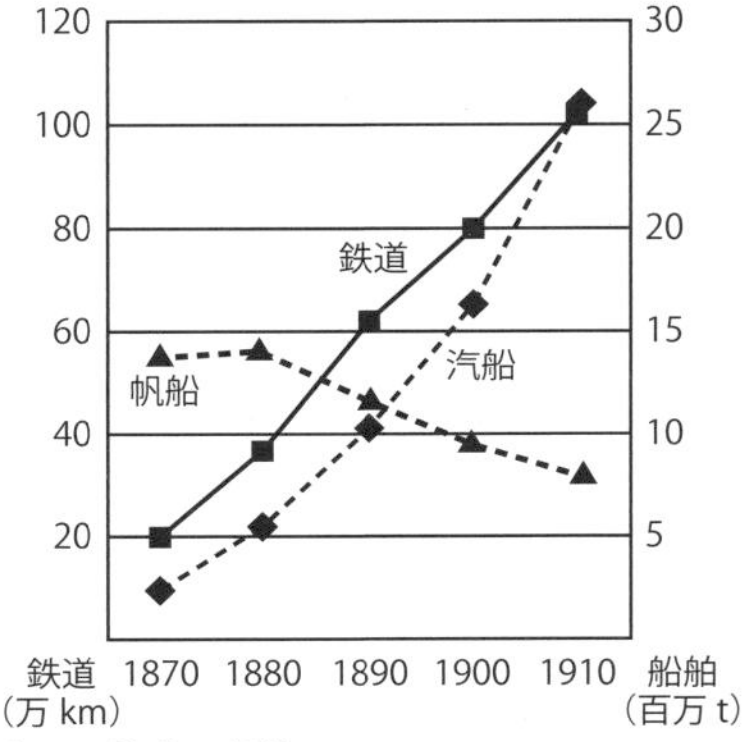

世界の鉄道と船舶

世界経済の心臓

イギリスでは、世界商業の覇権を握った18世紀から銀行制度が発達してきました。金や銀などの現金は銀行に預けられ、預かり証である銀行券が取り引きに用いられる一方、預けられた現金は必要とする人に貸し出されます。そのお金もどこかに預けられ貸し出されるため、もとの現金の何倍ものお金が流通することになります。資金の需要に応じてお金の量も増えるというこの信用創造のシステムによって、産業の発展が可能となったのです。

もちろん、貸したお金が大量に焦げついたり、人々がいっせいに預金を引き出そうとすると、このシステムは崩壊します。こうしたリスクをおさえるため、イングランド銀行が一般の銀行に貸し出す中央銀行の役割を果たすようになり、その銀行券がイギリスの事実上の通貨となりました。

通貨のポンドは、一定量の金と交換できることが保証されていました。これを金本位制といいますが、大量の金準備が必要なこの制度を採用していたのは、19世紀中ごろの時点でイギリスだけでした。世界中の商人は、絶大な信用を持つポンドで決済するためにイギリスの銀行に口座を開き、集まった膨大なお金は世界中に貸し出されます。こうして、ロンドンの金融街（シティ）がお金を世界中にめぐらせる心臓の役割を果たしたのです。

パックス・ブリタニカの実像

19世紀、イギリスが世界経済を支配した状態を、「パックス・ブリタニカ（イギリスの平和）」といいます。こうした覇権的地位にある国にとっては、世界の貿易が順調に拡大していくことこそが国益です。そこでイギリスは、商品や資本の移動に制限を設けない自由貿易主義をとり、他の多くの国々にも採用させました。清に対するアヘン戦争のように、自由貿易を認めない国に対して威嚇《いかく》や武力行使に出ることもありました。

自由貿易主義の理論的な根拠は、リカードが唱えた比較生産費説です。各国が自国内でもっとも割安に生産できる商品の輸出に専念し、他の商品は他国から輸入するようにすると、どの国にとっても利益になるというものです。

しかし、商品がどのくらいの利潤を生むかは、品目により異なります。ありふれた商品である食料や原材料は、競争が激しいため価格はおさえられ、利益率は低くなります。それに対し、需要が大きくかつ独占的に生産される商品は、利潤がきわめて大きくなります。19世紀では、綿織物、鉄鋼、機械など、イギリスの生産する商品がまさにそれにあたりました。

ありふれた商品しか持たない国と、利益率が高い商品を持つ国が貿易を行えば、とうぜん後者の立場が強くなります。イギリスは流通・金融でも優位を保っていますから、貿易が拡大すれば、商社、船会社、保険会社、銀行ももうかります。自由貿易体制は、世界の富をイギリスに集め、他国を経済的に従属させるシステムだったのです。

ドイツとアメリカの挑戦

イギリスのように工業を発展させることこそが、国際経済のなかで自国の地位を高めるということはだれの目にも明らかでした。しかし、イギリスの覇権のもとでそれを成しとげた国は多くはありません。その数少ない成功例が、ドイツとアメリカです。

19世紀前半、ドイツは30あまりの国々に分かれていました。そんななか、プロイセンを中心とするいくつかの国が、相互に関税を廃止し、域外からの商品に共通関税を課すという取り決めを結びました。これがドイツ関税同盟で、やがてオーストリアを除く全ドイツ地域に拡大されました。ドイツの経済的統合が実現したことで、鉄道建設を呼び水とする産業革命が進みます。1871年に成立したドイツ帝国はまもなく欧州第2の工業国となり、イギリスに挑戦する体制を整えました。

アメリカでは19世紀中ごろから北部で綿工業がおこり、イギリスと競合します。一方で、アメリカ南部は綿花供給地としてイギリス主導の自由貿易圏に組み込まれていました。奴隷制をめぐる南北戦争は、経済の構造が異なる二つの地域どうしの抗争でもあったのです。北部が勝利してアメリカを再統合したことは、南部をイギリスの従属下から引き離し、北部工業の市場とすることを意味していました。

移民の世紀

1869年、初の大陸横断鉄道が開通し、アメリカの大西洋岸と太平洋岸が結ばれました。

西部の農民がつくった穀物や肉牛は東へ、北東部で生産された工業製品は西へ運ばれました。これにより加速された西部フロンティアの開拓は、アメリカを世界的な農業国としました。

建国以来、アメリカでは東から西への人口移動が続いたのですが、海外からたえず押し寄せる移民が北東部の工業地帯での労働力需要をまかなっていました。19世紀末の時点で、アメリカの人口の3分の1以上が移民とその子で占められていました。

移民の多くは、ヨーロッパの貧困層でした。彼らはまず北部の工場労働者となり、多くは下層にとどまったのですが、「鉄鋼王」として巨万の富を築きあげたカーネギーのように驚くべき立身出世をとげた人物もいました。

１８５１年からの60年間で、移民としてヨーロッパを離れた人々の数は３６００万にもおよびます。その約7割がアメリカ合衆国へ移り、カナダ、中南米諸国、オーストラリアへ向かった人々もいました。19世紀は、まさに移民の世紀だったのです。

労働力の移動もさかんになりました。その背景には交通機関の発達のほか、植民地やアメリカで奴隷制が廃止されたことで、代わりとなる労働力が必要とされていたということがあります。とくに多くの出稼ぎ労働者を送り出したのが、人口大国であるインドと中国でした。イギリス支配下のインドは、おもに他のイギリス領に労働力を提供しました。華僑《かきょう》とよばれる中国人の出稼ぎは、清朝が自由貿易体制に組み込まれたのちに急増し、東南アジアの欧米植民地のほかアメリカやオーストラリアにも向かいました。

クーリー（苦力）とよばれる貧民出身の出稼ぎは、費用を業者に前借りして海外に行き、低賃金の肉体労働に就きました。さまざまな事情から帰国できず、出先に住みつく者も少なくありませんでした。しかし、移住先では人種的な偏見や職を奪われるという心配から、しばしば差別や迫害にさらされました。中国人移民が急増したアメリカやオーストラリアは、19世紀後半にはアジア系の移住を制限・禁止しています。

欧米が主導する世界の一体化は、モノ、カネ、情報だけでなく、人の移動も活発にしました。しかし、それはあつれきの原因にもなったのです。

大不況とその影響

１８７３年、ウィーン証券取引所で株価が大暴落し、パニックが世界に波及しました。以後19世紀末まで、世界経済は低成長と物価の下落（デフレ）に苦しめられます。

「大不況」とよばれる長期不況の原因は、「世界の一体化」そのものにありました。それまでローカルにとどまっていたさまざまな商品が、交通・通信の発達により世界市場に出てきました。またドイツやアメリカを筆頭に、イギリス以外の国々も工業化に乗り出していました。こうしたことから、各分野で供給過剰の状態が引きおこされたのです。

大不況はさまざまな影響をおよぼしました。まず企業の統合によって、独占資本とよばれる巨大な企業体があらわれました。ドイツでは大銀行を中心に企業が協定を結ぶカルテル、アメリカでは複数の企業が合同するトラストがつくられました。巨額投資が必要な重工業に適した形態ですが、少数の大企業が経済を左右するという弊害も生まれました。

またドイツやアメリカは、輸入品に高い関税を課す保護貿易政策をとります。その理論的な根拠は、後発国は未熟な自国産業を保護する必要があるとするドイツの経済学者リストの学説でした。一国単位では有効な政策でしたが、世界貿易を冷え込ませ、結果的に不況を長引かせることになりました。

自由貿易により繁栄してきたイギリスは、不況により大きく揺らぎます。米独の挑戦の前に工業におけるイギリスの地位はしだいに低下し、1880年代には世界一の座をアメリカに譲りわたしました。産業界からは保護貿易を求める声が上がりますが、そうすると貿易量が減り、商業・金融部門が打撃を受けるというジレンマがありました。

論争のすえ、けっきょく自由貿易政策は維持され、商業や金融は繁栄を続けました。主要国が金本位制を採用したことで、ロンドンの国際金融センターとしての地位は高まり、イギリスの対外投資額は1870年からの20年で倍増しました。イギリスは、「世界の工場」から「世界の銀行」へとその役割を変えたわけです。

帝国主義の時代

長い不況は国内の格差を広げ、階層間の対立を激化させました。欧米各国の指導者はナショナリズムに訴え、「国家の栄光」を示すことで国民をまとめようとしました。原料や資源、市場や投資先を得ようとする経済的な動機もあり、「列強」とよばれる欧米の大国は海外に利権や植民地を求める膨張政策をとりました。こうした動きが強まった１８８０年代からの約30年間を、帝国主義の時代とよびます。

イギリスはすでに広大な植民地を持っていましたが、経済的に影響力を持つ地域に対しても軍事介入を行い、植民地として帝国に組み込むようになります。フランスも、ドイツに敗れた屈辱を外に向け国民の不満をそらすために、積極的な膨張政策をとりました。

植民地化がもっとも露骨に進められたのが、アフリカです。ヨーロッパ人は19世紀中ごろまではアフリカ沿岸部で接触を持っていただけでしたが、内陸部の探検を後援したベルギー王が

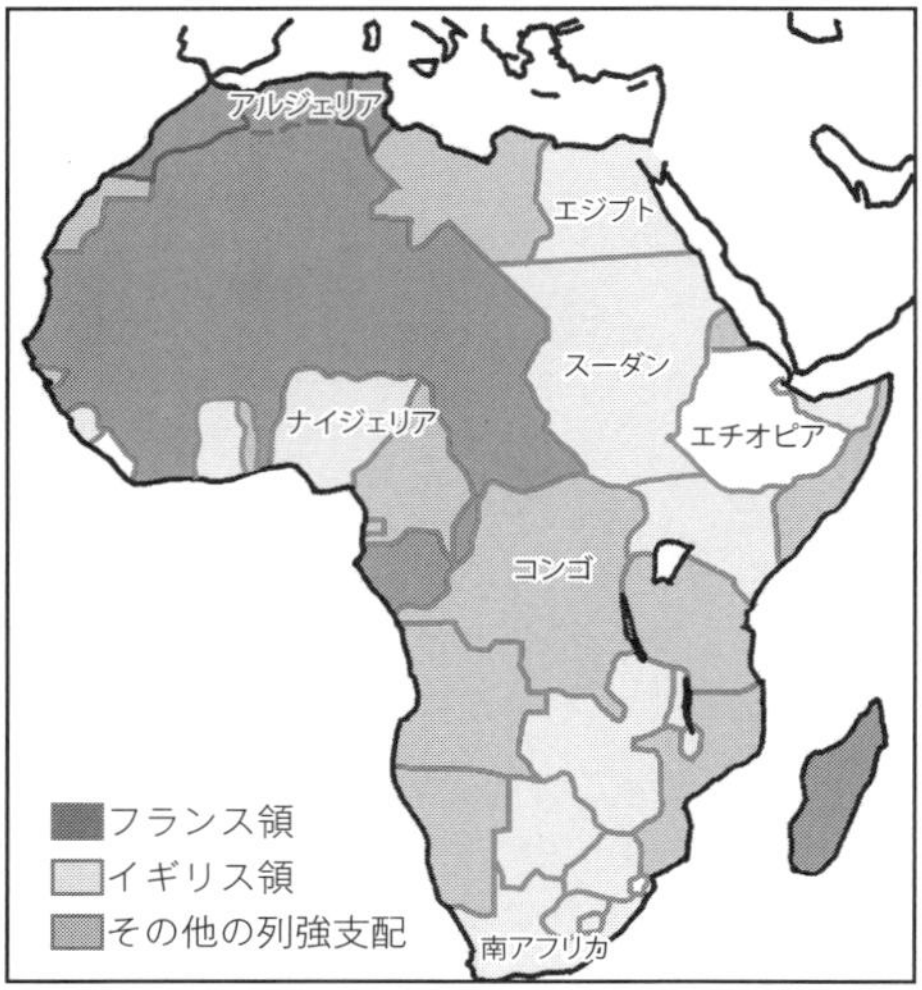

アフリカの分割

コンゴの領有を宣言したことを皮切りに、諸国の野心に火がつきました。列強は各地の小国を保護下に置き、また近代兵器を備えた軍隊を送り込みながら、20世紀はじめまでにほぼ全アフリカを分割し尽くしました。

アジアでも、抵抗する力のない国々は列強に飲み込まれていきます。19世紀末までに、タイを除く東南アジア諸国が植民地化されました。中央アジアの多くはロシアの支配下に入りました。日本に敗れた清朝に対しては、列強は各地の港を期限つきで借り受けたり（租借《そしゃく》）、鉄道を敷く権利を認めさせたりして進出しました。

アメリカも、海外に新たな「フロンティア」を求めました。1898年、カリブ海ではキューバを保護下に置き、太平洋ではフィリピンとグアムを獲得、かつて王国があったハワイを併合しています。さらに1903年にパナマを保護下に置き、カリブ海と太平洋をつなぐパナマ運河を1914年に完成させました。

列強の競争と対立

競うように海外に進出する列強の利害は各地でぶつかり、対立が生じるようになりました。巨大な国土が寒い北の内陸にかたよっているロシアは、海への窓口を得ようと各地で南下政策をとりました。イギリスはこれを、自国の権益に対する脅威ととらえます。1878年にロシアがオスマン帝国を破ると、これに抗議して国際会議を開かせ、南下を阻止しました。また、インド防衛のためアフガニスタンを保護下に置きます。

アフリカでは、イギリスとフランスが対立します。エジプトと南アフリカをおさえたイギリスが大陸を南北に結ぶ縦断政策を進めたのに対し、フランスが大陸を東西に結ぶ横断政策をとったからです。1898年にはスーダンで両軍がにらみあう事態となりました。

ドイツの宰相ビスマルクは、フランスの復讐を防ぐためオーストリアをはじめとする他国との友好関係を重視し、対外進出を控えていました。しかし、若き新皇帝ヴィルヘルム2世は1890年にビスマルクを罷免し、「世界政策」に乗り出すことを宣言します。成長著しいドイツが膨張に転じたことは、波紋を広げました。ロシアはフランスと同盟を結び、これに対抗します。またドイツが大艦隊の建設を宣言すると、海の覇権を生命線とするイギリスは仰天し、両国は建艦競争に突入しました。

19世紀末から20世紀はじめの世界情勢は、揺らぎつつある覇権国家イギリス、ロシアとフランスの同盟、新興のドイツという3極を軸に動きました。

アジア・アフリカの連帯と抵抗

ひと握りの列強が世界秩序を定め、勝手に分割を進める状況に対し、アジアやアフリカの人々が黙っていたわけではありません。交通・通信の発達は欧米の世界制覇をもたらしましたが、同時にこれに抵抗する人々が連帯する手段ともなったのです。

その一例をイスラーム世界に見ることができます。汽船が普及すると、広大なイスラーム世界の各地から聖地メッカへ巡礼者が押し寄せ、この地で交流するようになりました。アラビア半島で生まれていた新たな宗教運動は、巡礼者を通じて各地に伝わりました。スーダンでは、その影響を受けた指導者がマフディー（救世主）を称し、イギリスの侵略に対し頑強に抵抗しました。

全世界のムスリムが団結して、ヨーロッパの脅威に立ち向かおうとする思想も生まれました。イラン出身のアフガーニーは、イスラーム世界とヨーロッパをめぐりながらムスリムの連帯を説きました。エジプトでの革命やイランでの外国利権に対する反対運動は、彼の影響を受けています。

留学や労働力の移動も、民族意識を高めるきっかけとなりました。インドの名家に生まれたガンディーは、ロンドンに留学して弁護士となったあと、1893年にイギリス領の南アフリカにわたります。そこで出稼ぎのインド人が鉱山で酷使されているようすを見た彼は、労働者の待遇改善のために非暴力の運動をはじめました。これが、のちにインドで繰り広げられる独立運動の原型

アフガーニー

となります。

中国の貧農の家に生まれた孫文《そんぶん》は、出稼ぎの兄を頼ってハワイにわたり、西洋式の教育を受けます。清朝に見切りをつけた彼は、１８９４年にハワイで秘密結社を組織し、中国と日本・欧米を行き来しながら蜂起を繰り返します。外から故国をながめる華僑からは、彼のように革命運動に身を投じたり、これを援助したりする者が多く出ました。

日露戦争

１９０４年2月、新鋭戦艦6隻を主力とする日本海軍は、遼東《りょうとう》半島の旅《りょ》順《じゅん》港に停泊するロシア艦隊に奇襲をかけました。陸軍は朝鮮半島に上陸、北上をはじめました。日露戦争の開始です。この戦争は、列強の世界戦略をめぐる対立のなかでおこったものでした。

19世紀末、ロシアは同盟国フランスの資本を導入して工業化を進め、日本海にいたるシベリア鉄道の建設に着手しました。さらに、清から租借した旅順に大艦隊をおいて、極東進出の姿勢を示します。

１９００年、清が義《ぎ》和団《わだん》という民間の排外運動と手を結んで列強に宣戦するという事件がありました。日本とロシアを主力とする8カ国軍が出動

日本海海戦

してこれを破ったのですが、その後もロシアは満州（現中国東北地方）に大軍を置き、朝鮮半島への進出もうかがいます。

朝鮮半島を国防上の要地とみなす日本にとって、これは重大な脅威でした。1902年、日本は同じくロシアを警戒するイギリスと同盟を結び、ロシアとの交渉に臨みます。これが決裂したことで、日本が先制攻撃に出たのです。

国力で劣る日本は短期戦にかけており、陸上では戦備がそろわないロシア軍を押し込みますが、旅順要塞の攻略戦では6万もの死傷者を出しました。ロシアでは、1905年はじめに専制政治に対する革命運動がおこり、戦争の継続が難しくなります。

勝敗は海上で決しました。ロシアはヨーロッパ方面からバルチック艦隊を極東に送ったのですが、東郷《とうごう》提督率いる日本艦隊が日本海海戦でこれを全滅させたのです。アメリカが仲介した講和会議では、日本は朝鮮半島での優位と、南樺太《からふと》の割譲、遼東半島の利権の譲渡を認めさせました。

日露戦争とその後の東アジア

変革の波

日露戦争のようすは、電信を通じて世界に伝えられ、新聞などのメディアによって広く報じられました。欧米の圧迫に苦しむアジア諸国は、同じアジアの日本が、世界最大の陸軍国ロシアを破ったことに勇気づけられます。同時に立憲国家が専制国家に勝ったと考えられ、日本の立憲政治への関心も高まりました。

これを機に、アジアに変革の波がおこりました。イランでは、国王の専制に対して立憲制をめざす革命がおこります。オスマン帝国でも革命が勃発し、停止されていた憲法が復活しました。インドではイギリス支配への反発が強まり、有力者からなるインド国民会議が国産品愛用や自治などを決議しました。フランス領のベトナムでは、留学生を送って日本に学ぼうという運動がおこりました。

清朝も重い腰を上げ、1300年以上続いた科挙を廃止し、明治憲法にならった憲法大綱《たいこう》を発表しました。一方、孫文は1905年に日本の東京で革命派を結集して中国同盟会をつくり、清国内に革命思想を広めます。

1911年、革命派の軍隊の蜂起を機に辛亥《しんがい》革命がはじまりました。翌年、南京《ナンキン》で中華民国の建国が宣言され、孫文が臨時大総統となりました。北京《ペキン》では、清朝の実力者であった袁《えん》世凱《せいがい》が革命側に寝返り、幼い宣統帝《せんとうてい》を退位させました。ここに清は滅び、2000年以上続いた中華帝国の歴史は終わりました。

一方、変革のきっかけをつくった日本は、日露戦争後に韓国に対する支配を強め、1910年にこれを併合しました。日本は、「欧米に追いつく」という明治初頭以来の国家目標を達成すべく、列強にならった膨張政策を大陸に向けていくことになります。

第一次世界大戦のはじまり

日露戦争は、列強の外交にも影響を与えました。イギリスとフランスは戦争に巻き込まれないようにするため妥協を急ぎ、1904年、英仏協商を結びました。両国は、日露戦争の隙にフランスを揺さぶろうとするドイツの動きに協調して対処しました。

日露戦争に敗れたロシアは、アジアで南下政策をとる余力がなくなります。イギリスにとって、いまやドイツが第一の脅威となりました。1907年に英露協商が結ばれたことで、イギリス・フランス・ロシアの三国協商が成立し、ドイツを封じ込める体制が整いました。

このあと、国際対立の舞台となったのはバルカン半島でした。ロシアがセルビアなどスラヴ系諸国の盟主として進出をはかると、オーストリアがこれに対抗して緊張が高まり、「ヨーロッパの火薬庫」とよばれる状態となっていったのです。

1914年6月、オーストリアの帝位継承者夫妻が、6年前に併合したばかりのボスニアの州都サラエヴォを訪れたところ、セルビア人青年によって暗殺されました。これを国家テロとみなしたオーストリアは、セルビアに対して宣戦を布告しました。セルビアの後ろ盾となっていたロシアは総動員を命じ、戦争に備えます。すると、オーストリアの同盟国であるドイツが青ざめました。ドイツは露仏同盟のはさみうちに備えて戦争計画を練っていたのですが、そのおそれが現実になったと見たのです。

ドイツはかねてからの計画に従い、理由もないままフランスへ攻め込みます。その際中立国ベルギーに侵攻すると、イギリスが激高し、ドイツに宣戦しました。こうしてサラエヴォの銃撃から1カ月あまりで、欧州五大国はすべて第一次世界大戦へとなだれ込んでいったのです。

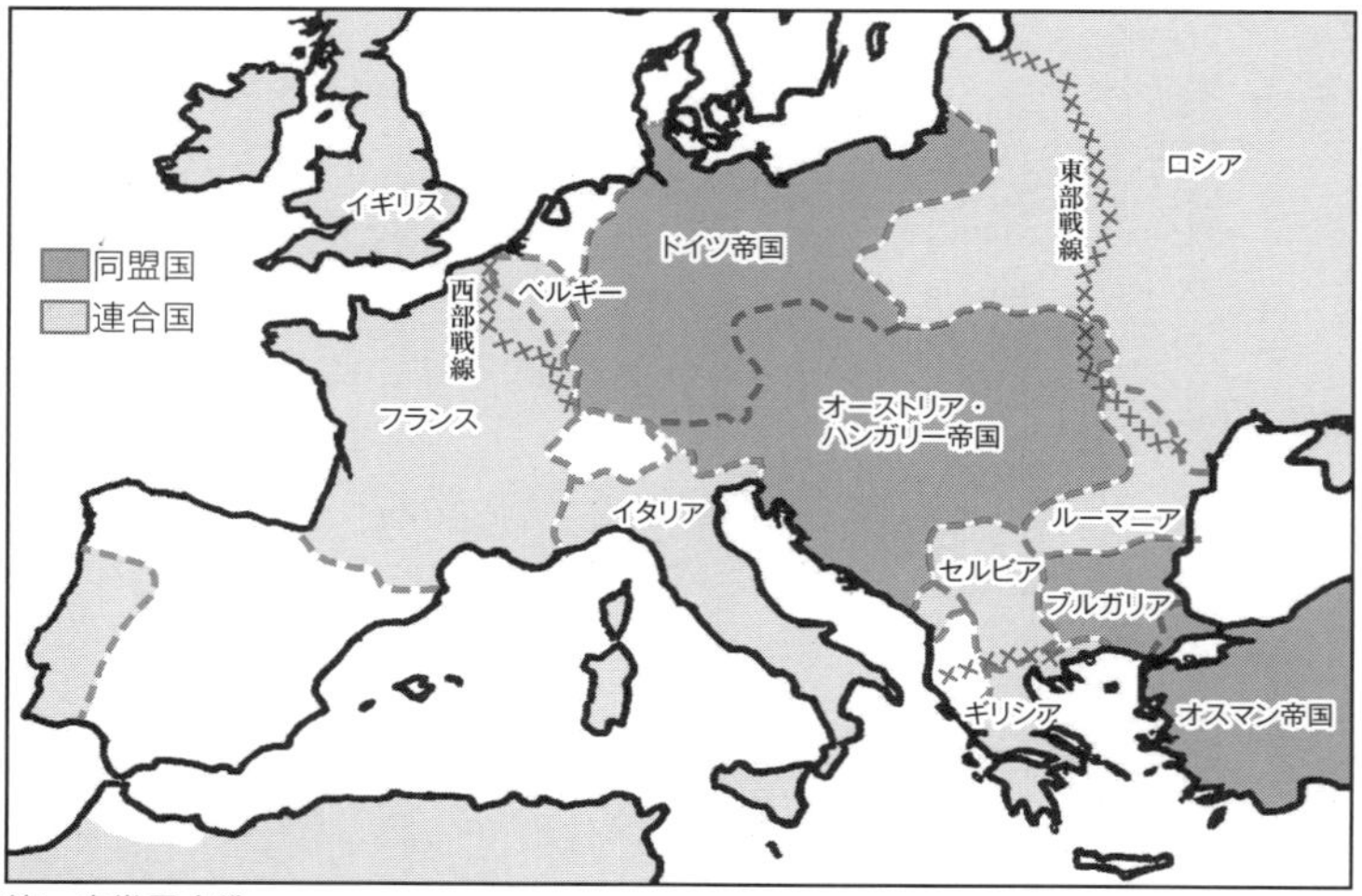

第一次世界大戦

総力戦の行方

フランスに侵攻したドイツ軍は快進撃を続けますが、英仏軍の反撃を受けて押し返されました。一方、ドイツ東部に攻め込んだロシア軍は、ドイツ軍の罠にかかり壊滅します。短期決戦のあてははずれ、戦いは長期化しました。機関銃が広まったことで攻撃が困難となり、両軍が塹壕《ざんごう》を掘ってにらみあうようになったのです。

大戦は、初の総力戦となりました。ドイツを中心とする同盟国、英仏露を中心とする連合国とも、持てる工業力をすべて戦争に注ぎ込みます。機関銃や大砲のほか、毒ガス、戦車などの新兵器が登場し、発明されたばかりの飛行機も空に姿をあらわしました。

日英同盟にもとづき日本が連合国側で参戦し、オスマン帝国がドイツ側についたことで、アジアにも戦火が広がりました。列強の植民地も戦争に協力させられます。英領インドは、遠いヨーロッパの地に１００万以上の兵を送り込みました。

連合国が世界各地との通商を続け、海外の資源を活用したのに対し、海軍力に劣るドイツはイギリスによる封鎖を受けて苦しみます。ドイツは

ガスマスクと機関銃

新兵器の潜水艦を繰り出しますが、中立国の船も無差別に沈めたことでアメリカを激怒させました。1917年、アメリカは中立政策を棄て、ドイツに宣戦しました。

一方、ロシアでは革命がおこり、1918年に連合国から脱落しました。ドイツは東部の兵力を西部戦線にまわして攻勢に出ましたが、夏には力尽きました。オスマン帝国、オーストリアはつぎつぎに降伏、ドイツでも水兵の反乱から革命がおこり、皇帝は亡命しました。代わって成立した臨時政府は休戦に応じ、戦争は終わりました。

講和の理想と現実

4年以上にわたった第一次世界大戦は、1900万におよぶ未曽有の犠牲者を生みました。その多くは、未来を担う若者たちでした。世界を牛耳ってきたヨーロッパ列強は、集団自殺のような戦争によって深刻なダメージを受けてしまったのです。

一方で、日本は大戦中に中国や太平洋に進出し、工業製品の輸出も伸ばして存在感を高めました。アメリカは世界一の工業国としての地位を揺るぎないものとし、さらに連合国への融資により、債務国から債権国となりました。そして戦争の終盤には大軍を欧州に送り込み、ドイツの打倒に貢献したのです。

ウィルソン

欧州の権力外交には関わらないという孤立主義をとっていたアメリカは、参戦へと舵をきるにあたり、「戦争のない世界をつくる」という大義名分をかかげました。1918年1月には、ウィルソン大統領が「十四カ条の平和原則」を打ち出しています。秘密外交や帝国主義を排した新たな国際秩序をうたったもので、なかでも、各民族はみずからの政治的な決定権を持つとする民族自決の原則は特筆されます。

戦争が終わると、1919年1月、パリで講和会議が開かれます。アメリカは英仏とならぶ三大国の一角として、「十四カ条」を下敷に会議を主導しました。しかし、理想と現実のギャップは大きなものがありました。フランスはドイツに対する報復を強硬に主張し、イギリスは植民地の拡大など実利を求める姿勢が明らかでした。

敗戦国は会議に招かれず、過酷な条件を

ヴェルサイユ体制下のヨーロッパ　　新独立国

一方的に押しつけられました。ドイツはヴェルサイユ条約により東西国境の領土を失い、植民地を取り上げられ、軍備を著しく制限されただけでなく、天文学的な額の賠償金を課せられました。

ロシア帝国はすでに崩壊し、オーストリア=ハンガリー帝国はバラバラに解体されました。両帝国の旧領には「民族自決」の名のもと、ポーランド、チェコスロヴァキア、ユーゴスラヴィアなどの新国家が成立しましたが、それらの領内には多くの民族が混在していました。オスマン帝国の領土やドイツの植民地は、「委任統治」という名目でイギリスやフランス、日本によって分割されました。戦勝国が持っている植民地には、民族自決の原則はもとより適用されませんでした。

このような戦後処理は国際社会にいくつもの火種を残し、20年後に新たな大戦を引きおこすことになるのです。

国際連盟とその課題

19世紀、ヨーロッパ列強の海外進出とともに主権国家体制は押し広げられ、世界全体に適用される秩序となりました。しかし、主権国家の行動を規制するしくみは存在しないままでした。各国が国益を求めて自由にふるまうことは当然で、戦争も合法だとされていました。そのなかで平和を維持するには勢力均衡方式しかないと考えられていたのですが、結果として二大陣営の対立構造を生み、大戦へといたったのです。

その反省から構想されたのが、集団安全保障です。これは、すべての国家を含む国際組織をつくり、侵略に訴える国には加盟国が共同で対処するというものです。この方式はウィルソンの「十四ヵ条」で提唱され、1920年に国際連盟が発足して現実のものとなりました。国際連盟にはヨーロッパやラテンアメリカの諸国に加え、数少ないアジア・アフリカの独立国も加盟しました。日本は、イギリス、フランス、イタリアとならぶ常任理事国の地位を得ました。

しかし、国際連盟にはさまざまな問題がありました。議決は全会一致を原則としており、侵略国に対する有効な制裁手段もありませんでした。また当初はドイツやロシアが排除されており、「国際社会を包括する」という前提が崩れていました。何よりも、講和に失望した議会が反対したことで、提案国であるアメリカが加盟しなかったのは痛手でした。国際連盟の前途は多難でした。

アメリカの時代へ

とはいえ、アメリカはまったくの孤立主義に戻ったわけではなく、戦後の国際協調に一役買っています。その一例が、1921年から翌年にかけアメリカが主催したワシントン会議です。これはロシア・ドイツの後退と日本の台頭という新情勢をふまえ、東アジア・太平洋の秩序を確立するために開かれたものです。ここで結ばれた海軍軍縮条約は、戦艦の新造を禁止し、上限を超えるものは廃棄するという画期的な内容でした。イギリスの海軍力はアメリカと同等におさえられ、その海上覇権は終わりを迎えました。また、米英仏日の四カ国条約が結ばれたことにともない、日英同盟も解消されました。

アメリカはまた、ドイツの賠償金支払いを支援する案を提示し、緊張緩和に貢献しました。1928年にはフランスと協力し、不戦条約を成立させました。63カ国が署名したこの条約は「紛争解決のために戦争に訴えることを禁止する」ことをうたい、実効性は乏しいものの、「戦争は国際法上違法である」という流れをつくるうえで大きな意味を持ちました。

最初の世界戦争を経て、アメリカの時代がはじまろうとしていました。しかし、群をぬく経済力に見合った責任を引き受ける準備が、まだアメリカにはありませんでした。「パックス・アメリカーナ（アメリカの平和）」が確立するまでに、世界はもう一つ、大きな悲劇を経験しなければならなかったのです。

本章のまとめ

◉19世紀、イギリスが工業・商業・金融を握る自由貿易体制が拡大した。世界規模で人の移動が活発になるなか、移民が集中したアメリカの経済が成長した。

◉大不況からイギリスの覇権は揺らぎ、列強が海外進出を競った。アジアでは日露戦争を機に民族運動が高揚し、ドイツと英仏露の対立は初の大戦を引きおこした。

◉第一次世界大戦の戦後処理は、敗戦国や民族問題への対処に火種を残した。アメリカは経済力では頂点に立ったが、国際秩序への関与は不十分であった。

第10章　一体化する世界
おもな動き

◉「パックス・ブリタニカ」と世界の一体化

1842　イギリス、アヘン戦争で清を破る
1851　ロンドンで第1回万国博覧会開催
1869　大陸横断鉄道とスエズ運河が開通

◉帝国主義の時代

1873　世界経済が大不況に入る
1879　ドイツで保護関税法制定
1880年代　アメリカが世界一の工業国となる
　アフリカの分割がはじまる

◉アジアの抵抗と国際対立の激化

1905　日本が日露戦争で勝利
　イランで立憲革命がおこる
1907　英・仏・露の三国協商成立
1912　中華民国が成立し清が滅亡

◉第一次世界大戦

1914　第一次世界大戦がはじまる
1917　アメリカが連合国側で参戦
1918　ドイツが敗れ大戦終結

◉国際協調とアメリカの台頭

1919　パリ講和会議が開かれる
1920　国際連盟発足
1922　ワシントン会議で軍縮条約が結ばれる

第11章

イデオロギーの世紀

共産主義の妖怪

「一つの妖怪がヨーロッパをさまよっている」―これは、ロンドンで1848年に刊行された書物の冒頭ですが、ホラー小説ではありません。このあとには次の言葉が続きます。―「共産主義の妖怪が」

この書の名前は『共産党宣言』、著者はドイツ人のマルクスとエンゲルスです。このなかでは、労働者階級が革命により政権を握ることで、平等な理想社会が実現できるとする論が展開されています。そして最後は、「万国のプロレタリアート（労働者階級）、団結せよ」という言葉で結ばれます。

くしくもこの書が発表されたこの年、全欧州を揺るがす一連の革命がはじまったことは先に述べました。パリでは、臨時政府のなかに労働問題を話しあう委員会がもうけられます。ロンドンでも、労働者の普通選挙を求める運動が盛り上がりを見せました。

その後のヨーロッパでは、労働者による運動が大きな潮流となります。それとともに、国家や社会はいかにあるべきか、人々は何をめざして行動すべきかというイデオロギーがさかんに語られるようになります。20世紀になると、イデオロギーにもとづいて社会を改造した

エンゲルス　　　　マルクス

り、異なるイデオロギーを持つ国家や集団が激しく衝突するといった事態がおこります。この章では、こうしたイデオロギーの時代について見ていくことにします。

資本主義と自由主義

自給自足的な農業社会が生産力の向上とともに貨幣経済へ移行すると、モノの売買を通じて利益をあげようとする動きがさかんになります。ヨーロッパ世界の拡大とともにこうした活動は大規模になり、18世紀からはじまった産業革命により、モノの大量生産・販売を柱とする産業社会が成立しました。

売り手と買い手からなる市場を舞台に、利潤を生み出すために行われる経済活動のあり方を、資本主義とよんでいます。資本主義のもとでは、土地、工場、お金（資本）を持っている人々は、自由にそれらを動かすことで利益をあげようと考えます。ブルジョワとよばれるこうした富裕層が支持したのが、啓蒙思想です。この思想では、生まれによって一生が決まる身分制度は馬鹿げており、人間がその能力をぞんぶんに発揮できる自由な社会がのぞましいとされます。ここから、個人の自由を尊重する自由主義の思想が生まれました。

18世紀後半、自由主義にもとづく経済学を理論化したのが、イギリスのアダム・スミスです。彼は国家が経済に介入して国富を増やそうとする重商主義を批判し、自由放任を説きます。つまり、何をどれぐらいつくりいくらで売るかは、各事業者が勝手に決めてよいとされます。もっとも、消費者はよりよく安い品物を求めますから、そうした商品を提供する者が利益を手にします。各人が利己的にふるまっているようで、結果的に社会全体の利益が最大になるのです。アダム・スミスは、これを「見えざる手」とよびました。

この考えの前提にあるのが競争であり、必然的に勝者と敗者を生みます。しかし、成功して富を蓄える者もいれば富を失って貧しくなる者もいるという状態は、自由でフェアな競争の結果であればやむを得ないとされます。

また、自由主義は参政権を求める運動と結びつきます。教養があって正しい判断ができ、財産を通じて社会に貢献できる人間は、政治に参加する資格があると考えられたのです。イギリスでは、産業資本家とよばれる新興の工場主らがこうした考えを支持しました。彼らは、1832年に下院の選挙権を認められました。

社会主義の登場

産業革命が進むと、都市人口が急増しました。その多くは、みずからの財産を持たず工場に雇われる労働者でした。彼らはわずかな賃金で長時間労働を強いられ、不景気になればすぐに解雇されました。女性や子供も、低賃金の労働力として用いられました。せまい住宅、汚れた空気や水、病気や犯罪など、生活環境もひどいものでした。

雇用者に対し、一人ひとりの労働者は弱い立場にあります。そこで労働者は団結して組合をつくり、賃上げや待遇改善の交渉を行い、ときに仕事を拒否するストライキを行いました。

さらに、自由主義・資本主義そのものに異を唱え、貧富の差がない平等な社会をめざす社会主義思想があらわれました。機会を公平に与えることを重視する自由主義に対し、社会主義は、みんなが「結果として」平等になることをめざします。そのためには、個人の自由は多かれ少なかれ制限されることになります。

マルクスによれば、社会は、モノを生産する手段を「持つ者」と、これらを「持たざる者」の二つの階級に分かれています。資本主義社会では、工場主などの資本家階級が前者、労働者階級が後者にあたります。前者は後者の労働の成果を横取りしており（搾取《さくしゅ》）、この社会が続くかぎり平等は実現しません。そこでマルクスは、労働者階級が革命によって資本家階級を倒し、資本家の持っている生産手段をみんなのもの（公有）にすることを説きます。そうしてはじめて、平等な共産主義社会への道がひらかれると考えたのです。

この思想は、労働運動に未来へのビジョンを示しました。1864年には、マルクスらにより労働者の国際的な組織である第一インターナショナルが結成されました。これは内部対立のため崩壊しましたが、社会主義運動の広がりを示す動きとして注目されます。

労働者の政治進出

１８４８年革命ののち、ヨーロッパの多くの国が立憲制をとりました。ブルジョワの政治参加が実現し、庶民にも選挙権が広がります。世論の動向が重要となり、新聞や雑誌では政治や社会についての論議が戦わされます。王朝や身分制を支えた保守主義は後退し、自由主義が普及する一方、社会主義も支持を広げました。

イギリスでは、地主らの立場を代表する保守党と産業資本家の支持を受ける自由党が、ともに労働者を体制のなかに取り込もうとします。労働者に選挙権が与えられ、初等教育が制度化され、労働組合の活動も合法化されます。労働者の側も議会政治を通じてみずからの主張を実現しようとし、１９０６年に労働党を結成しました。

ドイツ帝国でも、工業化とともに社会主義政党が勢力を伸ばします。宰相ビスマルクはこれを弾圧する一方、健康保険や失業保険をもうけて労働者を味方につけようとします。これが社会保障制度のはじまりです。１８９０年にビスマルクが失脚すると、労働者政党は合法化されて社会民主党が成立し、１９１２年には帝国議会の第一党となりました。

血の日曜日事件

ロシアの事情はまったく異なりました。この国では憲法も議会もないまま皇帝が専制を行っており、人口の圧倒的多数は貧しい農民でした。1861年に農奴解放令が出されたあとも、旧領主が地主となって農民を搾取し続けました。

知識人や学生のなかには、西欧の社会主義思想に影響される者もいました。彼らは、共同体のなかに暮らす農民が立ち上がれば、資本主義社会を飛び越して平等な共産主義社会を実現できると説きました。しかし彼らの農村工作は失敗し、一部はテロに走って皇帝を暗殺した結果、弾圧を受けて壊滅しました。

1890年代になると、フランスからの投資によりロシアでも産業化がはじまり、同時に労働問題も発生しました。こうしたなか、レーニンらによってマルクス主義の政党が結成されました。議会がないロシアでは、これは革命をめざす秘密結社にほかなりませんでした。

1904年に日露戦争がおこり、敗報があいつぐと、人々の不満が高まりました。翌年1月、首都ペテルブルクでの労働者らのデモに軍が発砲し、多くの犠牲者が出ました。この「血の日曜日事件」を機に、全国でストライキや暴動が広がりました。この際にストライキを指導するために結成された労働者の組織が、ソヴィエト（評議会）です。

皇帝ニコライ2世は日本と講和し、国会を開くことを約束して事態を収拾します。翌年、国会がはじめて開かれましたが、反政府運動や労働運動は弾圧されました。専制が復活し不満が渦巻くなかで、ロシアは第一次世界大戦を迎えることになります。

第一次世界大戦と労働者

不況のもとで階層間の対立が激しくなったヨーロッパ諸国は、帝国主義政策をとり国民を結束させようとしました。しかし他国の脅威をあおり立てたことは、戦争の危険を高めることになりました。これに対し、ドイツ社会民主党を中心とする第二インターナショナルは大会ごとに戦争反対をよびかけます。

１９１４年、第一次世界大戦がはじまりました。すると、反戦を唱えていた各国の社会主義政党はあいついで戦争協力を表明し、第二インターナショナルは崩壊しました。

大戦は総力戦となり、前線に大量の男性が動員される一方、武器弾薬を前線に送り続けるため工場はフル稼働します。労働力が不足すると、女性も軍需生産に加わりました。そうしたなかで、生活が圧迫された国民の結束をいかに保つかが政府にとっての課題となりました。ドイツでは軍部の独裁体制が敷かれましたが、労働者のストライキが頻発しました。オーストリアでは民族間のきしみが激しくなり、戦争続行が困難となります。その点、イギリスやフランスでは民主政治が機能していたことが、国民の合意を得るうえで有利に働きました。

ロシア革命

連合国の一角であったロシアは、専制体制であったために軍や国民の士気はあがりませんでした。1917年3月、首都で労働者らの暴動がおこり、兵士が合流しました。皇帝ニコライ2世は退位し、世界におそれられたロシア帝国はあっけなく崩壊しました。

国会の自由主義勢力によって組織された臨時政府は戦争の継続を宣言し、民衆を失望させます。一方で、各都市では革命の際に、労働者・兵士によるソヴィエトが結成されていました。そのなかの急進的な社会主義勢力であるボリシェヴィキは、レーニンの指導のもと、戦争反対と臨時政府打倒を唱えて勢力を拡大します。

11月、ボリシェヴィキは首都でクーデタをおこし、臨時政府を倒しました。ソヴィエトが国家権力を握ることが宣言され、ここに史上初の「労働者の国家」が成立しました。

ソヴィエト政府は地主の土地を没収し、憲法制定のための議会選挙を行いました。しかし、ボリシェヴィキは農村部で支持を得られず惨敗しました。レーニンは議会を閉鎖し、その後、共産党と改称したボリシェヴィキの一党独裁を打ち立てました。これ以来、ソヴィエト・ロシアとその影響を受けた国々では、共産党の独裁が労働者による権力掌握として正当化されることになります。

ソヴィエト政府は全交戦国に対し停戦をよびかけましたが、これ

レーニン

が無視されると、単独でドイツと交渉し戦争から離脱しました。激怒した英仏日米などの連合国はシベリアなどに出兵し、ロシア国内でも旧帝政派などが立ち上がって内戦がはじまりました。

ソヴィエト政府は秘密警察を使って反対派を摘発する一方、労働者の軍隊として赤軍《せきぐん》を組織し反革命軍に対抗しました。農民からは食料を強制的に取り上げ、抵抗する者は容赦なく弾圧しました。内戦はソヴィエト政府の勝利に終わりましたが、混乱のなかで暴力的な支配が正当化されたことは、社会主義運動のその後に大きな禍根《かこん》を残すことになります。

「世界革命」の挫折

１９１８年11月、ドイツで革命が勃発します。都市には労働者と兵士のレーテ（評議会）があらわれ、帝政が倒れて大戦は終わりました。これを見たロシアのソヴィエト政府は、他国にも社会主義革命を「輸出」する好機だと考えます。そのためにつくられた国際組織が、コミンテルン（第三インターナショナル）です。

たしかにロシア革命の影響は大きく、戦後のヨーロッパ各国では社会主義政党が勢力を伸ばしました。しかし、それらはロシア型の共産党とは異なり、民主的な選挙を通じて政権をめざす社会民主主義の政党でした。「世界革命」が不発に終わると、ロシアは自国の体制固めに専念することになり、ベラルーシ、ウクライナなどを従えて、1922年にソヴィエト社会主義共和国連邦（ソ連）を樹立しました。

戦後のヨーロッパ諸国は、革命を防ぐとともに戦争での貢献に報いるため、労働者や女性に参政権を与えました。ドイツでは、男女の普通選挙や労働者の団結権を認めるなどして「もっとも民主的な憲法」といわれたヴァイマル憲法が制定されました。イギリスでも女性を含む普通選挙が実現し、1924年には労働党がはじめて政権を担いました。

大衆社会の出現

男性普通選挙が19世紀中に実現していたアメリカでは、1920年に女性にも参政権が与えられました。古典的な自由放任主義をとる共和党の政権が続き、大企業を先頭とした経済成長が続くなかで、一般の人々も恩恵を受けました。

流れ作業で大量生産された自動車は、一家に一台の割合で広まりました。洗濯機や掃除機といった家電製品によって家事が軽くなった女性は、活動的なファッションで街に繰り出しダンスを楽しみました。ラジオ放送やレコードによって音楽は大衆のものとなり、軽快なジャズが流行しました。野球が人気を博し、人々はベーブ・ルースらの活躍に熱狂しました。ハリウッドで娯楽映画がつぎつぎにつくられ、ディズニーがミッキーマウスを生み出したのもこのころです。

大量に生産され華々しい宣伝とともに売り出される商品。ラジオや映画からあふれ出る情報や娯楽。これらを享受することがおしゃれであり幸せであるとされ、人々の好みや関心、生活スタイルは似かよったものになっていきます。こうした画一化された人々のかたまりである大衆が、社会の主体となっていったのです。

ファシズムのはじまり

1920年代、まずイタリア、その後ドイツで、軍隊のような制服を着て集団で行進し、集会で「敵」を攻撃し、しばしば暴力におよぶといった過激な運動がおこってきました。ファシズムのはじまりです。

ファシズムは、大衆社会の産物でした。人々は他者に迎合したり、マスコミに左右されたりするなかで無力感を味わうようになります。とくに、農民、中小の商工業者、事務職のサラリーマンらはエリートからは疎外され、労働者のような組織や目標も持たず、不安を感じていました。戦後の社会になじめない戦場帰りの若者も多くいました。ファシズムは、こうした人々を組織化し動員したのです。

ファシズムは、人々を有機的に結びつける共同体として国家や民族を重視します。そして、共同体はその価値を体現する指導者に率いられるべきだとし、自由な個人を前提とする議会制民主主義を退けます。ファシズムは社会主義運動のノウハウを模倣《もほう》し労働者を取り込もうとしますが、国民の結束をはかる立場から、階級闘争をかかげる共産主義を敵視します。

イタリアでファシズム運動をおこしたのは、ムッソリーニです。大戦後のイタリアでは、経済危機から労働者のストライキがあいついでいました。革命前夜のような状況のなかで、ムッソリーニは黒シャツ隊という民兵組織を率いて労働運動を暴力で攻撃し、革命をおそれる資本家や地主からの支持を得ます。

１９２１年にファシスト党を組織したムッソリーニは、翌年クーデタに打って出ます。数万の党員を集めて首都ローマに圧力をかけた結果、国王はムッソリーニに組閣を命じました。以後数年で、ファシスト党は独裁的な権力を築きあげました。

ファシスト政権は企業と労働組合をそれぞれ国家の管理下に置く一方、音楽やスポーツなど余暇を楽しむ団体をつくっています。ファシズムが、大衆の組織化とその合意を前提とした体制であることがわかります。

ヒトラーとナチス

敗戦国ドイツはヴェルサイユ条約で領土を削られ、巨額の賠償金を課せられました。新たに成立したヴァイマル民主政は、国民の支持を得られませんでした。そうしたなかで活動をはじめたのが、ヒトラー率いる国民社会主義ドイツ労働者党（ナチス）です。

オーストリアに生まれドイツ軍に従軍したヒトラーは、敗戦の衝撃から独自のファシズム思想をおこしました。彼が最上の価値をおいたのは民族であり、ドイツ民族こそ世界の頂点に立つ存在だと主張します。偉大なドイツ人が戦争に負けたのは社会主義者が裏切ったためだとし、ヴァイマル民主政と、戦後秩序であるヴェルサイユ体制を否定します。

特異なのは、人種に関する思想です。ヒトラーはドイツ人を生物学的にすぐれているとする一方、本来ユダヤ教徒を意味する「ユダヤ人」を「劣等人種」とみなしました。そして、ドイツの抱えるさまざまな問題の原因を押しつけたのです。

1923年、ドイツは危機に見舞われました。賠償金の支払いが滞っていることを口実に、フランスとベルギーの軍が最大の工業地帯であるルール地方を占領したのです。ドイツ政府がこれに対抗するためストライキを指示すると、生産活動は極端に落ち込み、物価が1年足らずで2億倍に達するというすさまじいインフレーションとなりました。

そんななか、ヒトラーはイタリアの例にならい、ミュンヘンで蜂起しました。これはあっけなく鎮圧され、ヒトラーは投獄されます。1年後に出所すると、彼は議会のなかで勢力を

ヒトラー

伸ばす戦術に転換しましたが、このころのナチスはまだ泡沫《ほうまつ》政党にすぎませんでした。ドイツ内外の情勢は安定に向かい、アメリカの支援を受けて経済も回復しました。しかし、これは嵐の前の静けさだったのです。

世界恐慌とその影響

1929年3月、アメリカの首都ワシントンで、共和党のフーヴァー大統領が就任演説を行いました。彼は「アメリカは貧困に対する最終的勝利に近づいている」と宣言し、「永遠の繁栄」を誇示しました。世界金融の中心であるニューヨーク・ウォール街では、9月に株価が最高値を記録しました。しかし、「暗黒の木曜日」10月24日、株価は大暴落しました。パニックは各国に波及し、世界恐慌に突入していきます。

恐慌の一因は、生産過剰にあります。アメリカ農業は、大戦直後から不振に陥っていました。工業ではオートメーション化による大量生産が実現しましたが、それに見合うほど世界全体の需要は回復していませんでした。しかし表面的な繁栄によって問題は覆い隠され、投機熱があおられて、株や不動産の価格は実体から大きく離れていきました。そしてバブルがはじけたのです。

恐慌に際して各国は、自国の産業を守るために保護政策をとりました。イギリスは、本国と自治領、植民地からなる連邦の内部では低い関税を適用する一方、その外からの輸入品には高い関税をかけました。これをブロック経済といい、フランスもこれを採用します。こうした政策は国際経済のなかに壁をつくることを意味し、世界の貿易額は恐慌前の3分の1にまで落ち込みました。

自由放任をモットーとするアメリカの共和党政権は、景気が自然に回復するのを待ちました。しかしいつまでたってもモノは売れず、物価は下がり、企業は倒産し続けました。1932年には株価は最高値の10分の1に下落し、失業率は25パーセントに達しました。アメリカ経済は破滅の淵に立たされました。

この年の大統領選挙で共和党は敗れ、翌33年、民主党のフランクリン・ローズヴェルトが大統領に就任しました。彼はすぐに、ニューディールとよばれる大規模な景気対策を打ち出します。この柱の一つは、政府が農作物を買い支えたり企業にカルテルをつくらせたりして、生産物価格の下落を防ぐことです。もう一つの柱は、政府が公共事業をおこし、失業者に職を与えることでした。

古典派経済学から見れば禁じ手のニューディールには反対も根強く、景気回復には時間がかかりました。しかし、不況期に政府が経済に介入し景気と雇用の回復をはかるべきだとする考えは、イ

ローズヴェルト

ギリスの経済学者ケインズにより修正資本主義として理論化されました。

ニューディールは、資本主義を崩壊の瀬戸際からどうにか救いあげると同時に、資本主義のあり方の転機となったのです。

ソ連のスターリン独裁

このころ、社会主義体制の建設を進めていたソ連はどのような状況にあったのでしょうか。

レーニンが1924年に死去すると、ソ連一国で社会主義を実現すべきだとするスターリンが、世界革命を主張するトロツキーを追放して権力を握りました。

内戦後、ソ連は資本主義を一部復活させ、農民や中小企業にある程度の自由を認めていたのですが、スターリンは1928年、新たに第一次五カ年計画をはじめました。これは、生産、流通、販売などの経済活動全般を政府が定めた計画にもとづいて行うというものです。市場経済に対抗する計画経済のはじまりでした。

この時期は世界恐慌と重なっていますが、計画経済のソ連は影響を受けず、重工業の建設を急ピッチで進めました。ソ連は社会主義の優位を宣伝し、世界の注目を浴びました。

しかし、これにはからくりがありました。このころ、土地や家畜、道具を公有とし、農民を集団農場（コルホーズ）の労働者にするという政策が強力に進められていました。この農業集団化によって政府による食料調達の効率は上がり、穀物は安く海外に輸出され、その代金が工業の建設に投入されたのです。

その陰で、抵抗した多くの農民がシベリアに流されたり処刑されたりしました。農民の労働意欲は削がれ、農業生産そのものは落ち込みました。1932年からウクライナはおそるべき飢饉に見舞われ、数百万人が餓死したといわれています。

さらに、スターリンは反対派の「粛清《しゅくせい》」と称して共産党や軍の人々を摘発し、100万人以上におよぶ投獄・処刑を行いました。「労働者の国家」は、共産党独裁を経て、いまやスターリン個人の独裁下に置かれ、恐怖と暴力によって支配されたのです。

スターリン

日本の軍国主義

日本は1925年に成年男性の普通選挙を導入し、大衆社会の入り口にさしかかっていました。しかし経済は大戦直後から不振が続き、1923年の関東大震災でも痛手を負います。そこに世界恐慌が押し寄せたのです。

日露戦争から日本が中国大陸に保持してきた権益も、揺らいでいました。内戦状態だった中国は、1928年、蔣介石《しょうかいせき》率いる国民政府によって統一されました。遼東半島と南満州鉄道の日本の利権を守る関東軍は、利権回収をかかげる国民政府に危機感を持ちました。

１９３１年、関東軍は自作自演した鉄道爆破を口実に軍事行動をおこしました。これが満《まん》州《しゅう》事変です。日本政府も関東軍の暴走を追認し、翌年満州国を成立させました。33年、国際連盟が満州国の不承認を決議すると、日本は連盟を脱退してしまいます。

無力な議会政治に失望した人々はマスコミにあおられ、対外進出に期待するようになりました。軍部や右翼による国家改造の動きが活発になり、政財界の要人に対するテロがあいつぎます。

日本の立憲政治は、もともと弱い基盤の上にありました。天皇の持つ主権は実際には内閣、議会、陸海軍などがそれぞれ分担して行使していたのですが、これらの機関どうしがいかなる関係にあるのかは定かではありませんでした。そのため政治家は軍に歯止めをかけることができず、逆に軍が政治に介入するようになったのです。

日本は１９３７年、北京《ペキン》と上海《シャンハイ》での衝突から中国との全面戦争に入ります。戦争が長期化すると、軍と官僚機構が結んで軍事優先の経済統制を敷いていきました。この体制は、大衆の運動や組織化といった特徴を持つファシズムというより、第一次世界大戦下のドイツの軍部独裁に近いものでした。実際、日本陸軍は欧州大戦での総力戦体制について研究を進めており、危機のなかでそれが実施に移されたわけです。

ヒトラー政権誕生

　ドイツでは、世界恐慌の影響はとくに深刻でした。支えであったアメリカ資本が引き揚げ、米英仏の保護主義により世界市場から締め出されてしまったからです。経済は崩壊し、3人に1人が失業者になりました。

　この危機に、ヴァイマル民主政は為《な》す術《すべ》がありませんでした。絶望した国民の支持は、ナチスと共産党という反議会制の両政党のもとに集まりました。とくにナチスは、メディアを用いた巧みな宣伝と、大がかりなデモや集会、私兵集団の暴力でのしあがり、1932年の総選挙で第一党となりました。保守派は共産党をおさえるためナチスと結び、1933年1月、ヒトラーはついに首相の座につきます。

　その翌月、国会議事堂が放火されました。ナチスはこれを共産党のしわざとして党員をつぎつぎに逮捕したうえで、全権委任法を成立させました。これは政府に立法権をゆだねるという法律で、三権分立を否定して憲法と議会制を骨抜きにするものでした。ナチスは他の政党をつぎつぎに解散に追い込み、一党独裁を打ち立てます。翌34年、ヒトラーは首相と大統領を兼ね、ドイツ第三帝国の総統《そうとう》と称しました。

　ナチス政権は不況に対し、自動車専用道路（アウトバーン）の建設など大々的な公共事業を打ち出しました。最大の懸案であった失業問題は解決し、大衆によるナチスの支持は確かなものになりました。

ナチスは、青少年、女性、労働者などのさまざまな団体をつくり、大衆を活動に参加させることで体制に組み込んでいきます。なかでも歓喜力行団《かんきりっこうだん》はレジャーを提供する最大級の団体で、海外旅行を目玉企画としていました。36年のベルリン・オリンピックは、ドイツ民族の偉大さを示す祭典として空前の規模で行われ、人々を熱狂させました。

一方、党の武装組織である親衛隊が人々を威圧し、秘密警察が監視の目をはりめぐらせました。ユダヤ人に対する差別と弾圧もはじまり、物理学者アインシュタインをはじめとする多くの人々がドイツを去りました。

大衆の支持と参加、そして憎悪と暴力。これがファシズム体制の両面でした。

ファシズム対人民戦線

ヒトラーは政権を握るとすぐに、ドイツを縛るヴェルサイユ体制の破壊に乗り出しました。1933年、日本に続き国際連盟を脱退、35年には再軍備を宣言し、大々的な軍需生産に乗り出しました。翌年には西部国境の非武装地帯に兵を進めます。これは大きな賭けでしたが、前の大戦に懲りていた英仏はなんら行動をおこしませんでした。

ムッソリーニ率いるイタリアも1935年、エチオピアへの侵略をはじめました。国際連盟初の経済制裁は効果がなく、エチオピアは併合され、イタリアは連盟を脱退しました。

社会主義・共産主義の勢力は、勢いを増すファシズムに脅威を感じました。各国共産党からなるコミンテルンは、ファシズムに対抗するあらゆる勢力が結集することをよびかけました。この運動を人民戦線といいます。

一方、ドイツとイタリアは協力関係を築き、日本もこれに接近、1937年に共産主義に対抗するために三国防共協定を結びました。ファシズム・軍国主義と、左翼勢力との対決の構図が明らかになってきました。

対立の最前線は、スペインでした。1936年に成立した人民戦線政府に対し、保守勢力に支持されたフランコ将軍が反乱をおこしたのです。ドイツ、イタリアはフランコ側を支援し、実戦部隊も送り込みました。ドイツ空軍によるゲルニカへの無差別爆撃は、この悲劇を描いたピカソの絵で広く知られています。

政府軍側にはソ連が支援を行い、アメリカの作家ヘミングウェーをはじめとする義勇兵が世界中から集まりました。しかしイギリスとフランスは戦争をおそれ、スペイン内戦に介入しませんでした。けっきょく共和国政府は崩壊し、ファシズムが勝利をおさめました。

第二次世界大戦はじまる

1938年、ヒトラーは全ドイツ民族を統合するという目標に着手しはじめました。オーストリアは、内からの切り崩しと外からの圧力によってドイツに併合されました。

次の標的はチェコスロヴァキアでした。ヒトラーは、ドイツ人が多く住む国境地帯を譲るよう要求を突きつけ、戦争の危機が高まります。しかし、イギリスはなおも妥協を模索し、話し合いの結果、ドイツはこれ以上の要求はしないと約束して領土を獲得しました。

チェコの犠牲と引き換えの平和もつかの間でした。半年後にはヒトラーは約束を踏みにじり、チェコスロヴァキアを消滅させたうえ、今度はポーランドに領土を要求しました。英仏はようやく、ヒトラーと対峙する決意を固めます。

1939年8月末、ドイツとソ連という天敵どうしが不可侵条約を結んだという知らせに、世界が衝撃を受けました。これは、東の安全を確保したいヒトラーと、英仏の弱腰に不信感を持ったスターリンの妥協の産物にほかなりませんでした。9月1日、ドイツ軍はポーランドに侵攻、英仏はドイツに宣戦を布告し、第二次世界大戦がはじまりました。

ドイツのヨーロッパ制覇

ドイツ軍の猛攻を受けたポーランドには、驚くべきことにソ連軍も攻め込んできました。両国は、ポーランドを含む東欧の分割を秘密協定で取り決めていたのです。英仏が手をこまねいているうちに、ポーランドは消滅してしまいました。

翌40年春、ドイツの大軍はフランスになだれ込み、戦車と飛行機を駆使した新戦術によって英仏軍を圧倒しました。イタリアもドイツ側で参戦し、わずか6週間でフランスは降伏しました。

残るは、イギリスただ1国でした。ドイツはイギリス本土上陸をめざし空襲を繰り返しますが、イギリスは首相チャーチルの指導のもと耐えぬきました。あきらめたヒトラーは東に目を向け、東欧諸国を傘下におさめます。

１９４１年6月、３００万ものドイツ軍が不可侵条約を無視してソ連になだれ込みました。独ソ戦のはじまりです。ヒトラーにとって、ソ連を総本山とする国際共産主義は仇《きゅう》敵《てき》であり、ドイツ民族の「生存圏」を東方に獲得することは悲願だったのです。

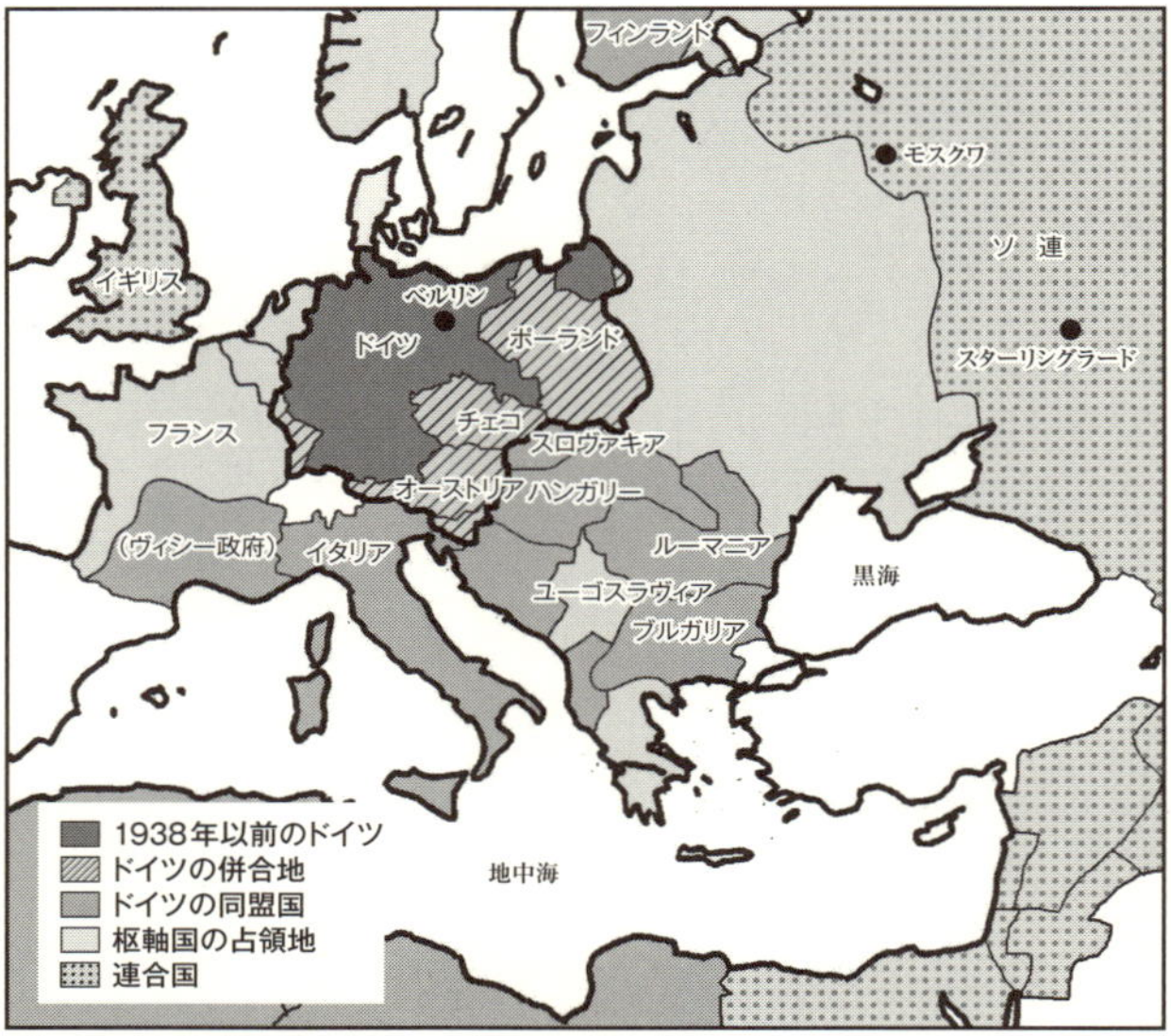

第二次世界大戦下のヨーロッパ（1941年12月）

ドイツ軍はロシアの奥深くまで侵攻しますが補給が滞り、冬の訪れとともにモスクワの目前で立ち往生します。ソ連軍の反撃によって短期決戦のもくろみは崩れ、独ソ戦は総力戦の様相となりました。

注目すべきは、中立を保っていたアメリカの動きです。世論は孤立主義を支持していましたが、ローズヴェルトは1941年、表現の自由、信仰の自由、欠乏からの自由、恐怖からの自由という「四つの自由」を守るべきであると説きます。これを受け、大量の物資援助がイギリス、のちにソ連にも送られました。アメリカは、「民主主義の兵器廠《しょう》」としてドイツに対抗することを選んだのです。

太平洋戦争の開始

東アジアでは、日中戦争が続いていました。蔣介石は首都南京を失ったあとは奥地の重慶《じゅうけい》に移り、米英やソ連の支援を受けて抗戦を続けています。泥沼にはまった日本は、ドイツの快進撃をチャンスだととらえました。

日本はヨーロッパでの戦争に乗じ、石油、ゴム、金属などの資源が豊富な東南アジアへの進出を試みます。40年にドイツ・イタリアと軍事同盟を締結し、翌年には北方の安全を確保するためにソ連と中立条約を結びました。

こうした動きは、イギリスやアメリカに脅威を与えました。アメリカは日本に対し、在米資産の凍結、石油輸出の禁止などの経済制裁を加え、日米交渉も決裂しました。

１９４１年12月、日本は空母部隊によってハワイの米艦隊を攻撃し、同時に東南アジアに軍を進めました。太平洋戦争のはじまりです。独伊もアメリカに宣戦、戦争は文字どおり世界に拡大しました。

イデオロギー戦争

第二次世界大戦では、日独伊の枢《すう》軸《じく》国、米英ソを中心とする連合国とも、イデオロギーを前面に押し出しました。そのため、前大戦よりもはるかに苛烈な総力戦となりました。

ドイツがかかげたのは、みずからが世界を支

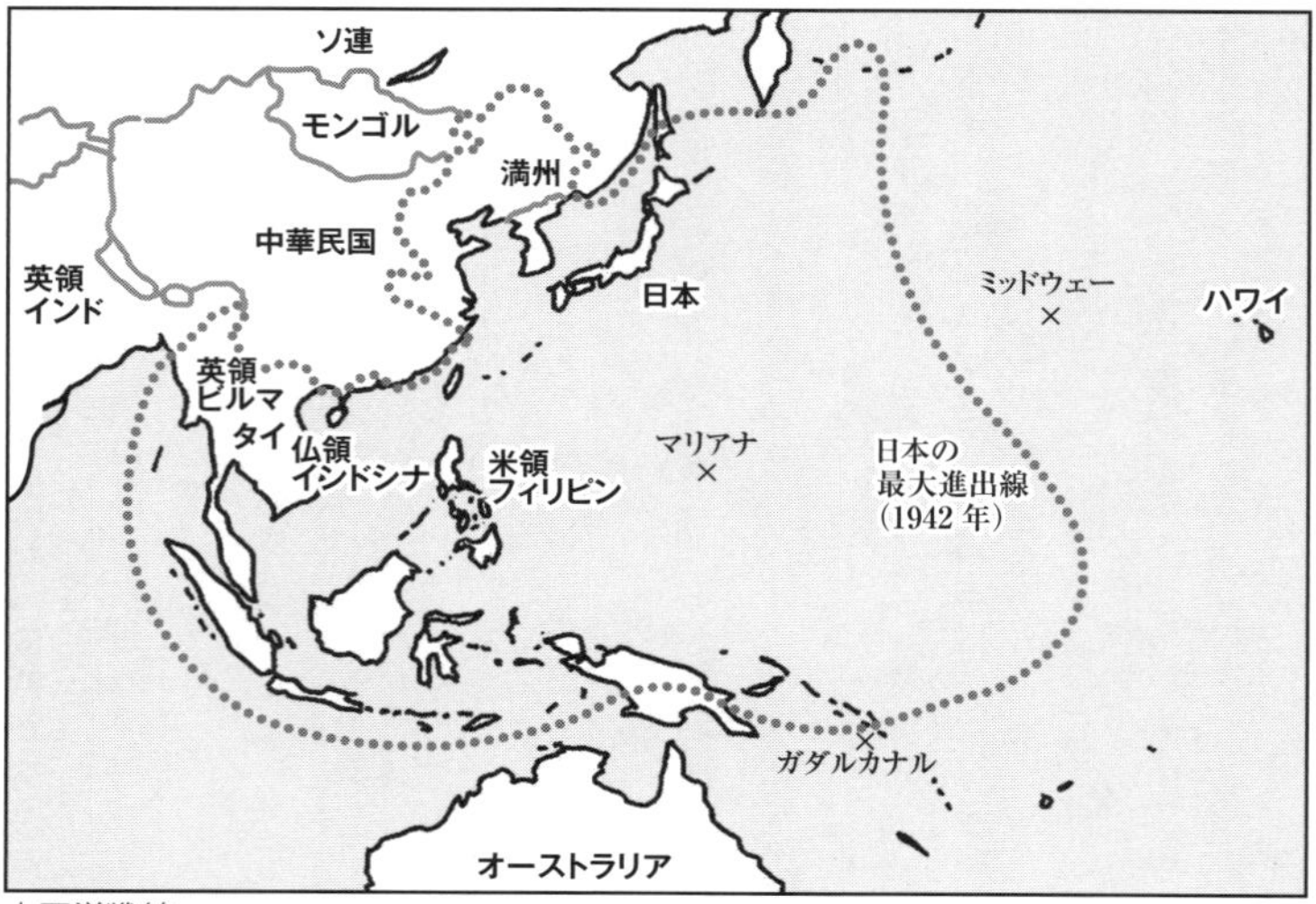

太平洋戦線

配し、他民族はこれに従うべきだという人種主義でした。革命によって敗れた前大戦のトラウマから、ナチスは自国民の生活水準を落とさないよう心がけました。そのために占領下の諸国から物資を略奪し、労働力を動員しました。とくに、奴隷化すべきスラヴ民族の国、共産主義の総本山とみなしたソ連に対しては、容赦のない破壊と略奪を加えました。

もっとも過酷だったのが、東欧に多く住むユダヤ人の扱いです。ナチスは彼らを都市の一角に隔離し、1942年からは「最終的解決」としてアウシュヴィッツなどの強制収容所に集めました。彼らは極限の生活条件のもと重労働を強いられ、また銃や毒ガスなどによって死に追いやられました。ホロコーストとよばれるこの絶滅政策により、600万ものユダヤ人が命を落としたといわれます。一つのイデオロギーが、一民族を消滅させるための大量殺人を正当化するにいたったのです。

日本は、欧米列強の支配下にあるアジア諸国を解放し、アジア人によるアジアを築くとして「大東亜共栄圏」をかかげました。しかし、新たなアジアのリーダーが日本であることは自明とされ、占領地には神社や日本語教育などが持ち込まれました。また、日本の本来の目的は資源でしたから、軍政のもとで物資や労働力の徴発が行われました。

占領下の人々は、このような枢軸国の支配に対して立ち上がりました。ドイツ占領下の各地で、妨害・破壊活動などの抵抗運動（レジスタンス）がおこり、ユーゴスラヴィアでは大規模なゲリラ（パルチザン）が組織されました。日本占領下のベトナムやフィリピンでも、ゲリラ戦が展開されました。

一方、アメリカ参戦前の1941年8月、ローズヴェルトとチャーチルは大西洋上の戦艦で会談し、自由な戦後世界を築くとする大西洋憲章を発表しています。自民族の優位を唱える枢軸国に対し、米英は民主主義、ソ連は共産主義という、より普遍的なイデオロギーをかかげることによって、多くの国々や人々を連帯させることができました。

もっとも連合国も、大戦後半には生産力を破壊するためとして都市爆撃を繰り返し、ソ連軍は各地で略奪や暴行を働きました。その犠牲者の大部分が、戦闘に関わりのない一般の市民でした。

大戦の終結

1942年、大戦は転換点を迎えます。アメリカの巨大な生産力が発揮されてくるにつれ、枢軸側の優勢が崩れていったのです。

日本はアメリカに大打撃を与えて早期講和に持ち込もうとしたものの、逆にミッドウェー海戦で大敗、後退を重ねます。ソ連の南部で攻勢に出たドイツ軍はスターリングラードで包囲され、翌43年に壊滅しました。同年ムッソリーニは失脚し、イタリアが降伏しました。

1944年6月、ドイツ占領下の北フランス・ノルマンディー海岸に米英軍が上陸、マリアナ沖では日本の主力艦隊が壊滅し、戦争の行くすえは明らかになりました。

　1945年2月、米英ソの三巨頭がクリミア半島のヤルタで会談し、戦後秩序について話し合いました。ソ連のスターリンは東欧に強い影響力をおよぼそうとし、これを警戒するイギリスのチャーチルと激論になります。アメリカのローズヴェルトは、ソ連の協力は不可欠だとして妥協を重ねました。彼が2カ月後に死去したあと、後任のトルーマンは会談の内容を知り、衝撃を受けたといわれています。戦後の対立の火種は、ヤルタでまかれていたのです。

　このころドイツ国内には、西から米英軍、東からソ連軍が侵攻していました。首都ベルリンにソ連軍が突入すると、ヒトラーは自殺し、5月にドイツは降伏しました。

日本はなおも戦い続けていましたが、諸都市は爆撃にさらされ、民間人に多くの犠牲を出したすえに沖縄が陥落しました。8月、原子爆弾が広島・長崎に投下され、ソ連がヤルタの秘密協定にもとづき日ソ中立条約を破って宣戦すると、日本は降伏しました。数千万という未曾有の犠牲者を出した第二次世界大戦は、ここに終わりました。

スターリングラードの戦い

敗戦国の処理

ドイツは東部領土の多くを失ったうえ、米英仏ソの4カ国に分割管理されることとなりました。首都ベルリンも、同様に4カ国により分割されました。

日本では、マッカーサー率いる連合国軍の総司令部（GHQ）が内政全般に指令や監督を行いました。台湾や朝鮮半島は放棄させられ、沖縄はアメリカの施政下に置かれました。8月15日以後にソ連軍に占領された国後《くなしり》・択捉《えとろふ》など北方4島の扱いは、現在まで未解決の領土問題となっています。

第二次世界大戦の戦後処理では、「ファシズムに対する民主主義の戦い」をかかげていた戦勝国が敗戦国の責任者を裁いたことが、前大戦の処理と異なる点です。ドイツのニュルンベルク、日本の東京でそれぞれ国際軍事法廷が開かれ、「平和に対する罪」「人道に対する罪」に問われた戦時中の指導

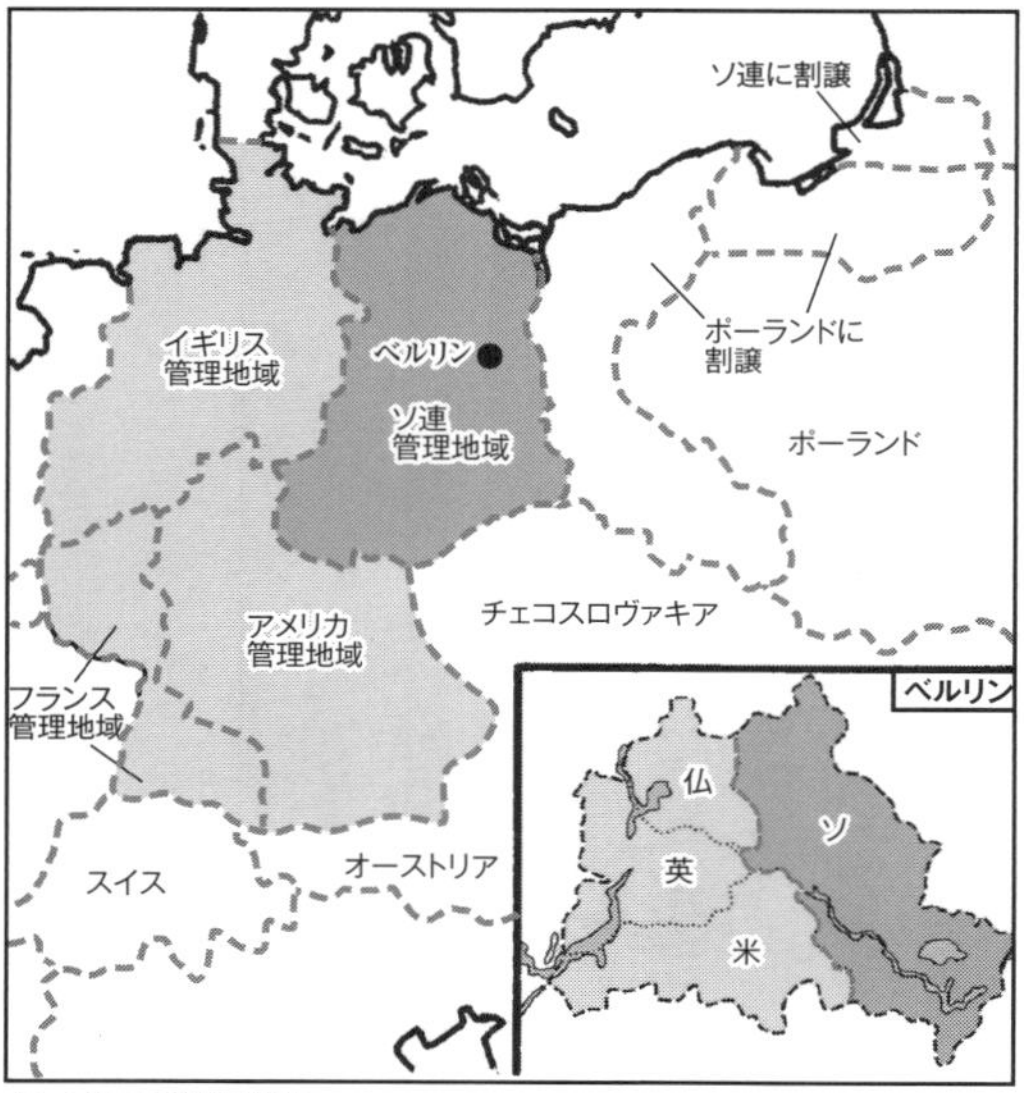

ドイツの分割管理

者が有罪とされ、処刑・投獄されました。

また、ファシズムや軍国主義の除去を目的とした改革も行われました。GHQの草案をもとに制定された日本国憲法はその一例で、国民主権や基本的人権の尊重とならび、戦争の放棄と戦力の不保持をうたう平和主義がかかげられました。

マッカーサー

国際連合

大戦の再発を防げなかった反省をもとに、新たな国際平和維持機構として設立されたのが国際連合です。その構想は大西洋憲章で示され、1945年に連合国が国際連合憲章を採択し、戦後の10月に発足しました。

国連の平和維持の中心となるのが、安全保障理事会です。この機関は、加盟国の兵力によって国連軍を組織し、侵略国に対する軍事制裁を行うといった強力な権限を持ちました。しかし11（現在15）の理事国のうち、常任理事国である米英仏ソ中の五大国の一つでも反対すれば決議はできないとされました。この拒否権とよばれる特権や、成立の経緯、そして「連合国」を意味する名称（United Nations）からもわかるように、国際連合は連合国主導の組織でした。

戦後世界では、五大国が「世界の警察官」となり、協力しながら平和を維持することが期待されていました。しかし、現実はそれとは異なる方向に進んでいくことになります。

アメリカの経済覇権

世界の工業生産の6割を占めるアメリカが、戦後の国際経済を主導することは自明のことでした。世界恐慌下での保護主義が大戦の一因となったことから、アメリカは自由で開かれた国際経済秩序をめざします。このことは、アメリカが覇権国家となり、世界経済の繁栄が自国の利益を意味するようになったことを物語っています。

まずめざされたのが、為替《かわせ》相場の安定です。恐慌下で崩壊した国際金本位制を復活させるのは、現実的ではありませんでした。そこで、金との交換が保証された米ドルを基軸通貨とし、ドルに対する他国通貨の交換比率を一定に保つという固定相場制が採用されました。そのうえで、ドルが不足する国にはＩＭＦ（国際通貨基金）が融資を行うことになりました。

次に、各国がすみやかに大戦の被害から立ちなおることが重要です。１９４７年、アメリカの国務長官マーシャルはヨーロッパへの巨額の復興支援を発表し、占領下の日本にも借款《しゃっかん》を与えました。支援を得た諸国がドルを用いて購入したのは、アメリカの農作物や工業製品です。アメリカの経済覇権はこうして確立しました。

冷戦のはじまり

ソ連は大戦できわめて大きな犠牲を払ったものの、東欧諸国をナチスの手から「解放」したことで国際的な地位を高めました。ポーランド、ルーマニア、ハンガリーといった国々では共産党政権が樹立され、ソ連をモデルにした社会主義体制がつくられました。

下野していたチャーチルは１９４６年、欧州を東西に分ける「鉄のカーテン」がおろされていると演説し、警鐘を鳴らしました。米大統領トルーマンは、ソ連の動きは自由な世界を脅かすものであると判断し、１９４７年、ギリシアとトルコに対する軍事援助を発表しました。ソ連に対する「封じ込め政策」のはじまりです。同年のマーシャル・プランも、ヨーロッパの復興を早めることで共産主義の拡大を防ぐという意味がありました。

反発したソ連は、東欧諸国のマーシャル・プランへの参加を拒否させます。１９４８年、チェコスロヴァキアで政変がおこり共産党政権が成立すると、アメリカと西欧諸国の警戒はいよいよ高まりました。

戦後まもない世界は、自由主義をかかげ資本主義経済をとるアメリカおよび西欧の「西側陣営」と、社会主義のもと計画経済を推進するソ連および東欧の「東側陣営」が激しく対立する構図となりました。これは、「冷たい戦争（冷戦）」とよばれます。

トルーマン

果てしなきイデオロギー対立

冷戦の最前線は、4カ国が分割管理していたドイツです。統一政府を樹立する見通しが立たなくなると、米英仏の西側諸国は1948年、ドルとの交換が保証されたドイツマルクを米英仏管理地域に導入し、経済再建を急ぐことにしました。スターリンは激怒し、報復として、ソ連管理地域の中に取り残されているベルリンの米英仏管理地域（西ベルリン）へのいっさいの交通を遮断しました。3カ国をベルリンから締め出そうとしたのです。

これに対しアメリカは踏みとどまることを決意し、西ベルリンに対し飛行機による物資の輸送をはじめました。アメリカの圧倒的な物量は、空輸のみで200万市民の生活を支えることを可能にしました。しかし、もしもソ連が空輸を妨害すれば衝突にいたるおそれもありました。

翌49年5月にベルリン封鎖は解除され、最悪の事態は避けられましたが、いまやドイツの分裂は不可避でした。西側管理地域はドイツ連邦共和国（西ドイツ）、ソ連管理地域はドイツ民主共和国（東ドイツ）として独立し、ドイツは分断されました。

ヨーロッパは、自由主義と社会主義という、異なるイデオロギーにもとづく二つの世界に引き裂かれました。その他の地域でも、米ソはみずからの陣営を拡大しようと激しく競争します。イデオロギー対立の時代は、大戦終結以後40年以上にわたり続くことになるのです。

本章のまとめ

◉産業革命以後、平等社会をめざす社会主義思想がおこり、労働者の政治参加が進んだ。ロシアでは皇帝専制が倒れ、初の社会主義国家ソ連が誕生した。

◉第一次世界大戦後の民主政治と資本主義は、世界恐慌で危機を迎えた。アメリカは修正資本主義を模索し、ドイツではナチスが大衆を動員して独裁体制を築いた。

◉恐慌にともなう国際対立からおこった第二次世界大戦では、自民族の優位を唱える日独の支配が抵抗を招き、反ファシズムをかかげる連合国が勝利をおさめた。

◉戦後、国際連合による平和維持がめざされたが、自由主義をかかげ世界経済を主導するアメリカと、社会主義圏の拡大をめざすソ連が対立し冷戦が激化した。

第11章　イデオロギーの世紀
おもな動き

◉自由主義と社会主義

1776　アダム・スミス、自由主義経済学を確立
1848　マルクスとエンゲルス、『共産党宣言』を発表
1905　ロシアで血の日曜日事件がおこる

◉第一次世界大戦とロシア革命

1914　第一次世界大戦はじまる
1917　ロシア革命により社会主義政権が成立
1918　ドイツ革命がおこり大戦終結

◉大衆社会とファシズムの出現

1920　アメリカで女性参政権が実現
1922　ファシスト党がイタリアの政権を奪取
1928　スターリン、ソ連で計画経済を導入

◉世界恐慌と国際対立

1929　アメリカで株価が暴落、世界恐慌へ
1931　満州事変がおこる
1933　ヒトラー、首相となる
1937　日中戦争はじまる

◉第二次世界大戦

1939　第二次世界大戦はじまる
1941　独ソ戦、太平洋戦争がはじまる
1945　ドイツと日本が降伏
　　　国際連合発足

◉東西冷戦の開始

1947　アメリカ、ソ連に対する封じ込め政策開始
1949　ドイツ、東西に分断

第12章

国家建設の苦闘

立ち上がるアジア・アフリカ

第一次世界大戦直後の1919年、インドは沸騰していました。イギリス支配に対するかつてない規模の抗議運動が全土で巻きおこっていたのです。役所ではインド人の公務員が辞表をたたきつけ、イギリス式の学校では子供たちの姿が消えました。群衆が街頭を埋め、イギリス製品のボイコットを叫びました。イギリス人警官はデモの鎮圧に乗り出しますが、インドの人々はひるまず、なぐりかかられてもみずから手を出すことなく耐え続けました。

理不尽な支配には従わないが、こちらから暴力は用いないというこの運動をおこしたのが、ガンディーです。彼はヒンドゥー教の理念にもとづき、悪である暴力に対し善である非暴力をもって立ち向かうという信念を持っていました。

ガンディーは南アフリカでインド人労働者の人権擁護に尽し、「マハトマ（偉大な魂）」とよばれました。彼が帰国した1915年は第一次世界大戦の最中であり、イギリスが約束した戦後の自治を期待して、インドは大兵力をヨーロッパに送りました。しかしイギリスは約束を守らず、逆に民族運動への弾圧を強化しました。これに対するインド人の怒りが、非暴力・不服従闘争となって噴

ガンディー

き出したのです。

イギリスを筆頭とするヨーロッパ列強は、20世紀のはじめにはアジア・アフリカの多くを植民地として支配していました。植民地化をまぬがれた国も、政治・経済両面で列強の強い影響を受け、主権国家として自立することが難しい状況にありました。

しかしアジア・アフリカの人々のなかにも、欧米に留学したり、植民地のなかで官僚や法律家、軍人となったりすることで、近代国家を運営するノウハウを身につける者が出てきました。機械を導入したり現地の人脈やネットワークを利用しながら富を蓄える民族資本家もあらわれました。こうした人々は「われわれの国家」をつくることをめざし、出版や集会を通じてよびかけ、また支配者に対して果敢にたち向かっていたのです。

第一次世界大戦で列強の力が弱まると、チャンスがめぐってきました。パリ講和会議では、各民族がみずからの政府を持つ権利を有するとする、ウィルソン米大統領の民族自決原則がかかげられました。この原則はアジア・アフリカには適用されませんでしたが、人々の心に火をつけ、めざすべき目標となったのです。

大きな潮流となった国民国家の建設は、第二次世界大戦後に実現していきます。しかしそこにいたるまでには、長く苦しい闘いを経なければなりませんでした。また困難のすえにできた国家が、志なかばに倒れた人々が夢見た姿となったわけでもありません。この章では、アジア・アフリカの人々の国家建設のための苦闘を見ていきたいと思います。

ケマルとトルコ共和国

第一次世界大戦は、イスラーム世界の雄、オスマン帝国の命運を決しました。敗戦国となった帝国は解体させられ、その領土はアナトリアの内陸部を残すのみとなりました。

これをトルコ民族存亡の危機と見て立ち上がったのが、大戦で活躍したケマル・パシャです。彼は無力な皇帝政府に反旗をひるがえして臨時政府を立て、領土拡大をねらって侵攻してきたギリシア軍を海へ追い落とします。1922年にケマルは皇帝を追放し、600年あまり続いたオスマン帝国は滅亡しました。

さらにケマルは、1923年に連合国とのあいだで講和条約を結び直し、アナトリア全域を確保することに成功しました。同年、ケマルを初代大統領とするトルコ共和国が成立しました。

ケマルは、近代化のためにはイスラーム教を政治や社会から切り離す必要があると考えました。西欧をモデルとする憲法を導入、女性のヴェール着用を禁止し、トルコ語を表記する文字もアラビア文字からラテン文字に変えました。政教分離のもとで西欧にならった国民国家を建設しようとする手法は、のちに

ケマル

多くの中東諸国に採用されました。

一方でケマルは「トルコの父」として絶大な権威を持ち、一党独裁体制を築きました。トルコ人の国民国家であることが強調されるなかで、東部に住むクルド人の独自性は否定されました。このような権威主義的・民族主義的な性格も、多くのアジア・アフリカ諸国に影響を与えるところとなります。

アラブ人国家とシオニズム

中東ともよばれる西アジア・北アフリカには、アラビア語を話す人々が数多く住んでいます。第一次世界大戦を機に、彼らのあいだに「アラブ人」としての意識が生まれ、国家建設の動きがおこりました。

大戦前、西アジアのアラブ人の多くはオスマン帝国の支配下にありました。大戦中、イギリスは彼らを味方に引き入れようとし、アラブ人国家の建設を約束しました。これを受けてアラブ人はオスマン帝国に対する反乱に立ち上がり、連合国の勝利に貢献しました。

ところが、英仏露のあいだではオスマン帝国の領土を分割する密約が結ばれていました。戦後はこれに沿って、イギリスはイラクなど、フランスがシリアなどを国際連盟の委任統治というかたちで支配しました。これに対して両地域ではデモや暴動がおこり、イラクは193

２年、シリアは１９４６年に独立しました。

この地域の事態を複雑にしたのが、シオニズム運動です。これは、差別にさらされたヨーロッパのユダヤ人のあいだでおこった「われわれの国家」をつくろうとする運動ですが、国家を建てるべき地としてパレスチナが選ばれたのです。この地は古代ヘブライ人の王国があった場所ですが、20世紀には住民のほとんどがアラブ人でした。

シオニズム運動は、第一次世界大戦中に現実味を帯びます。イギリスの外務大臣が、金融界に力を持つユダヤ人の協力を得るため、シオニズムへの賛同を表明したのです。戦後、パレスチナがイギリスの委任統治領となると、多くのユダヤ人がこの地に入植し、現地のアラブ人との摩擦も生じるようになります。

一方、北アフリカのアラブ人は英仏などの植民地支配のもとにありました。イギリスの保護国となっていたエジプトでは大戦後に独立運動がおこり、１９２２年に王国として形式的な独立が認められ、36年に主権をほぼ回復しました。しかし、海上交通の要であるスエズ運河の両岸にはイギリス軍が駐留を続けました。

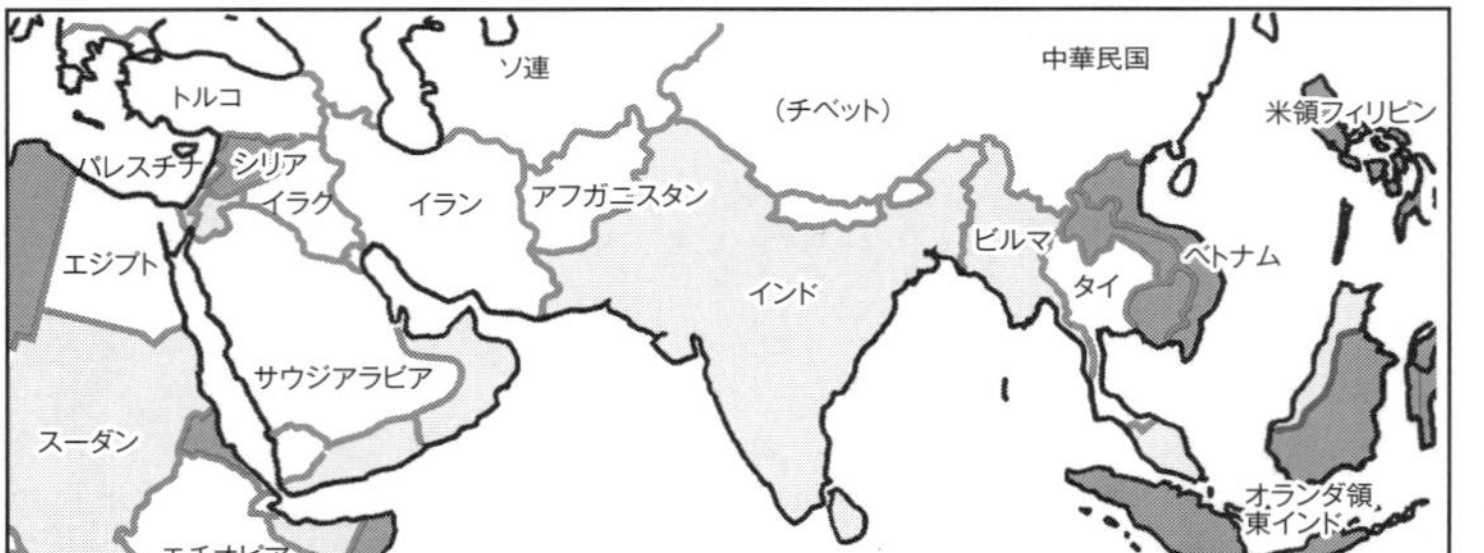

1930年代のアジア　　イギリス領　その他の植民地

パレスチナとスエズという二つの問題は、後々まで中東の地に影を落とすことになります。

中国のナショナリズム

東アジアに君臨していた清《しん》は1912年に崩壊し、中華民国がこれにかわりました。清朝を裏切った袁世凱《えんせいがい》が大総統の地位につき、北京《ペキン》に政府を開きますが、国会を停止して独裁を行います。

1914年、第一次世界大戦がおこります。連合国側で参戦した日本は山東省《さんとう》にあるドイツの拠点をおとすと、この地の権益を受け継ぐことを柱とする21カ条の要求を中国政府に突きつけ、ほとんどを受け入れさせました。その後袁世凱が死ぬと、その部下が地方を支配する軍閥となり、北京政府の座をめぐって争うという混乱が続きました。

独裁や混乱、外圧のなかで、知識人たちは古来の儒教思想を批判し、西洋の「科学と民主」を取り入れて新たな文化をおこそうとしていました。この動きが、大戦後の運動に影響を与えることになります。

1919年、連合国側に立っていた中国の代表団はパリ講和会議に臨み、山東の旧ドイツ権益の返還を求めますが、権益は日本が獲得しました。この知らせを聞いた北京の大学生は講和反対を訴えるデモを行い、一般民衆が参加する全国的な運動へと発展しました。けっきょく、代表団はヴェルサイユ条約への調印を拒否しました。

五・四運動とよばれるこの出来事は、中国の転換点となりました。北京政府に対抗していた孫文は、新中国建設には民衆の力が必要だと実感し、中国国民党を立ち上げました。またこの運動から、「日本に対抗する」という中国のナショナリズムの核が姿をあらわしてきたのです。

コミンテルンと国民革命の行方

パリ講和会議と並んで世界に影響を与えたのが、ロシア革命です。世界革命を推進する組織として成立したコミンテルンは、アジア・アフリカの民族運動を支援します。本国の労働者と植民地の人々は資本家に抑圧されているという点で同じ境遇にあり、連帯できるとしたのです。

民族資本家が未熟だった東南アジアでは、国際共産主義と連携する活動家があらわれ、オランダ領東インドを皮切りに、コミンテルンの支部として各地に共産党がつくられました。ベトナムのホー・チ・ミンはヨーロッパにわたってコミンテルンの活動家となり、のちインドシナ共産党をつくっています。

ホー・チ・ミン

中国では、外国企業が進出し多くの労働者がいた上海《シャンハイ》で、1921年中国共産党が設立されました。国民党の孫文はコミンテルンの働きかけを受けて共産党と提携し、ソ連の支援のもと中国南部で国民革命軍を育成します。その中心となったのが、日本に留学して軍事を学んだ蔣介石《しょうかいせき》です。

1925年に孫文は死去しますが、全国で反軍閥の気運は盛り上がっていました。翌年、蔣介石率いる国民革命軍は軍閥打倒の「北伐《ほくばつ》」をはじめました。しかし、蔣介石はその途上、上海で共産党の勢力拡大を目のあたりにすると、独断でこれを弾圧しました。南京《ナンキン》に政府を立てた蔣介石は、翌年には北京政府を倒して中国を統一しましたが、彼がめざしたのは国民党の独裁でした。

蔣介石

弾圧を受けた共産党は中国南部の農村に逃がれ、毛沢東《もうたくとう》を主席とするソヴィエト政府を立てました。共産党はゲリラ戦を展開しながら農民に土地を分配するなど、農民を主体とする社会主義革命をめざすことになります。

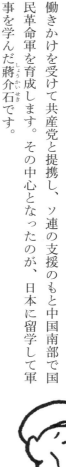

世界恐慌と日中戦争

1930年代、恐慌が世界を覆いました。欧米の工業国が大きな打撃を受けたことはすでに述べましたが、植民地や途上国の状況はより深刻でした。不況による需要の激減と保護主義による貿易の縮小によって、農作物や鉱産資源の価格が暴落したのです。たとえば、綿花や茶といったインドの輸出品は恐慌前の半値となりました。この時期に民族運動が高揚したのは当然のことでした。

不況にともなう国際対立とファシズムの台頭も、アジア・アフリカに大きな影響を与えました。とくに、日本の対外膨張は東アジアを揺るがしました。

満州事変を経て1932年に建国された満州国は、清朝最後の皇帝を立てることで「民族自決」を装っていたものの、実態は日本の傀儡《かいらい》国家でした。その後、日本は華北《かほく》にも勢力を伸ばします。

蔣介石は現状では日本に対抗できないと考え、まず共産党を倒して国内を安定させようとしましたが、世界的な反ファシズムの動きを受けて方針を転換します。1937年、北京郊外で日中両軍が衝突する盧溝橋《ろこうきょう》事件がおこると、蔣介石は日本と対決する決意を固めました。中国軍が上海に駐屯する日本軍に対し攻勢に出ると、日本も大軍を派遣し、全面戦争となりました。

中国軍は大敗し首都南京をおとされますが、蔣介石は奥地の重慶《じゅうけい》に移って抵抗を続けます。共産党は抗日のため国民政府と和解し、ゲリラ戦を繰り広げました。国際世論も中国に味方し、アメリカやイギリス、ソ連が支援を行いました。

激しい抵抗に直面し国際的に孤立した日本は、ドイツやイタリアに接近して南進という賭けに出ます。それがアメリカとの対立を深め、真珠湾攻撃へといたったのです。

太平洋戦争と東南アジアの独立

日本は「大東亜共栄圏」をかかげ、東南アジアの全域を占領します。この地の人々は、それまで君臨していた欧米人が敗走するのを目のあたりにしました。現地では、日本と結んだ勢力も日本に抗して戦った勢力もありましたが、いずれにせよ、みずからの意志と力で立ち上がる経験を持つことになったのです。

1945年8月、日本は降伏しました。同時に、日本占領下の国々は独立へ向け動き出しました。そして、植民地をふたたび支配しようと戻ってきた宗主国に対する激しい戦いが繰り広げられました。

インドネシアでは、スカルノ率いる独立軍が、現地に残った日本の兵士や武器を用いながらオランダ軍に立ち向かいます。4年におよぶ戦いのすえ、インドネシアは独立しました。

抗日ゲリラ戦を展開していたホー・チ・ミンは、終戦と同時にベトナム民主共和国の独立を宣言し、これを認めないフランスとの戦いに突入します。フランスは南部に親仏政権を立て、大量の兵力を投入しますが、ベトナム軍はねばり強く抵抗します。

1954年、ベトナム軍はフランス軍のディエンビエンフー要塞を攻撃しました。2カ月の包囲戦のすえに要塞は陥落、勝利の見通しを失ったフランスはついに停戦交渉のテーブルにつきました。ヨーロッパ人のアジア支配の終わりを示す象徴的な出来事でした。

インドの分離独立

大戦で疲弊したイギリスは、民族主義が高揚するアジアの植民地を手放していきます。インドも例外ではありませんでしたが、この地は宗教対立により、大戦直後から大混乱に陥っていました。

インドではヒンドゥー教徒が多数を占め、ムスリムは少数派でした。両者はおおむね共存しながら歴史を経てきたのですが、イギリスは両教徒の反目をあおることで団結を妨げるという、巧妙な分割統治を行いました。そのなかでガンディーはどうにか両教徒をまとめ、非暴力闘争を展開してきたのです。

インド人の運動に押されてイギリスも譲歩し、1935年、各州の地方自治を認めました。皮肉なことに、このことが両教徒の亀裂を深めました。選挙の結果、多くの州でヒンドゥー教徒が主導権を握ったことにムスリムが危機感を持ち、分離独立をめざすようになったのです。

大戦後、両教徒は各地で衝突し、混乱が広がりました。けっきょく、英領インドは1947年、ヒンドゥー教徒が中心のインドと、ムスリム国家のパキスタンとに分かれて独立しました。しかし突如として国境線が引かれたことで、インドのムスリムはパキスタンへ、パキスタンのヒンドゥー教徒はインドへと移動しようとし、巨大な難民の流れが生じました。

こうした事態に心を痛めていたのが、ガンディーでした。彼は各地をめぐり、宗教融和を説きました。ガンディーが暴力に抗議して断食を行うと、衝突はやんだといわれます。しかし1948年、彼は狂信的なヒンドゥー教徒の青年によって暗殺されました。

インドとパキスタンは、北部のカシミール地方をめぐって数度にわたり衝突するなど、対立を続けて現在にいたります。

パレスチナ問題のはじまり

パレスチナも、イギリス統治が負の遺産を残した典型的な地域でした。先述のように、この地にはヨーロッパからユダヤ人移民が流入していました。1930年代、ナチスドイツがユダヤ人迫害をはじめるとこの流れは加速され、先住のアラブ人との対立も激化します。イギリスは移民を制限しますが、これはユダヤ人の怒りを買いました。パレスチナは、三つどもえの抗争に陥りました。

大戦後、イギリスは委任統治を放棄し、事態の収拾を国連にゆだねました。1947年、国連はパレスチナをユダヤ人地域とアラブ人地域に分割する案を提示しました。ユダヤ人はこれを歓迎しますが、アラブ側は拒否します。人口が多いにもかかわらず、アラブ側が半分の土地しか得られないという案だったからです。

1948年、委任統治の期限が切れると同時に、ユダヤ人はイスラエルの独立を一方的に宣言しました。これに対しエジプト、シリアなど周辺のアラブ諸国が激怒し、イスラエルに侵攻しました。これが第一次中東戦争です。

この戦争では、士気が高いイスラエルが足並みのそろわないアラブ諸国を破り、当初の分割案より多くの土地を得ました。これにより数十万におよぶパレスチナのアラブ系住民（パレスチナ人）が故郷を追われ、難民として周辺に流出しました。

アラブ諸国はパレスチナ人を救うという「アラブの大義」をかかげ、イスラエルを敵視し続けます。現在にいたるパレスチナ問題のはじまりです。

分断されるアジア

第二次世界大戦後の自由主義と社会主義のあいだの東西冷戦は、国家形成に努めるアジア・アフリカにも影を落としました。

中国は戦勝国として領土を回復し、国際的地位を向上させましたが、まもなく蔣介石率いる国民党政権と毛沢東の共産党の対立が再燃します。両者が衝突し内戦がはじまると、農民の支持を集めた共産党が、腐敗が著しい国民党を圧倒しました。

１９４９年、毛沢東は北京で中華人民共和国の建国を宣言しました。国民党は海をわたって台湾に逃れ、この地で中華民国政府を維持します。中華人民共和国がソ連と同盟条約を結んだのに対し、台湾の中華民国はアメリカの支援を受け、国連の代表権を持ち続けます。「二つの政府」が「一つの中国」の正統政府の座を主張しあうという構図が、ここにできあがりました。

日本の統治下にあった朝鮮半島は終戦後、北緯38度線を境に、南がアメリカ、北がソ連により管理されました。しかし冷戦がはじまると、統一政府を立ち上げることが不可能となります。１９４８年、南に大韓民

1950年代の東アジア

国（韓国）、北に朝鮮民主主義人民共和国（北朝鮮）が成立し、朝鮮半島は分断されました。

ソ連の援助で軍備を強化した北朝鮮は、1950年、武力統一をめざして韓国を攻撃し、朝鮮戦争がはじまりました。国連の安全保障理事会では、中国の代表権問題でソ連が欠席するなか、アメリカ主導のもと韓国支援が決議されました。これにより、米軍を主力としてマッカーサーが率いるという変則的なかたちの国連軍が派遣されることになりました。

反撃に転じた韓国軍と国連軍は、北進して統一の勢いを示します。すると、中華人民共和国が北朝鮮を支援するため、「義勇軍」を送り込んで介入しました。3年もの激しい戦いのすえ、両軍は38度線付近を境に休戦し、朝鮮半島の分断が固定化されました。

フランスからの独立を勝ちとりつつあったベトナムにも、米ソ対立の影響がおよびました。和平会談では、フランス軍は撤退して2年後に統一選挙を行うことが決まりました。しかし、北部を支配する共産主義者のホー・チ・ミンを警戒してアメリカが介入、南部にベトナム共和国を建て、統一を拒否します。

冷戦は、アジアにおいては「熱い戦争」となって大きな犠牲を生み、中国、朝鮮、ベトナムを分断するにいたったのです。

第三勢力の形成

社会主義陣営の拡大に対し、アメリカはアジアでも「封じ込め政策」を展開します。朝鮮戦争がおこると、アメリカは日本を早期に独立させて西側陣営の一員にしようとします。1951年、サンフランシスコ平和条約が結ばれ、翌年日本は主権を回復しました。1951年には日米安全保障条約も結ばれ、引き続き米軍が日本に駐留することになりました。54年には自衛隊が発足し、ソ連に備えた防衛力が整えられていきます。

アメリカは韓国、台湾、フィリピンと相互防衛条約を結び、太平洋、東南アジア、中東に協力機構を築きあげました。しかし新独立国にとって、冷戦構造に組み込まれることは戦争に巻き込まれる危険性を高めます。そこで、アジア・アフリカ諸国のあいだでは平和のために連帯を探る動きも出てきました。

1954年、インドのネルー首相と中国の周恩来《しゅうおんらい》首相が会談し、平和共存、主権尊重、平等互恵などをうたう平和五原則を打ち出しました。翌55年にはインドネシアのバンドンにアジアとアフリカ29カ国の代表が集まり、平和十原則を採択します。このアジア・アフリカ会議を機に、東西両陣営のいずれにも属さず積極的に平和をめざすとする第三勢力（第三世界）の動きが、国際社会の新たな潮流としてあらわれてきました。

植民地主義の落日

第三勢力の動きは、冷戦の展開にも影響を与えました。AA会議の直後、米ソ英仏の四巨頭がジュネーヴで会談を持ったことは、緊張緩和に向けた動きとして注目されました。これは同時に、引き続き欧米の大国が国際政治を主導するという意志を示したものといえます。しかしこのあと、斜陽のイギリスとフランスに大打撃を与える事件が北アフリカであいついでおこりました。

アラブ諸国の中心であるエジプトでは、１９５２年に将校団のクーデタがおこって王政が倒され、共和政が樹立されました。実権を握ったナセルは、ナイル川にアスワン・ハイダムを建設しようとしますが、彼の東側寄りの姿勢を嫌う米英は融資を拒否します。するとナセルは56年、スエズ運河の国有化を宣言し、実力で運河会社を接収してしまいました。

スエズ運河を世界戦略の要とするイギリスは、運河会社の大株主であるフランス、アラブ諸国と対立するイスラエルを

1960年代のアジア・アフリカ

誘い、エジプトを攻撃します。しかし、露骨な侵略は国際世論の非難を招き、孤立した3国は兵を引かざるを得ませんでした。

このスエズ戦争は、かつての覇権国家イギリスの威信を失墜させました。同時に、第三勢力のリーダーとしてナセルの声望は高まり、アラブ諸国の民族運動は最高潮に達しました。

しかしアラブ諸国のなかで、フランス領のアルジェリアは独立を達成できずにいました。古くからの植民地であるこの地には多くのフランス人が入植しており、アラブ人の独立運動は激しい弾圧にさらされていたのです。

しかし、フランスは人権侵害に対する国際的な非難と、独立の断固阻止を叫ぶフランス軍の反乱の板挟みとなり、1958年に政府が崩壊してしまいます。急きょ政権についたド・ゴールは和平交渉を進め、4年後にアルジェリアは独立を達成しました。

ナセル

「国民国家」の理想と現実

エジプトとアルジェリアでの出来事は、植民地主義がもはや過去のものとなったことを世界に示しました。1957年のイギリスからのガーナ独立を皮切りに、サハラ以南のアフリカ諸国も続々と独立していきます。

１９６０年代、植民地は世界からほぼ姿を消しました。新たに生まれた国々は、欧米起源の国民国家理念を拠り所としました。ここに、地球全体が国民国家によって覆われるという時代が訪れたのでした。新独立国は続々と国連に加盟し、国際政治におけるアジア・アフリカ諸国の存在感は高まりました。

しかしこれらの国々の多くは、国民国家としての根幹に課題を抱えていました。まっすぐな国境線からもわかるように、アジアやアフリカには植民地時代に線引きされた領域を国土とする国が多くあります。こうした国境線は現地の事情を考慮することなく引かれていますから、一国の中にいくつもの民族が混在したり、一つの民族が分断されたりといった状態が生じます。すなわち、「一体性を持つ国民によって国家を形成する」という理念が成り立たず、国家ができてから国民を「つくりあげる」ことになったのです。

「国民」としての一体性に欠けた国では、どの民族集団が国家を主導するかが問題となります。政権を握る集団は、利権を独占したりみずからの文化を押しつけたりできるからです。このことは、多くの国で独裁や内戦、人権抑圧などの問題を引きおこすことになりました。

そのなかでも特異な例として、南アフリカ共和国があります。この国は、17世紀にオランダが築いた植民地を起源としています。この地は19世紀からイギリスの支配下に入りますが、オランダ人移民の子孫であるボーア人は白人の中核として政局を主導します。彼らが圧倒的多数の黒人を支配するために実施したのが、人種隔離政策（アパルトヘイト）です。

この体制では、全人口の1割強にすぎない白人が国土の大部分を占有し、黒人は条件の悪い土地に押し込められました。黒人は出歩く際にはパスポートが必要で、学校、食堂、公園、乗り物、トイレなどあらゆるものが人種別に分けられていました。黒人に参政権はなく、異なる人種間の結婚は厳禁でした。

南アフリカは1961年に共和国となりますが、この差別的な体制は国際社会から厳しく非難されます。また、激しい弾圧にも負けず、ネルソン・マンデラらによる黒人の抵抗運動が続けられました。この闘いが実を結び、アパルトヘイトが廃止されたのは、1991年のことです。

チベットとウイグル

国民国家の理想と現実のギャップに由来する問題は、アジアでもいたるところで見られ、国内の混乱や隣国とのあつれきの原因となりました。

たとえば、世界最大の人口を持つ中華人民共和国は、みずからを単一の「中華民族」からなる国民国家であると称しています。しかし実態は、漢民族が人口の9割以上を占めながらも、その他の数多くの民族が混在する多民族国家にほかなりません。

かつての清朝の君主は、中華皇帝、モンゴル人のハン、チベット仏教の保護者といったさまざまな顔を使い分け、諸民族を束ねてきました。ですから清朝が消滅すると、諸民族の側は新たに成立した中華民国政府に従う理由はないと考えます。実際、外モンゴルはソ連の支援を受け、モンゴル人民共和国として独立しています。

１９４９年に成立した中華人民共和国は、すぐに清朝の版図の回復に乗り出します。西の新疆《しんきょう》にあったトルコ系ウイグル人の政府は、すぐに倒されました。チベット仏教の最高者ダライ・ラマが実権を握っていたチベットにも、中国軍が侵攻します。１９５９年にチベット人と中国軍の衝突がおこると、ダライ・ラマ14世はインドに亡命しました。

チベットが中国政府の支配下に置かれると、隣国インドとのあいだで、かつてイギリスが引いた国境線が問題となりました。１９６２年には中国軍がインド側に侵攻、一部を支配下に置きました。平和五原則を提唱した両国の衝突は、第三勢力の理念に影を落としました。ダライ・ラマ14世はいまも世界各地をめぐり、チベットの自治を求め続けています。新疆では、同化政策を続ける中国政府と現地のウイグル人との衝突が続いています。

難民の時代

国家建設にまつわる抑圧、内紛、戦争にともない、住んでいた土地を追われる人々の群れが各地で生じました。20世紀の歴史は、国民国家が世界に広がるとともに、おびただしい難民を生んだ歴史でもあります。

パレスチナ問題はその代表といえます。イスラエルは、ユダヤ人の移民や難民によってつくられた国家です。そしてそれに押し出されるかたちで、パレスチナを追われるアラブ人の難民が新たに生じたのです。

アラブ諸国は打倒イスラエルをかかげますが、世界中のユダヤ人から支援を受けるイスラエルの軍事力は強大でした。ユダヤ系住民が政財界に影響力を持つアメリカも、イスラエルに援助を与え、国際政治の場で擁護し続けます。

しかしスエズ戦争後、エジプトのナセルが率いるアラブ諸国はにわかに勢いづきます。危機感を抱いたイスラエルは1967年、アラブ側に奇襲攻撃を行い、わずか6日で圧勝をおさめました。この第三次中東戦争に敗れたナセルは失意のまま3年後に死去し、アラブ民族運動の勢いは失われていきました。

この戦争は、中東問題をさらに複

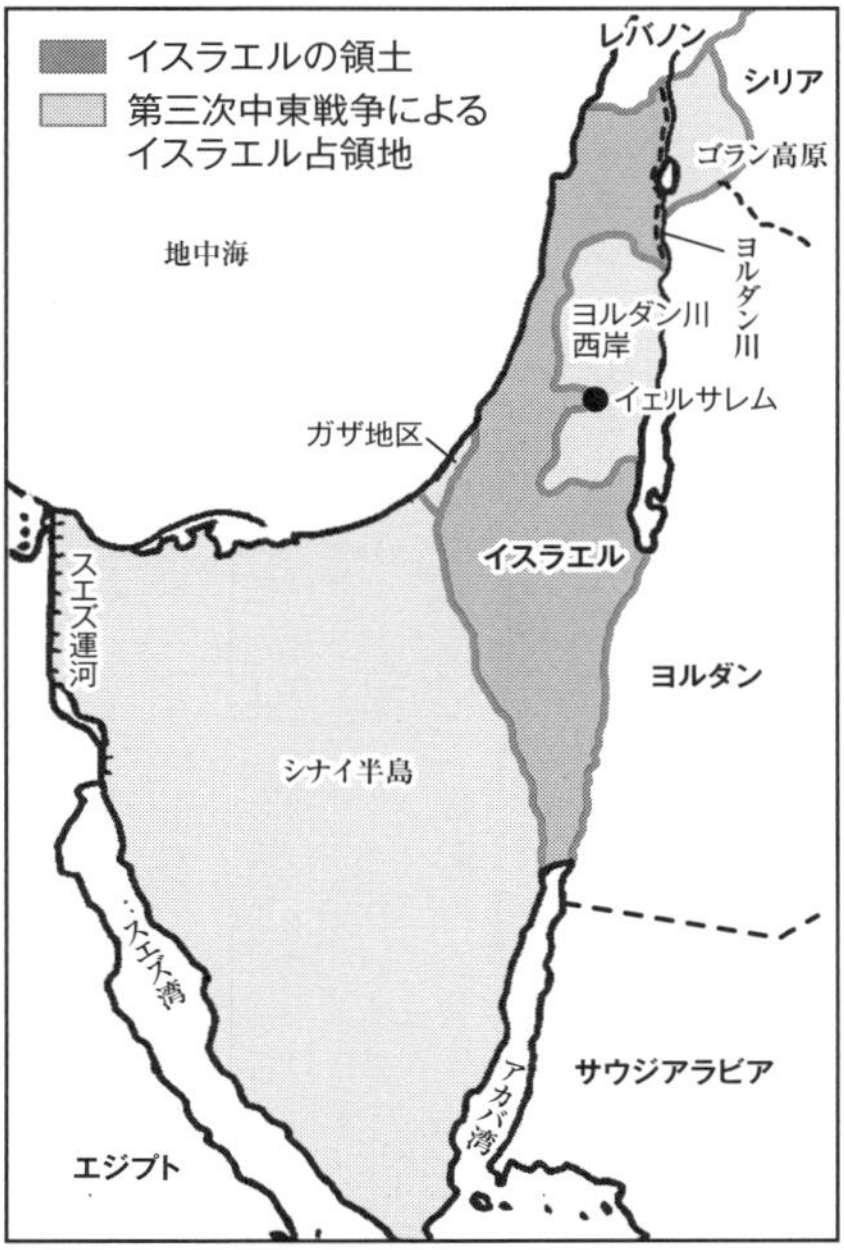

第三次中東戦争とイスラエル

雑にしました。イスラエルはシナイ半島をはじめとする広大な地域を占領下に置きましたが、これらはすべてアラブ人の居住地であり、パレスチナ難民が逃れていた地域でもあったのです。

こうした状況のなか、パレスチナ難民の組織であるパレスチナ解放機構（ＰＬＯ）は強硬派のアラファトを議長とし、武装闘争を展開しました。そのなかの過激分子はパレスチナ問題に注目を集めるため、世界中でテロやハイジャックを繰り返しました。１９７２年のミュンヘンオリンピックではゲリラが選手村を襲撃し、人質となったイスラエルの選手ら11名が犠牲になるという悲劇もおきました。

アジアの開発独裁

アジア・アフリカ諸国の多くは植民地時代、サトウキビ、コーヒー、カカオといった商品作物の生産地として位置づけられていました。しかし、これらの商品は国際市場での競争が激しく、利幅が小さいうえに市況に左右されやすいという性格を持っています。独立後も経済構造を変えるのは容易ではなく、欧米の工業製品を買うために一次産品を輸出するという従属的な経済構造が続くことになりました。

こうした経済的に自立できない国々に対し、アメリカや西欧などの西側陣営、ソ連などの東側陣営はそれぞれ支援を行い、みずからの勢力を拡大しようとします。第三勢力の理念は、しだいに色あせていきました。

冷戦構造が政治に持ち込まれると、国内に亀裂が生じます。インドネシアでは、スカルノ大統領を支える勢力のうち、インドネシア共産党と反共勢力が強い軍部のあいだで対立が深まりました。

1965年、共産党派の軍人がクーデタをおこし、軍の首脳部を殺害しました。これに対してスハルト将軍が反撃し、すぐさま反乱を鎮圧しました。この事件を機にスカルノは失脚、実権を握ったスハルトは共産党に徹底した弾圧を加え、解体に追い込みました。この過程で、50万人もの犠牲者が出たといわれています。

スハルトは共産勢力を強権でおさえこみ、西側の欧米や日本の資本を引き入れて経済を成長させようとしました。これを開発独裁とよび、韓国、台湾、フィリピン、シンガポールなどが同様の手法をとりました。

スカルノ

ベトナムの悲劇

南北に分断されたベトナムは、まさに冷戦の最前線でした。そして、第二次世界大戦後で最大の戦争が展開される悲劇の舞台となりました。

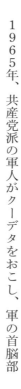

アメリカが介入して建てた南のベトナム共和国には国民の支持はなく、力で反対勢力をおさえこんでいる状態でした。これに対し、１９６０年に南ベトナム解放民族戦線が結成され、政府に対してゲリラ戦を繰り広げます。解放戦線には、北のベトナム民主共和国から物資や実戦部隊が送り込まれていました。

南ベトナムの動揺に、アメリカは危機感を募らせます。一国が共産化すると周囲にもドミノ倒しのように波及するという考えから、アメリカはベトナム戦争への介入を決意しました。米軍の艦船が北ベトナムの攻撃を受けたことを口実に（のちにでっちあげと判明）、ジョンソン大統領は北ベトナムへの爆撃を命じました。南ベトナムにはアメリカの地上部隊が続々と派遣され、解放戦線のゲリラを掃討していきました。

しかし、戦争のようすがテレビなどを通じて世界に報じられると、アメリカが近代兵器を駆使して破壊と殺戮を行っているとして批判が高まりました。アメリカ国内でも、反戦運動や徴兵拒否の動きが広まりました。ソ連や中国から支援を受けた北ベトナムや解放戦線の戦意は高く、戦局は泥沼化します。

アメリカは多大な兵力と戦費を投入しても勝利の見通しが立たなくなり、１９７３年にベトナムから兵を引きました。支えを失った南ベトナムはたちまち崩壊し、75年、首都サイゴ

ベトナム戦争

ンが陥落して戦争は終わりました。翌年南北は統一され、ベトナム社会主義共和国が成立しました。

ベトナム戦争は、アメリカにとって建国以来初の敗戦となりました。社会主義陣営は「アメリカ帝国主義に対するアジア人民の勝利」として、この成果を喧伝しました。しかし、南北あわせて500万もの死者、荒廃した国土など、払った代償はあまりにも大きなものでした。

これだけの犠牲にもかかわらず、この地域の苦難が終わったわけではありませんでした。内戦、地域紛争、経済的困難に直面する他のアジア・アフリカ諸国にとっても、同じことがいえました。

本章のまとめ

◉第一次世界大戦で欧州列強の力が弱まると、アジア・アフリカでは民族自決原則やロシア革命に刺激され、植民地からの独立運動や国民国家の建設が進展した。

◉第二次世界大戦後、アジア諸国が続々と独立したが、宗教対立や冷戦の影響による戦争や分断が生じた。一方、第三勢力としての連帯を探る動きも生じた。

◉新独立国は「国民」形成の過程で独裁や内戦に苦しみ、経済的自立が進まず、多くの難民も発生した。とくにベトナム戦争では膨大な犠牲が生じた。

第12章　国家建設の苦闘
おもな動き

◉第一次世界大戦と民族自決

1918　ウィルソン、民族自決を提唱
1919　ガンディー、インドで非暴力・不服従闘争開始
　　　中国で五・四運動おこる
1923　トルコ共和国成立
1928　蔣介石、中国を統一

◉日本の膨張政策と太平洋戦争

1931　満州事変おこる
1937　日中戦争に際し国共両党が提携
1941　太平洋戦争はじまる
1945　日本が降伏、ベトナムなどが独立を宣言

◉新国家の建設とアジアの「熱い戦争」

1947　インドとパキスタンが分離独立
1948　イスラエルが建国され第一次中東戦争勃発
1949　中華人民共和国成立
1950　朝鮮戦争おこる

◉第三勢力の形成と植民地主義の終焉

1955　アジア・アフリカ会議開催
1956　ナセル、スエズ戦争で英仏を退ける
1962　アルジェリア、フランスから独立

◉紛争・難民・経済的困難

1965　アメリカ、ベトナム戦争に本格介入
1967　イスラエル、第三次中東戦争で大勝
1976　ベトナムが統一

第13章

エネルギーと人類

震災とエネルギー

２０１１年３月、巨大地震が東日本を襲いました。建物の倒壊と10メートルを超える津波により、東北地方を中心に２万人近い死者・行方不明者が出ました。

震災は、人々の生活を直撃しました。携帯電話はつながらず、電気、ガス、水道が止まり、計画停電も行われました。鉄道や道路が寸断され、店頭から食料品が姿を消し、ガソリンスタンドには長蛇の列ができました。そして福島第一原子力発電所の事故により10万人以上が避難を余儀なくされ、人々は放射能の恐怖におののきました。

人類は、電気、石油、ガス、原子力といったエネルギーによって、以前には考えられないような巨大な力を手にしました。それにより便利で、快適で、モノに囲まれた豊かな生活がもたらされました。しかし震災は、エネルギーに依存する生活の基盤がきわめてもろいということをあらためて私たちに示しました。そしてエネルギーを際限なく使い続けてきたことが、いまや文明の存続そのものを危ういものとしているのです。

この章では、エネルギーがいかに利用され、それにより科学技術がどのように発展してきたのか、そしてそれらが世界の歴史にどう関わってきたのかを見ていきます。

電気の時代

18世紀後半、石炭を燃料とする蒸気機関が実用化されたことは、人類の歴史に転機をもたらしました。産業革命が本格化し、機械による大量生産、鉄道や蒸気船による大量輸送を基盤とする社会があらわれました。

次に転機をもたらしたのが、電気の利用です。18世紀から、雷をめぐるフランクリンの実験やボルタによる電池の発明などにより、電気の解明が進んできました。19世紀前半、ファラデーは磁石を用いた発電やモーターの原理を見出しました。

運動、信号、光、熱などさまざまなかたちに変換できることが電気の特徴であり、その性質を利用した発明も続々と生み出されました。電信、電話、無線電信は、情報伝達のあり方を根本的に変えました。アメリカのエディソンは、電球、蓄音機、映写機を発明しています。

電気器具はそれ自体が発電する必要がないため小さくて済み、廃棄物を出さないためクリーンですが、どこかでつくった電気を行きわたらせるインフラが必要です。19世紀の末までに、水力や火力による発電が事業化されました。

ベルの電話機

電気は生活を便利に、快適にしました。電灯は夜の街を照らし、電車やエレベーターが人々を運び、ラジオや映画は情報や娯楽をもたらし、洗濯機、冷蔵庫、掃除機は主婦の家事を助けました。

石油と内燃機関

石油は燃料や防水用のアスファルトとして古代から人類に利用されてきましたが、19世紀に灯油がランプの燃料として普及したことで、石油の利用が拡大しました。

石油の可能性を一挙に広げたのは、内燃機関の発明でした。筒（シリンダー）の中に燃料を混ぜた空気を送り、発火させて動力を得る装置です。小型でも高い出力が得られるのが特徴で、まず自動車の動力として注目されました。1885年、ドイツのベンツとダイムラーがガソリンを燃料とする自動車を開発しました。同じくドイツのディーゼルは軽油を用いるエンジンを発明しています。

内燃機関は、空を飛ぶという人類の夢もかなえました。気球やグライダーはすでにありましたが、自由に「飛ぶ」ためには動力が必要で、しかも蒸気機関では重すぎたのです。1903年、アメリカ

ダイムラーの自動車

のライト兄弟は、固定翼を持ち内燃機関でプロペラを回す飛行機で空を飛びました。

戦争と自動車・飛行機

生まれてまもない自動車と飛行機は、1914年にはじまった第一次世界大戦でさっそく戦場に駆り出されました。

開戦直後、フランスはパリ中のタクシーをかき集めて援軍を送り、ドイツ軍の侵攻を阻止しました。以後、鉄道と並んで自動車による輸送が軍隊に不可欠なものとなりました。敵陣を突破するため、車体を装甲で覆い、キャタピラで走る戦車も登場しました。

飛行機は最初は偵察用でしたが、やがて敵の飛行機を落とすための戦闘機や、地上を攻撃する爆撃機があらわれました。都市への爆撃も行われるようになり、重要な作戦の際には両軍が数百機の軍用機を送り出して激しく戦いました。

自動車や飛行機は戦争の被害を大きくしましたが、戦争を通じて発展したのも事実です。

ぜいたく品であった自動車は、アメリカのフォード社が採用した分業とコンベアによる流れ作業によって大量に、安価に生産されるようになりました。サラリーマンでもローンで自動車を買えるようになり、1920年

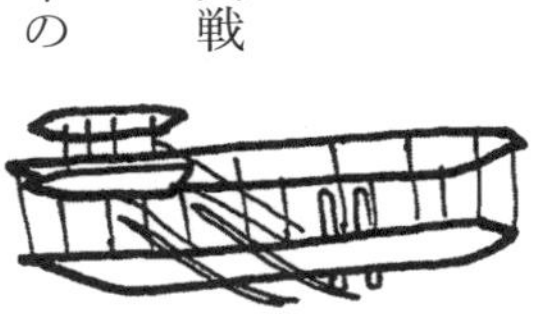

ライト兄弟の飛行機

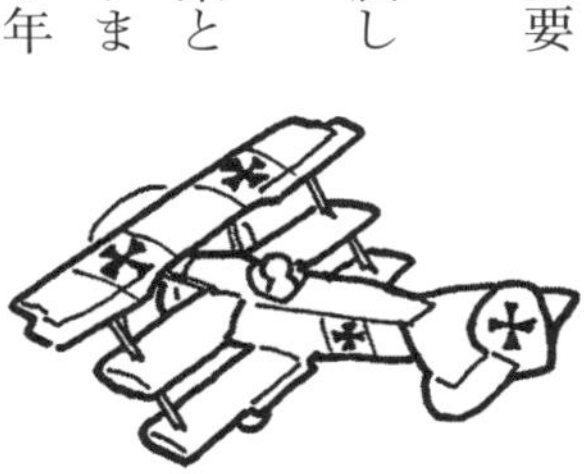

第一次世界大戦のドイツ軍戦闘機

代のアメリカでは郊外へのドライブや都市の交通渋滞が日常の光景となりました。大衆の支持を必要としたドイツのヒトラーは、ポルシェ博士に安価な自動車の開発を命じています。これがフォルクスワーゲンです。

飛行機もめざましい発展をとげました。１９２７年、リンドバーグが大西洋横断飛行を達成しました。定期的な旅客輸送も行われるようになり、空の旅が人々のあこがれの的となりました。

フォードＴ型

第二次世界大戦と石油

第一次世界大戦後、各国の軍部は、次の戦争では自動車と飛行機がカギを握ると考えました。海でもより大きく高速な軍艦が求められ、燃料は石炭から重油に置き換わりました。そこで明らかになったのは、軍隊が機能するためには膨大な石油が必要である、ということでした。

日本は、中国との戦争のなかでこの問題に直面します。石油は産地がかたより、アメリカが当時の世界生産の６割以上を占めていました。日本は石油を求めて東南アジアに目を向けますが、逆にアメリカによる石油の禁輸を受け、窮地に陥ります。戦わずして屈服することを拒否した軍部は、対米英戦を決意しました。

１９４１年12月、日本海軍は空母から発進させた航空機により、ハワイのアメリカ艦隊に大打撃を与えました。太平洋戦争は、まさに石油によっておこった戦争でした。そして日本は最後まで、燃料をめぐる問題を解決することができませんでした。

ドイツは、戦車部隊と飛行機を駆使した「電撃戦」によりヨーロッパを席巻しました。しかし独ソ戦が長期化すると、ヒトラーは石油の確保に不安を抱くようになります。そこでカフカスにあるソ連最大のバクー油田の攻略をめざしますが、目標はあまりに遠く、戦車部隊は燃料不足で立ち往生します。スターリングラード戦で敗れると、ドイツ軍はカフカスから撤退を強いられ、以来優勢を取り戻すことはありませんでした。

第二次世界大戦では、空を制圧されると軍艦や戦車はまともに動くこともできなくなりました。しかし、石油が乏しい日独は決戦場である空でも優位を失っていきます。ドイツ軍は新兵器のジェット機を投入しますが、焼け石に水でした。戦争後半には、米軍の大型爆撃機が連日、ドイツや日本の都市を空襲するようになります。

原子爆弾

第二次世界大戦中、アメリカはおそるべき兵器の開発をひそかに進めていました。原子爆弾です。

1938年、ウランの原子核が分裂することがドイツで確認され、その際にきわめて大きなエネルギーが生じることがわかりました。アメリカに亡命していたアインシュタインは、ナチスが核エネルギーを手にすることを警告する書簡をローズヴェルト大統領に送ります。

1942年、アメリカは最高の頭脳と天文学的な費用を注ぎ込み、原子爆弾の開発をはじめました。45年7月に初の核実験に成功しましたが、ドイツはすでに降伏していました。トルーマン大統領は、原子爆弾を日本に対し使用することを決めました。

原爆は8月6日に広島、9日に長崎へ投下されました。たった一発で都市は消滅し、数万の命が一瞬にして奪われました。その際に発生した大量の放射性物質は長いあいだ、広い範囲にわたって人々の健康をむしばみました。

まもなく、日本は降伏しました。アメリカは、原爆は戦争終結を早め多くの人命を救ったと主張します。しかし20万以上の市民を殺すことが正当化されるのか、また原爆投下は、すでに確執がはじまっていたソ連を牽制する目的だったのではないかなどの議論があります。

はてしなき核軍拡

第二次世界大戦後、米ソの冷戦がはじまりました。当初、アメリカはその経済力に加え、原子爆弾を持っていたことで優位に立ちました。しかし1949年、ソ連も原爆の開発に成功し、アメリカによる核の独占は早くも終わりました。アメリカは52年により強力な水素爆弾を開発しましたが、翌年にはソ連が続きました。

米ソは、最初の一撃を受けても反撃できるだけの核戦力を備えていれば、相手に攻撃を思いとどまらせることができると考えました。しかしこうした核抑止《よくし》の理論に立てば、核の優位を求める競争は際限がなくなります。

核兵器の開発のため、米ソは核実験を繰り返します。1954年、太平洋でのアメリカの水爆実験に遭遇した日本漁船の第五福竜丸《ふくりゅうまる》が放射性物質を浴び、死者が出るという事件を機に、世界中で核兵器反対の運動が盛り上がりました。アインシュタインは反核の宣言を発し、カナダのパグウォッシュでは科学者が平和について話し合う会議が開かれました。

こうした声にもかかわらず、米ソの軍拡は続き、イギリス、フランス、中国もあいついで核保有国となりました。

宇宙開発競争

空を制した人類は、今度は宇宙をめざしました。そのための技術がロケットです。

ロケットには、空気のない宇宙空間で燃料を燃やすしくみが必要です。実用化された最初のロケットは第二次世界大戦末期のドイツが開発したV2ロケットで、宇宙空間まで飛び出してから目標に落下するというものでした。迎撃不可能なこの弾道ミサイルは、ロンドンなどに約4000発が撃ち込まれました。

戦争が終わると、米ソはドイツの技術者を連れ去りロケット開発を進めます。これは、原理を同じくする弾道ミサイルの開発と表裏一体でした。

1957年、ソ連のロケットが初の人工衛星スプートニク一号を打ち上げました。衝撃を受けたアメリカも翌年これに続きますが、1961年にソ連は初の有人宇宙飛行を成功させます。またも遅れをとったアメリカのケネディ大統領は、10年以内に人類を月に送り込むとするアポロ計画を発表します。

国家の威信と核戦力での優位をかけて米ソはロケット開発に狂奔《きょうほん》するのですが、そのようななか、世界を震え上がらせる事件がおこるのです。

キューバ危機と緊張緩和（デタント）

第二次世界大戦後、アメリカ合衆国はラテンアメリカ諸国への影響力を強め、とくにカリブ海は「裏庭」とみなしていました。しかし、アメリカ資本と結びついた特権階層に対して貧民層の怒りが高まり、キューバではカストロによる革命がおこりました。アメリカによる経済制裁に対抗し、カストロはソ連に接近します。

1962年10月、米軍の偵察機が、キューバにアメリカ主要部を射程におさめるソ連のミサイルが配備されているのを発見しました。ケネディは、キューバを海上封鎖するという強硬策に出ます。全面核戦争の恐怖が世界を覆いましたが、ソ連のフルシチョフ首相が譲歩してミサイル撤去に応じ、危機は去りました。

米ソはこれを教訓に、全面衝突にいたらないように対立を管理する方向へ向かいました。首脳間には直通回線（ホットライン）が開かれ、地下以外の核実験を禁止する条約も結ばれました。緊張緩和（デタント）が本格化した1972年には、核兵器とその運搬手段の上限を決めるという交渉が妥結します。し

苦悩するケネディ

アメリカとカリブ海

かし、全人類を何回も死滅させうる量の核兵器が存在するという状況は変わりませんでした。

石油危機

アメリカを中心とする西側諸国の経済は、成長を続けていました。自動車は各家庭に広まり、テレビ、冷蔵庫、エアコンも普及します。石油からつくられる合成ゴム、プラスチック、化学繊維も、生活に欠かせないものとなりました。蒸気機関車は電車に置き換わり、ジェット旅客機が世界を結びつけました。そして、エネルギー消費はうなぎのぼりとなります。

主要なエネルギー源は、石炭から石油にかわりました。新たな油田の開発が進み、ペルシア湾岸など中東地域が世界的な産油地となりました。アメリカも自国の生産量では消費をまかなえず、中東から大量の石油を輸入するようになりました。

油田を開発して販売するまでには、巨額の資金と設備・ノウハウが必要です。これらを一手に握っていたのが、メジャーとよばれる欧米の巨大石油資本でした。産油国はメジャーに石油利権を握られ、消費拡大の恩恵にあずかることができませんでした。

こうしたなか、自国の資源に対する主権を主張する資源ナショナリズムがあらわれます。その最初の事例が、51年にイランのモサデグ首相が行ったイギリス系石油資本の接収です。しかしイラン産の原油は世界市場からの締め出しにあい、この試みは挫折しました。単独ではメジャーに対抗できないと考えた産油国は1960年、石油輸出国機構（OPEC）を結成します。

1973年10月、エジプトとシリアがイスラエルに対し先制攻撃を行い、第四次中東戦争がはじまりました。両国を支援するため、アラブの産油国はアメリカなど親イスラエル国への石油輸出を禁止し、減産も実施しました。OPECも段階的な値上げを行い、3カ月間で原油価格は4倍に跳ね上がりました。

この石油危機は、世界に衝撃を与えました。石油のほぼ全量を海外に依存する日本では、トイレットペーパーの買いだめといったパニックが広がります。先進国の企業はエネルギー価格の高騰により生産調整に追い込まれ、物価の上昇と景気の悪化が同時に進みました。産油国は莫大な富を手にするとともに、石油戦略の威力を示すことで国際的地位を高めました。

原子力とそのリスク

石油依存のリスクを痛感した先進国は、エネルギー消費を減らす方向に経済構造を転換していきました。同時に、代替エネルギーとして原子力が注目されるようになります。

原子力を兵器だけでなく平和目的に使う研究は、第二次世界大戦直後からはじまっていました。制御された核分裂による熱で水蒸気を発生させタービンを回すという原子力発電は、1

950年代に実用化されました。

原子力発電は、少量の燃料で膨大なエネルギーを発生させることができ、低コストで、環境への負荷も小さいといわれます。しかし、高い放射線量を持つ核燃料や廃棄物は厳重な管理を必要とします。いったん事故がおこった場合は、広範囲に放射能汚染や健康被害が広がるおそれもあります。

1979年、アメリカのスリーマイル島発電所で炉心が破損し、放射能漏れがおこって住民が避難する事故がおきました。7年後には、ソ連のチェルノブイリ発電所で試験中の原子炉が爆発し、31人が死亡、大量の放射性物質が広い範囲に撒き散らされました。汚染に対する恐怖と、原子力に対する懸念が高まりました。

冷戦の終わりと核兵器

提唱者のケネディが暗殺されてから6年後の1969年7月20日、アメリカの宇宙船アポロ11号が月面に着陸、人類が月に第一歩を刻みました。米ソの競争は続いていましたが、通信や気象観測など平和目的での宇宙利用も進みました。75年には米ソの宇宙船がドッキングするという、緊張緩和（デタント）を象徴する一幕もありました。

アポロ11号の月面着陸

しかし、1979年末のソ連によるアフガニスタン侵攻から、ふたたび冷戦と核軍拡は激しさを増します。81年にアメリカ大統領となったレーガンは、地上と宇宙に配備した迎撃システムによってソ連のミサイルを撃ち落とすという、通称「スターウォーズ計画」を提案しました。もっとも、技術的な困難と天文学的な費用から計画は停滞しました。

ソ連も巨額の軍事費に圧迫され、経済の崩壊が迫りました。1985年に指導者となったゴルバチョフは西側との対話路線に舵をきり、87年には米ソ間で中距離核戦力全廃条約が結ばれました。91年には戦略兵器削減条約が締結され、本格的な核軍縮の段階に入りました。同年、共産党内部の政変を機に、ソ連は崩壊しました。核兵器はロシア連邦が引き継いだものの、核戦争の危険は去ったかに見えました。

しかし、新たな脅威が生じました。敵対国に対し優位に立つため、また国際社会での地位を高めるために、新たに核兵器を開発する国があらわれたのです。1998年、対立するインドとパキスタンが核保有を宣言しました。2006年には北朝鮮が核実験を行い、イランも核開発を進めているとされます。イスラエルは沈黙を守っていますが、核保有が確実視されています。

核保有国が増えると、核兵器が使用される危険も増します。核技術や核物質が流出し、テロリストの手にわたることも、いまや現実の脅威となっています。

環境問題と人類の未来

16世紀になったころ、世界の人口は5億程度だったとされます。それから300年かけ、19世紀初頭に倍の10億人になりました。その後、1930年ごろに20億、87年に50億、2011年には70億を突破し、今世紀末には100億に達すると見られています。この加速度的な人口の増加は、石炭・石油といった化石燃料の利用が拡大し、人類が手にするエネルギーが増大するのと軌を一にしています。しかし、化石燃料の消費と人口の急増が地球環境をむしばみ、現代文明の存続そのものを危うくしていることが明らかになってきました。

産業革命がおこった19世紀から、煙や汚水による都市環境の悪化がおこっていました。20世紀後半には、自然破壊や公害病が日本でも問題となりました。大気汚染が原因の酸性雨は、国境を越えて広い範囲に悪影響を与えました。

1980年代には、地球の気温が不自然に上昇していることが知られるようになりました。人間が大量の化石燃料を使用することにより大気中の二酸化炭素濃度が高まり、それが熱を閉じこめる温室効果を引きおこしているとの説は、人々に衝撃を与えました。

このまま気温が上がり続けると、世界の気候は大きく変わり、生態系が乱れ、農業生産も打撃を受けます。北極や南極の氷がとけ海面が上昇するといったことも、実際におこってきました。環境問題は、地球に住む人類全体の課題となったのです。

1992年の環境と開発に関する国連会議（地球サミット）では、気候変動枠組み条約が採択され、温室効果ガスの排出を減らすことが決められました。97年の京都議定書では、具体的な削減目標が定められました。

しかし化石燃料の使用を減らすことは、経済発展にはマイナスとなります。温室効果ガスの最大の排出国である中国をはじめとする新興国は、これから成長をめざす立場から、温暖化防止の責任はその原因をつくった先進国にあると主張します。第二の排出国であるアメリカの消極的姿勢もあり、温暖化防止の動きは停滞しています。

太陽光や風力などの再生可能エネルギーはまだコストが高く、化石燃料にかわるには時間がかかると見られます。そんななか、原子力発電所は温暖化防止の目的もあって、90年代から世界各地で建設が進んできました。その矢先におこった福島での事故は、あらためて原子力の抱えるリスクを世界に示しました。

安全で、環境に負荷をかけず、成長を続けるのに十分なエネルギーを確保することは、はたして可能なのでしょうか。人類はいま岐路に立たされています。

本章のまとめ

◉19世紀に実用化された電気は、人間の生活を便利にした。石油を用いる自動車や飛行機は戦争を通じて発達し、米ソは冷戦下で核軍拡と宇宙開発を競った。

◉膨大な化石燃料の消費は、石油危機や地球温暖化などの問題を引きおこした。核兵器は冷戦後も脅威であり続け、原子力発電のリスクも露呈している。

第13章　エネルギーと人類
おもな動き

◉電気と内燃機関

1831	ファラデー、電磁誘導の原理を発見
1885	ベンツとダイムラー、ガソリン自動車を発明
1903	ライト兄弟、飛行機を発明

◉二つの大戦と石油

1914	第一次世界大戦で自動車・飛行機が用いられる
1920年代	アメリカで自動車が普及
1941	アメリカ、対日石油輸出を禁止→太平洋戦争
1944	ドイツ軍、ジェット機を投入

◉核軍拡と宇宙開発

1945	アメリカ、広島・長崎に原子爆弾を投下
1949	ソ連、原爆開発に成功
1957	ソ連、初の人工衛星打ち上げに成功
1962	米ソ核戦争の危機（キューバ危機）
1969	アメリカ、人類初の月面着陸に成功

◉エネルギーと地球環境をめぐる問題

1973	第一次石油危機
1986	チェルノブイリ原子力発電所の事故
1992	地球サミットで温室効果ガスの削減が定められる
2011	福島第一原子力発電所の事故

第14章

二つの世界からグローバル化へ

ベルリンの壁

ドイツの首都ベルリンには、かつて市を東西に分ける壁が築かれていました。東西の冷戦を象徴する「ベルリンの壁」です。

第二次世界大戦後、ベルリンの東側がソ連の管理を経て東ドイツの首都となったのに対し、西側はアメリカ、イギリス、フランス3カ国の管理地域でした。当初は東西の行き来は制限されておらず、西ベルリンは東側の人々にとって西側世界の文化や豊かさに触れることができる窓口となっていました。さらに、ここを経由して多くの人々が西ドイツに脱出しました。

労働力の流出に頭を抱えた東ドイツは、1961年8月13日早朝、東西の境界線および西ベルリンの周囲に壁を築きはじめました。前日西に行った人が帰れなくなったというほど、突然の出来事でした。やがて壁は高く、二重になり、厳重な警備下に置かれました。

東ドイツ政府のねらいどおり、人口流出は止まりました。それでも自由を求める人々はあとをたたず、以後も多くの人々が壁を越えようとし、そのうち200人近く

ベルリンの壁崩壊

が射殺されました。

1989年11月9日夜、壁の両側にはおびただしい数の人々が集まっていました。ゲートが開放され、東西の市民は28年ぶりに再会を果たしました。人々はわれ先に壁に登り、抱き合って喜びあいます。ベルリンの壁は、ここに崩壊したのでした。それからまもなく、東側世界は西側世界に吸収され、地球が一体となるグローバル時代がはじまりました。

最終章では、「二つの世界」が「一つの世界」へとまとまっていく過程を振り返りながら、グローバル時代が何をもたらし、どこへ向かおうとしているのかを考えていきたいと思います。

二つの世界と西側の発展

第二次世界大戦後の世界は、アメリカが率いる自由主義陣営と、ソ連が率いる社会主義陣営とに二分されました。前者は北大西洋条約機構（NATO）、後者はワルシャワ条約機構という軍事同盟を築き、核兵器を持ってにらみあいます。世界の人々は、両者が戦争に突入することは人類の破滅を意味すると知っていました。

1953年、ソ連の独裁者スターリンが死去しました。新たに指導者となったフルシチョフは、56年のソ連共産党大会で、スターリンによる粛清や個人崇拝の強制を批判する秘密報告を行いました。同時に、異なる体制の国々は平和的に共存できるとも表明します。この動きはアメリカにも歓迎され、「雪どけ」とよばれる緊張緩和の状態がもたらされました。以後、互いの勢力圏に干渉しないことが米ソの暗黙の了解となり、二つの世界が併存する状態が確立しました。

西側の自由主義世界にはアメリカのほか、イギリス、フランス、西ドイツ、日本などかつての列強が含まれており、圧倒的な経済力を持つアメリカの援助と、自由貿易による経済の活性化によって順調な成長を続けました。

西ヨーロッパで経済統合の動きがはじまったことは、とくに注目されます。フランス外相のシューマンは二度の大戦の反省から、経済を梃《てこ》にした独仏和解を構想しま

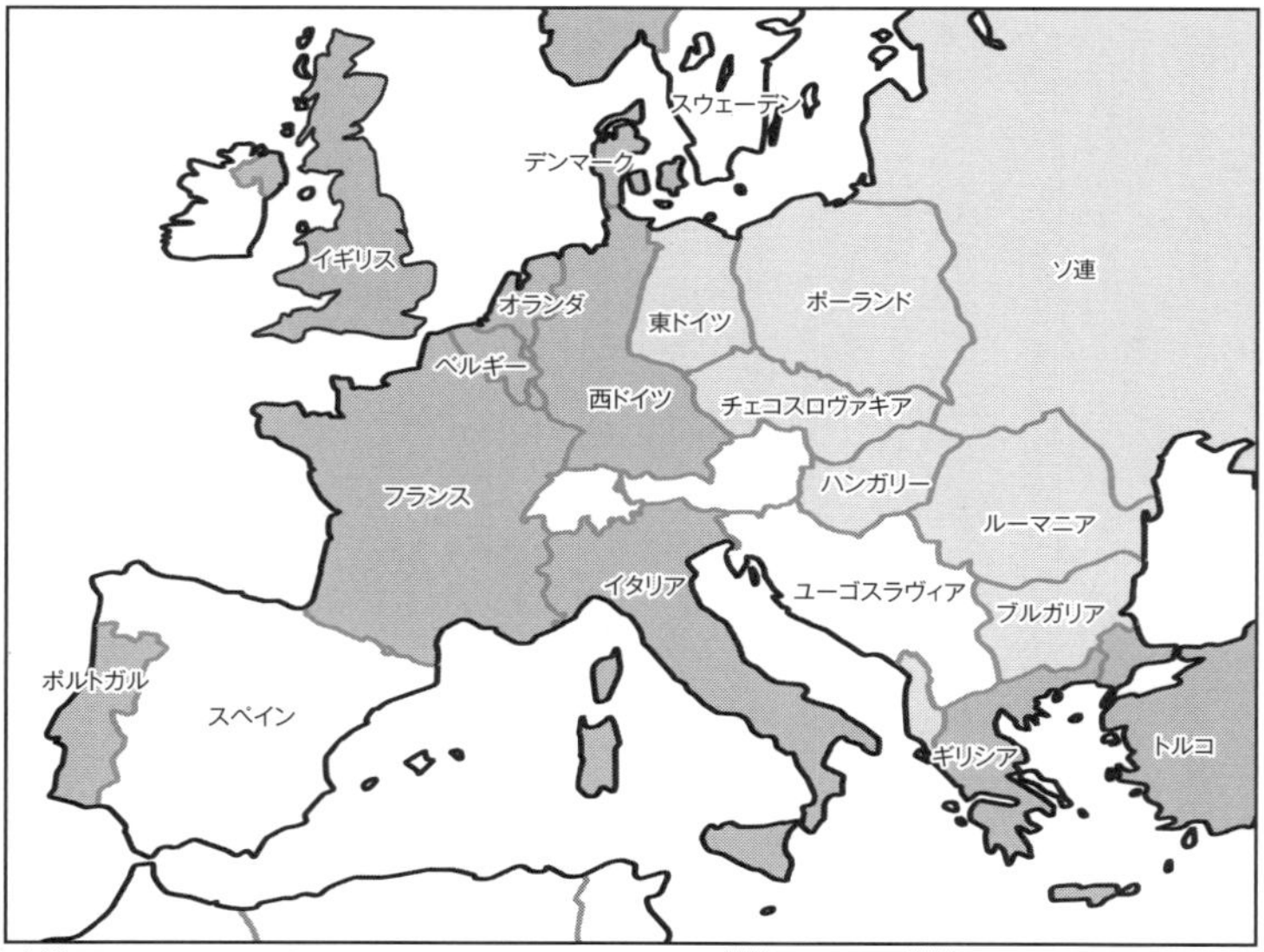

冷戦下のヨーロッパ（1950年代後半）　NATO　ワルシャワ条約機構

した。これをもとに、1952年にフランス、西ドイツ、イタリアなど6カ国で発足したのが、基幹産業の共通市場をつくるというヨーロッパ石炭鉄鋼共同体（ECSC）です。その成功を受け、経済全般の統合をめざして58年に発足したヨーロッパ経済共同体（EEC）は、西欧復興の原動力となりました。これらは67年にはヨーロッパ共同体（EC）に成長し、政治面での結びつきも強めました。

日本は、朝鮮戦争に際して国連軍の軍需生産を請け負ったことから復興の糸口をつかみ、やがて高度経済成長期に入りました。64年の東京オリンピックを機に新幹線などのインフラ整備も進み、68年ごろには西側世界で第2の経済大国となりました。

東欧の社会主義圏

社会主義世界は、ソ連とその傘下の東欧諸国、アジアの中華人民共和国や北朝鮮、北ベトナムなどからなっていました。経済規模は見劣りするものの、ソ連の核兵器と巨大な陸軍は西側にとって脅威でした。

東欧諸国では、共産党独裁、計画経済、農業集団化といったソ連型のシステムが導入されます。格差の解消は進みましたが、言論や思想の自由は認められず、秘密警察が監視の目を光らせます。

1956年、フルシチョフのスターリン批判を機に、東欧の人々は立ち上がりました。とくにハンガリーでは激しい反ソ暴動がおこり、新首相のナジが複数政党制の導入とワルシャワ条約機構からの脱退を宣言しました。これに対してソ連軍が介入、運動は弾圧されて多数の死傷者を出し、ナジは処刑されました。

その後、表面上は東欧は平穏を保ちました。しかし西側の成長の一方で、東側経済の停滞が明らかとなってきました。1968年、チェコスロヴァキアのドプチェクは「人間の顔をした社会主義」を唱え、市場経済の導入を柱とする改革をはじめました。民衆に歓迎されたこの「プラハの春」も、ソ連などの軍事介入によって葬り去られました。ソ連の指導者ブレジネフは、「各国の主権よりも社会主義圏全体の利益が優先される」として介入を正当化します。

このようにソ連の武力によって東欧の社会主義圏は維持されましたが、人々の不満は蓄積されていきました。

「大躍進」と文化大革命

中華人民共和国は世界最大の人口を持つ社会主義国として存在感を示していましたが、人口の圧倒的多数は貧しい農民でした。毛沢東《もうたくとう》は、この膨大な農民こそ社会主義の担い手であると考え、1958年から「大躍進」なる運動をはじめました。大衆動員によって飛躍的な経済発展を実現しようという政策で、農民に製鉄のノルマも課したのがその象徴です。しかし、原始的な炉でつくられた粗悪な鉄はまったく役に立ちませんでした。農民がさまざまな事業に引きずりまわされたことで、食料生産はガタ落ちとなりました。

外交では、ソ連の平和共存路線を非難したことから、中ソの対立が深まりました。60年にはソ連の技術援助が打ち切られ、経済の悪化に追い打ちをかけます。けっきょく、大躍進は数千万人が餓死するという悲惨な結果に終わりました。

毛沢東が第一線を退き、劉少奇《りゅうしょうき》らが穏健路線へ舵を切ると、経済は回復しはじめました。しかしこれを不満とする毛沢東は、1966年から権力の奪還に乗り出しました。彼を熱烈に信奉する少年少女を「紅衛兵《こうえいへい》」として動員し、党指導部を「資本主義への道を走る実権派」として批判するキャンペーンをおこしたのです。扇動された大衆が党幹部らをつるしあげるといったことが全土でおこり、劉少奇も暴行を受けて失脚、死亡しました。

文化大革命とよばれたこの争乱では、教師や知識人、専門家は迫害され、学校は休校状態となり、文化財は破壊されました。密告やリンチがはびこり、党派間の暴力沙汰が日常となり、農業や工業の生産も急減しました。こうした混乱は、1976年に毛沢東が死ぬまで続きました。

動揺するアメリカ

アメリカは、自由で開かれた民主社会、世界最高の科学技術、モノや娯楽に囲まれた豊かな生活といったイメージを世界に発信してきました。しかし、多くの国々のあこがれとしての顔の裏には、さまざまな問題が隠されていました。人種差別はその一つでした。

１８６５年の奴隷制の廃止後も、南部諸州では黒人に対する差別は続きました。黒人は選挙権を制限され、雇用の場で差別され、学校、乗り物、食堂などは人種別に分けられていました。

こうしたなか、アラバマ州のキング牧師は、座席の差別を行った路線バスに対するボイコット運動を行い、成果をおさめました。これを機に、ガンディーの非暴力運動を模範とする公民権運動が全国で展開されました。丸腰の黒人に白人警官が殴りかかるようすが世界に報じられると、「自由の国」のイメージは傷つきました。

奴隷解放宣言から１００年後の１９６３年、20万人が参加したワシントン大行進でキング牧師が「私には夢がある」と演説したとき、運動は頂点に達しました。翌年、公民権法が制定され、アメリカは人種差別撤廃に向けて前進しました。しかし、まもなくはじまったベトナム戦争への介入は、アメリカ社会を大きく揺さぶることとなります。

キング牧師

ベトナム戦争は、テレビで本格的に報じられたはじめての戦争でした。ヘリコプター、ジェット機といった最新兵器の威力と、逃げまどうベトナムの人々の姿は世界に衝撃を与えました。若者を中心に反戦運動が盛り上がり、徴兵の拒否も広がりました。これらは公民権運動とも結びつき、ロック音楽や反体制的な行動をとるヒッピーなど、これまでの社会体制に対抗する文化が一世を風靡しました。

世界各国でも、反戦運動や反政府運動が高まりました。ことに1968年には、ベトナムでの解放戦線の攻勢にはじまり、日米での大学紛争、フランスのゼネスト、「プラハの春」とその弾圧、文化大革命の高揚、キング牧師暗殺など、騒然とした空気が東西の世界を覆いました。

西側経済の変容

1968年の出来事は、冷戦の閉塞感に対する「革命」といえます。米ソがたがいに理想をかかげて競いつつ、じつは談合しながら世界を支配している状況に、人々の不満が爆発したのです。以後、人々は政府や権威に不信のまなざしを向けるようになります。学問でも、近代の思想・科学やその枠組みを相対化する動きが出てきました。

威信が傷ついた米ソは歩み寄り、緊張緩和（デタント）を進めます。ニクソン米大統領は72

年に中国を訪問して関係改善をはかり、翌年にはベトナムから米軍を撤退させました。

アメリカ中心の国際経済も動揺していました。日本やECの成長、西側陣営への援助や多国籍企業の活動によって、アメリカから流出したドルが世界でダブつくようになりました。加えて膨大なベトナム戦費がアメリカ財政を悪化させ、「ドルは金と交換できる」という信認は揺らぎました。

1971年、ニクソンは金とドルの交換停止を発表し、世界に衝撃が走りました。ドルと各国通貨の固定相場は維持できなくなり、73年から変動相場制へと移行します。この制度には、経済の実態にあわせて通貨の交換比率が上下するという利点がありますが、急激な相場変動や投機的な動きを招くという問題点もあります。

同年には石油危機もおこり、世界は物価高と不況の同時進行にあえぎました。日米など6カ国は協調して難局にあたるため、75年に初の先進国首脳会議（サミット）を開きました。このことは、アメリカが単独で世界経済をリードできなくなった現状を反映していました。

石油危機後、日本や西ドイツは省エネを進め、半導体などハイテク分野で成長したのに対し、アメリカは構造転換が遅れ停滞が続きました。

アジアの社会主義圏の動揺

1970年代、社会主義世界には勢いがありました。ソ連はアメリカと対等の核戦力を持ち、71年には中華人民共和国が台湾にかわって国連の代表権を獲得しました。インドシナ半島でも、南北ベトナムが統一され、ラオスとカンボジアも共産化するなど、社会主義圏が拡大しました。しかし、中ソ対立の影響も受け、この地の情勢は混迷を極めることになります。

カンボジアの政権を握ったポル・ポトは近代文明を敵視し、都市の住民を農村に強制移住させました。極端な共産化の過程で、100万もの人々が虐殺されたと見られています。カンボジアはまた、ベトナムと国境をめぐって争います。78年、ベトナムはカンボジアに侵攻し、ポル・ポトを追いやりました。すると、この政権の後ろ盾だった中国が「懲罰」と称してベトナムを攻撃しました。社会主義国どうしが公然と争うという事態に、平和勢力を自認してきた世界の左翼勢力は困惑しました。

中国では、76年に毛沢東が死去すると、彼の側近が逮捕されて文化大革命は終わりました。指導者となった鄧小平《とうしょうへい》は経済を再建するため、大胆な路線転換を行いました。外国資本を誘致し、農民や企業にある程度の自由を認めたのです。社会主義圏の変質は、外郭からはじまっていたのです。

「新冷戦」とバブル経済

1979年末、ソ連はアフガニスタンを勢力圏内に確保するため、軍事介入を行いました。アメリカをはじめとする西側諸国はいっせいにソ連を非難し、翌年のモスクワ・オリンピックをボイコットしました。米ソのデタントは崩れ、「新冷戦」がはじまりました。

81年に就任したレーガン米大統領はソ連を「悪の帝国」と名指しし、軍拡に乗り出しました。しかし財政赤字が拡大し、またインフレをおさえるため高金利政策をとったことでドル高が進んで、貿易赤字も増大しました。アメリカの「双子の赤字」に対し、西側諸国は協調して対処することを決めました。このプラザ合意によってドル高は是正されましたが、アメリカ経済の不振は続きました。

プラザ合意による円高は、日本の輸出に打撃を与えました。日本銀行は金融緩和で対処しましたが、あふれたお金は土地や株式にまわり、資産価値がふくれあがるバブル経済の状態となりました。また、円高にもかかわらず対日貿易赤字が続いたアメリカでは日本たたき（ジャパン・バッシング）がおこり、日米関係は厳しさを増しました。

ペレストロイカ

新冷戦によってアメリカは疲弊しましたが、ソ連や東欧諸国はさらに苦しい状況にありました。社会主義体制が限界に達しつつあったのです。

国家が人的・物的資源を割り振り、生産物を人々に分配するのが東側諸国の計画経済です。新たに市場をつくり出すという発想や、利潤を得るという動機づけ、競争に勝つための創意工夫といった要素はそこにはありません。技術は停滞し、労働者は無気力になりました。

計画を立てる官僚機構の絶大な権力は腐敗の温床となり、新たな特権階層を生みました。平等をモットーとする社会主義にとって、存在意義に関わる問題でした。また、官僚が人々の求めるものを正しく予測することは不可能でした。不要なモノが大量につくられて資源を浪費する一方、食料など生活必需品は不足し、朝の長い行列が日常の光景となりました。

ポーランドでは１９８０年、労働者が食料品値上げに抗議してストライキに入り、自主管理の労働組合「連帯」を結成、加盟者は１０００万人に達しました。「労働者の国」の政府に対して労働者がいっせいに反旗をひるがえすという事態は、体制の限界を物語っていました。

同じく危機にあったソ連では、85年、ゴルバチョフが指導者となりました。彼は、抜本的な経済改革でしかソ連を救えないと考えました。このペレストロイカ（建て直し）の柱は、個人や企業の経済活動にある程度の自由を認めるというもので、一足先に改革開放に乗り出した中国、そして60年以上前のレーニンの新経済政策（ネップ）と同様の政策でした。計画経済の元祖であるソ連が、市場の必要性を認めたのです。

技術革新のためには、自由な発想も必要です。そこでグラスノスチ（情報公開）が打ち出され、自由な意見の表明や討論が奨励されました。ソ連の代名詞であった秘密主義や言論統制は、じょじょにゆるめられていきました。

1989年の東欧革命

ゴルバチョフは西側との関係改善に努め、核軍縮で成果をあげ、アフガニスタンからも撤兵しました。ソ連による武力介入のおそれが薄れると、抑圧されてきた東欧でも改革の気運が生まれました。

1989年、ポーランドでは自由選挙が行われ、「連帯」の政権が成立しました。ハンガリーは共産党独裁を廃し、オーストリアとの国境を開放しました。「鉄のカーテン」に穴があいた影響は大きく、東ドイツの市民がハンガリー経由で続々と西側に脱出しはじめました。東ドイツは体制の崩壊を避けるため、11月に旅行の自由化を認めました。そして、劇的な「壁」の崩壊となったのです。

マルタ会談でのブッシュ（左）とゴルバチョフ（右）

東欧諸国が続々と民主化するなかで、ルーマニアは共産党独裁を堅持する構えでした。しかし12月に市民が立ち上がって革命となり、独裁者チャウシェスクは処刑されました。東欧の社会主義圏はここに解体しました。

12月、ゴルバチョフはアメリカのブッシュ（父）大統領とマルタ島で会談、冷戦の終結を宣言しました。翌90年、壁の崩壊から1年を待たずして、東ドイツが西ドイツに吸収されて統一が実現しました。時代はいよいよその歩みを早めつつありました。

ソ連の崩壊

ペレストロイカが引き金となった東欧の変革はまもなく、ブーメランのようにソ連にはねかえってきました。

ソ連はその名が示すとおり15の社会主義共和国からなる連邦ですが、共和国のなかには強引に連邦へ編入されたところも少なくありません。第二次世界大戦中にソ連に併合されたエストニア、ラトヴィア、リトアニアのバルト3国は、東欧の次はわれわれの番だと独立運動をはじめました。またエリツィンらは改革の加速を主張し、ゴルバチョフを揺さぶります。

一方で共産党には、連邦の解体と特権の喪失をおそれる守旧派が存在しました。彼らは1991年8月、ゴルバチョフを監禁し、政権の掌握を発表しました。世界は冷戦の再来におののきました。
しかしここで、自由の空気を味わったロシアの市民が立ち上がりました。彼らは「人間の鎖」をつくり、クーデタに抵抗するエリツィンが立てこもるビルを守ったのです。軍は市民に発砲せず、クーデタはわずか2日で失敗に終わりました。

事態の進展は、予想を超えていました。主導権はゴルバチョフからエリツィンら改革派に移り、バルト3国は独立し、権威が地に落ちた共産党は解散しました。12月、ロシアをはじめとする各共和国はソ連の解体を宣言しました。

共産主義の理想を実現すべく建国されたソ連は、みずから崩れ去るかたちでその歴史に幕を下ろしました。

保守派クーデタに抵抗するエリツィン

「歴史の終わり」？

東欧革命とソ連の崩壊により、社会主義世界は解体しました。旧ソ連の諸国家のなかで最大のロシア連邦はソ連の国際的地位と核兵器を引き継ぎましたが、エリツィンのもとで議会制と市場経済へと向かいました。中国は１９８９年春の市民・学生による民主化運動を軍隊の力で押し潰し、共産党独裁を堅持しましたが、この天安門事件により国際社会のなかで孤立しました。北朝鮮、キューバはソ連という後ろ盾を失い、経済を破綻させました。

この時代、自由主義、民主政治、資本主義経済という西側世界の体制が勝利をおさめたと信じられました。イデオロギーの対立は、自由と民主主義の勝利で決着がついたのだとする「歴史の終わり」論がもてはやされました。そして、これからはアメリカが「唯一の超大国」として世界を主導し、秩序を守っていくと考えられました。

実際、民主主義は着実に広がっているように思われました。反共のためアメリカが支援してきたアジアの開発独裁は、その役割を終えました。80年代後半から90年代にかけ、フィリピン、台湾、韓国、インドネシアがつぎつぎと民主化しました。

一方で、冷戦の陰に隠されていた民族や宗教の対立が表面化してきました。たとえば、独自の社会主義体制をとっていた多民族国家のユーゴスラヴィアは内戦のすえに解体し、血なまぐさい衝突が続きました。

こうした紛争に対しては、しばしばアメリカを中心とする軍事介入が行われましたが、冷戦終結でようやく機能するようになった国連の動きも注目されます。兵力の引き離しや停戦の監視に実績を積み重ねてきた国連平和維持活動（ＰＫＯ）は、旧ユーゴの停戦や、カンボジア和平、インドネシアからの東ティモール独立などに貢献しています。

パレスチナ問題の行方

中東では、アラブ対イスラエルという根深い対立の構図に変化がありました。まず１９７９年の平和条約により、イスラエルが占領していたシナイ半島がエジプトに返還されました。イスラエルの占領が続いていたガザ地区とヨルダン川西岸では、パレスチナ人が投石で立ち向かいました。この抵抗運動（インティファーダ）に手を焼き、国際的非難も浴びたイスラエルは、パレスチナ人を代表するＰＬＯとの対話に応じました。両者は１９９３年、アメリカ仲介のもとでパレスチナ暫定自治協定を結びます。ガザ地区とヨルダン川西岸でのパレスチナ人の自治をはじめるという内容で、問題解決の糸口が見えたかに思われました。

しかし、両地域にはイスラエル人の入植地がつくられており、パレスチナ側でも武力闘争を主張するハマスという組織が支持を集めるなど、双方に強硬派が存在します。そのためにしばしば暴力の応酬がエスカレートし、和平は停滞しました。

イスラエルは２００２年から、ヨルダン川西岸に長大な壁を築きはじめました。ユダヤ人入植地とパレスチナ人地区のあいだの分離壁です。テロリストの侵入を防ぐというのがイスラエルの言い分ですが、入植地を保持し続けようとするねらいがあるのではないかといわれます。ベルリンの壁が崩れて４半世紀が経ったあとも、新たに築かれた「壁」は人々を隔て続けています。

湾岸戦争

もう一つの中東の焦点は、大油田が集中するペルシア湾岸でした。

イランでは、国王がオイルマネーを元手に近代化を進めましたが、格差は拡大し、民衆の不満が爆発しました。１９７９年に革命で王政が倒れると、イスラーム教シーア派の法学者ホメイニを指導者とするイスラーム共和国が成立しました。イスラーム復興運動の端緒となる出来事です。

隣国イラクの独裁者サダム・フセインは革命の飛び火をおそれ、翌年イランを攻撃しました。このイラン・イラク戦争は88年に終わりましたが、イラクには対外債務の山が残されました。そこでフセインは、石油輸出で潤う小国クウェートに目をつけました。

１９９０年、フセインはクウェートを占領し、併合を宣言しました。国際社会は一斉に非難し、アメリカ軍を中心とする多国籍軍が組織されました。撤退を求める国連決議をフセインが拒否す

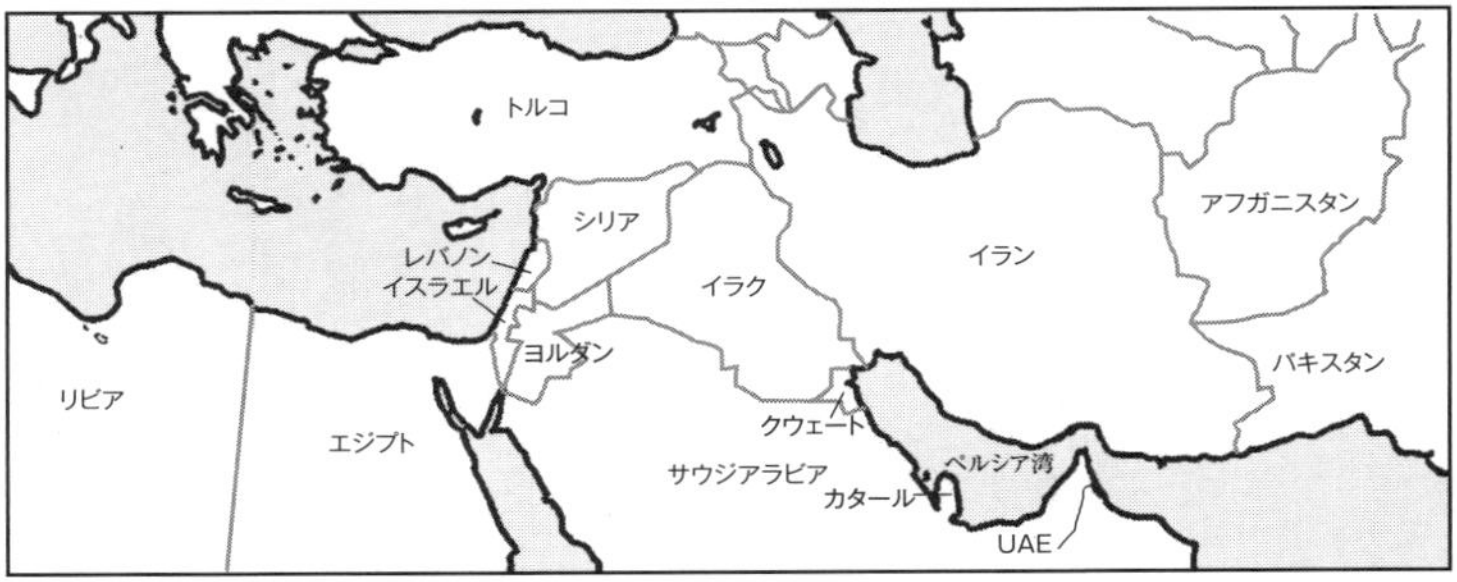

中東諸国

ると、翌年1月に多国籍軍の攻撃がはじまり、クウェートは解放されました。

この湾岸戦争は、冷戦終結宣言のあとはじめておこった戦争でした。レーダーに映らないステルス機、寸分違わず目標をとらえる誘導弾など、アメリカは「世界の警察官」の力を誇示しました。しかしフセイン政権は存続し、のちに火種を残すかたちとなりました。

サダム・フセイン

グローバル経済と新自由主義

冷戦が終わると旧社会主義諸国のほとんどが市場経済を採用し、西側の商品や資本がこれらの国々に流れ込みました。地球全体が一つに結びつけられるグローバル時代が訪れたのです。

軍事費の重荷から解放されたアメリカの経済は、劇的に回復しました。軍事技術の民間への移転も進みました。その代表例が人工衛星を用いたGPS技術であり、世界のコンピューターを結びつけるインターネットでした。とくに後者は知や情報のあり方を根本的に変え、IT分野でのリーダーとしてアメリカの存在感は高まりました。一方で、91年にバブルが崩壊し、ソフトウェアの分野で遅れをとった日本はその地位を低下させました。

ITとグローバル化の時代に入り、世界をめぐるお金の量は格段に増えました。ニューヨーク・ウォール街は国際金融の中心として重要性を増し、アメリカの基準やルールが「グローバル・スタンダード」とみなされるようになりました。その基盤となったのが新自由主義です。

1970年代までの西側諸国では、ケインズの経済思想が主流でした。これは、政府が経済に介入して景気回復をはかり、完全雇用をめざすというものです。また冷戦期には社会主義に対抗するため、福祉の充実がはかられました。しかし、こうした政策はインフレ（物価の上昇）を慢性化させ、財政赤字を増やし、経済の活力を失わせているとする批判もありました。

新自由主義は、アダム・スミス思想の現代版といえます。財政支出を減らし、国営企業を民営化し、企業を縛る規制を廃止して、民間の活力を高めようとします。減税を行うかわりに、福祉はカットされます。こうした政策は、イギリスのサッチャー首相、アメリカのレーガン大統領らにより、80年代から実施されました。

市場を重視する新自由主義は、関税などの障壁をなくして自由貿易を実現しようとします。その象徴が、1995年に発足した世界貿易機関（WTO）です。アメリカはこうした国際機関や経済援助を通じ、各国に新自由主義にもとづく改革を勧め、また押しつけていきました。

地域統合と金融危機

１９９０年代、自由貿易主義のもとで世界経済は拡大しました。ただし、ＷＴＯによる世界貿易のルールづくりは各国の利害が対立して難航します。一方で、まず地域ごとに経済統合を進めようという動きが活発になりました。

イギリス、ギリシア、スペインなどを加えて拡大してきたＥＣは、１９９３年にヨーロッパ連合（ＥＵ）に発展しました。経済統合を深化させ、外交や安全保障での協力も進めようというものです。各国の通貨も統一され、２００２年からユーロの使用がはじまりました。

欧州統合の成功を見て、北米自由貿易協定（ＮＡＦＴＡ）や10カ国に拡大した東南アジア諸国連合（ＡＳＥＡＮ）など、他の地域でも同様の試みがはじまりました。

グローバル化は、発展途上国にもチャンスをもたらしました。規制緩和や優遇措置によって、安い労働力を求める欧米や日本の資本をよびよせ、輸出型産業を発展させる国々があらわれたのです。韓国や台湾を先駆とするこのモデルは、東南アジアなどの多くの国々が採用しました。

こうした新興国の成長を支えたのが、投資銀行や種々のファンドです。これらは世界の富裕層からお金を集め、高収益が見込めるところに投資していました。

しかし、短期間で収益をあげることを求められるファンドの資金は、儲からなくなるとすぐに引き揚げるという特徴を持っています。そのリスクを浮き彫りにしたのが、1997年のアジア通貨危機でした。投資先としてもてはやされていたタイやインドネシア、韓国などの成長が鈍ると、ファンドによる売り浴びせによってこれらの通貨は暴落し、経済が破綻したのです。

しかも、世界中が金融で結びつけられた時代には、ある地域でおこった危機は他の地域に飛び火します。グローバル経済の問題点がじょじょに浮かび上がってきました。

イスラーム復興運動

市場原理が支配するグローバル経済では、富や情報を握っている一部の人々や企業、国家がルールを決め、大きな利益を手にします。一方で、そこから取り残され翻弄《ほんろう》される大多数の人々がいます。この格差が、世界に新たな亀裂を生むことになります。

グローバル化に対するとくに強力な対抗勢力となったのが、イスラーム復興運動です。中東の国々の多くは、政治や社会からイスラーム教を切り離し、経済発展をはかるモデルを採用してきました。たしかに、これらの国々はオイルマネーで潤いましたが、恩恵を受けたのは特権層のみで、国民の大多数は貧しいままでした。そのなかで、社会に公正を実現する思想として、信者の平等を重んじるイスラーム教が見直されたのです。

教育や弱者救済のかたちで社会の底流にあったこの運動が表面化したのが、１９７９年のイラン革命です。イスラーム法学者（ウラマー）が民衆を率い、近代化路線をとる王朝を倒したことは中東や欧米の諸国を驚かせました。

次の契機は、１９９１年の湾岸戦争です。アメリカの影響力が一挙に広がったことに対し中東の民衆は反感を持ち、イスラーム主義が拡大する一因となったのです。

人権、民主主義、政教分離、市場経済といった欧米の価値は、すんなりと世界中の文化や伝統になじむわけではありません。イスラーム教の場合、広大な文明圏をなし、長年キリスト教文明に対抗してきたという背景から、西洋的価値観との対立は根が深いといえます。こうした文明間の摩擦が冷戦後に表面化するだろうと予言したのが、ハンチントンの『文明の衝突』です。不幸にも、この見方を裏付ける出来事があいつぎました。

イスラーム復興運動は本来、みずからの生活や価値観を大切にしていこうとする穏健な運動ですが、テロリズムなどの過激な行動に走る者もいました。その一人が、サウジアラビアの富豪の家に生まれたウサマ・ビン・ラディンです。彼はソ連のアフガニスタン侵攻と戦うイスラーム戦士を養成するため、アルカーイダを結成しました。その後、湾岸戦争を機に標的をアメリカに変え、テロをつぎつぎにおこしました。

ソ連軍撤退後も内戦が続いていたアフガニスタンでは、１９９６年、イスラーム主義の民兵集団であるタリバーンが民衆の支持を集め、ほぼ全土を掌握しました。これは女性教育をいっさい否定するといった排他的な集団で、2001年には世界遺産であるバーミヤンの石仏を爆破し、国際的な非難を浴びました。

このころにはアルカーイダがアフガニスタンに入り込み、タリバーン政権と結びついていました。そして、衝撃的な事件を引きおこすのです。

9・11の衝撃

2001年9月11日、アメリカ上空で4機の旅客機がハイジャックされました。うち2機はニューヨークの世界貿易センタービルに激突してこれを倒壊させ、1機はワシントンの国防総省に突っ込み、1機は墜落しました。3000人が犠牲となる空前のテロ事件でした。

アメリカのブッシュ大統領はこれをアルカーイダによる攻撃と断定し、「テロに対する戦争」を宣言しました。アメリカはビン・ラディンが潜伏していたアフガニスタンを攻撃、タリバーン政権を倒しました。

アメリカは、次の目標をイラクのフセイン政権に定めました。国連決議に従わず、テロリストを支援し、化学兵器などの大量破壊兵器を開発しているというのがその理由でした。しかし明らかな証拠はなく、国際世論は二分されます。結局、アメリカは国連決議を経ないまま、２００３年にイラクを攻撃しました。フセインは捕らえられて処刑され、アメリカは勝利をおさめたかに見えました。

しかし、大量破壊兵器はけっきょく見つかりませんでした。ブッシュ政権は独裁者を排除し、イラクに民主主義をもたらしたとして戦争を正当化しましたが、多様な宗派・民族間の衝突があいつぐ新たな混乱をもたらしただけでした。アフガニスタンでもタリバーンが巻き返し、戦局は泥沼化の一途をたどりました。

イラク戦争は、覇権国家アメリカにとって大きな挫折となりました。増え続けるイラク民衆と米軍の犠牲者と、国際社会の非難を前に、アメリカは「世界の警察官」としての自信を失っていきました。

BRICsの台頭

１９９０年代後半、世界中のオフィスや家庭の必需品となったパソコンはインターネットで結びつけられ、欲しい情報はいつでも手に入るようになりました。モノよりも情報が価値を持つ社会が訪れたのです。

情報化を主導したのは、基本ソフト「ウィンドウズ」を開発したマイクロソフト社をはじめとするアメリカの企業でした。少ない初期投資で立ち上げることができるソフトウェア産業には、雨後の竹の子のようにベンチャー企業がおこりました。IT化によって企業と顧客が密接に結びつき、需要と供給のアンバランスもおこらないとする楽観的な経済理論もあらわれました。

しかしベンチャーのなかには怪しげなものも多く、2001年にITバブルは弾けます。同年の9月11日テロも、景気を冷え込ませました。

アメリカの中央銀行にあたる連邦準備銀行は、不況に対応して大規模な金融緩和を行います。長期不況下の日本も、超低金利政策をとっていました。こうして生み出された大量の資金は、投資銀行やファンドを通じて世界に流れ出していきます。

この時期に投資先として注目されたのが、ブラジル、ロシア、インド、中国のいわゆるBRICsです。国土が広く、豊富な天然資源もしくは労働力に恵まれ、いずれ経済大国となるだろうと考えられた国々です。

とくに、中国の成長にはめざましいものがありました。天安門事件後、鄧小平と次の指導者江沢民《こうたくみん》は、共産党独裁を維持しつつ市場経済化を推し進めました。経済制裁が解除され、イギリス領香港とポルトガル領マカオが返還されたことも中国経済を勢いづかせました。安い労働力を求める日本や欧米の企業が続々と進出したことで、中国は製造業の一大拠点へと成長したのでした。

人口大国の中国やインドが発展の軌道に乗ると、食糧や資源の消費が増え、それを見越した投機も活発になりました。産油国のロシアや中東諸国、食料輸出国のアメリカには多くのお金が流れ込み、それがまた新たな儲け先を求めて世界をかけめぐります。

世界金融危機

アメリカでは中国などへの企業移転により製造業こそ衰退しましたが、世界の余剰資金を動かす金融業は繁栄を続けていました。また、アメリカの消費者は世界最大の買い手でした。アメリカへ輸出する国は自国通貨を安く保つためにドル買い介入を繰り返し、米国債や株式を購入したため、やはり資金はアメリカに舞い戻ります。

ダブついたお金は、アメリカ国内では住宅や不動産に投じられました。サブプライムとよばれる低所得者向けのローンがさかんに売り出され、住宅ブームがおこります。こうしたローンは貸し手のリスクが大きいのですが、債権を細分化して他の金融商品と組み合わせる金融工学の手法をとることによって、リスクは分散されているとされました。

しかしこれは、「毒」を世界経済にまき散らすことを意味していました。ローンの返済が滞りはじめるとローン会社の経営が悪化し、これに融資していた銀行にも影響がおよぶというかたちで危機は連鎖していきます。

２００８年９月、アメリカの大手投資銀行リーマン・ブラザーズが破綻しました。危機は瞬時に世界をかけめぐり、株や債券は投げ売られ、借金をして投資していた個人や金融機関は巨額の負債を抱え込みました。金融市場は疑心暗鬼にかられ、貸し手がつかなくなった企業の倒産があいつぎ、失業や賃金カットにより実体経済も急速に冷え込みました。資源国や新興工業国も、輸出の急減や資金繰りの悪化によって窮地に陥りました。

グローバル経済の繁栄はじつにもろい基盤の上に成り立っていたことを、人々は思い知ったのでした。

欧州統合の限界

日米など各国は金融緩和と財政出動により、大量のお金を流すことで危機に対応しました。とくに、中国政府は巨額の公共事業をおこすことで世界経済を助けたといわれます。しかし、こうした政策は民間に代わって国が借金をして支出するものですから、政府の財政を悪化させます。そのリスクは、巨大経済圏となっていたEUで現実のものとなりました。

2009年、ギリシアが長年にわたり巨額の財政赤字を隠蔽《いんぺい》していたことが明るみに出ました。債務が返済不能となった場合、その影響はリーマンショックの比ではないと考えられました。スペイン、ポルトガル、アイルランドといった国々でも同様の問題がおこり、イタリアの信用まで揺らぐ事態となりました。

危機を通じ、経済の質や規模が大きく異なる国々のあいだで通貨を統合したことの問題点が明らかになりました。好況時にはユーロの高い信用により、ギリシアのような弱小国も分不相応な借金ができるようになりました。そしていったん危機に陥ると、独自の金融政策がとれず、為替レートの変動による調整もできないため、果てしない緊縮を強いられるのです。

こうした場合、EUのなかでもっとも経済が強いドイツが支えるしかありません。しかしドイツ国民は、放漫財政をとってきたギリシアを助けるためにみずからの税金が使われることに反発します。ギリシア人も、ドイツに対し居《い》丈《たけ》高《だか》だとして反感を持ちました。

けっきょく、EUの支援によって危機の連鎖はどうにかくい止められました。しかし、一連の出来事はヨーロッパに深い亀裂を残しました。半世紀以上続いてきた欧州統合が、いまだ「ヨーロッパ国民」を生むにいたっていない

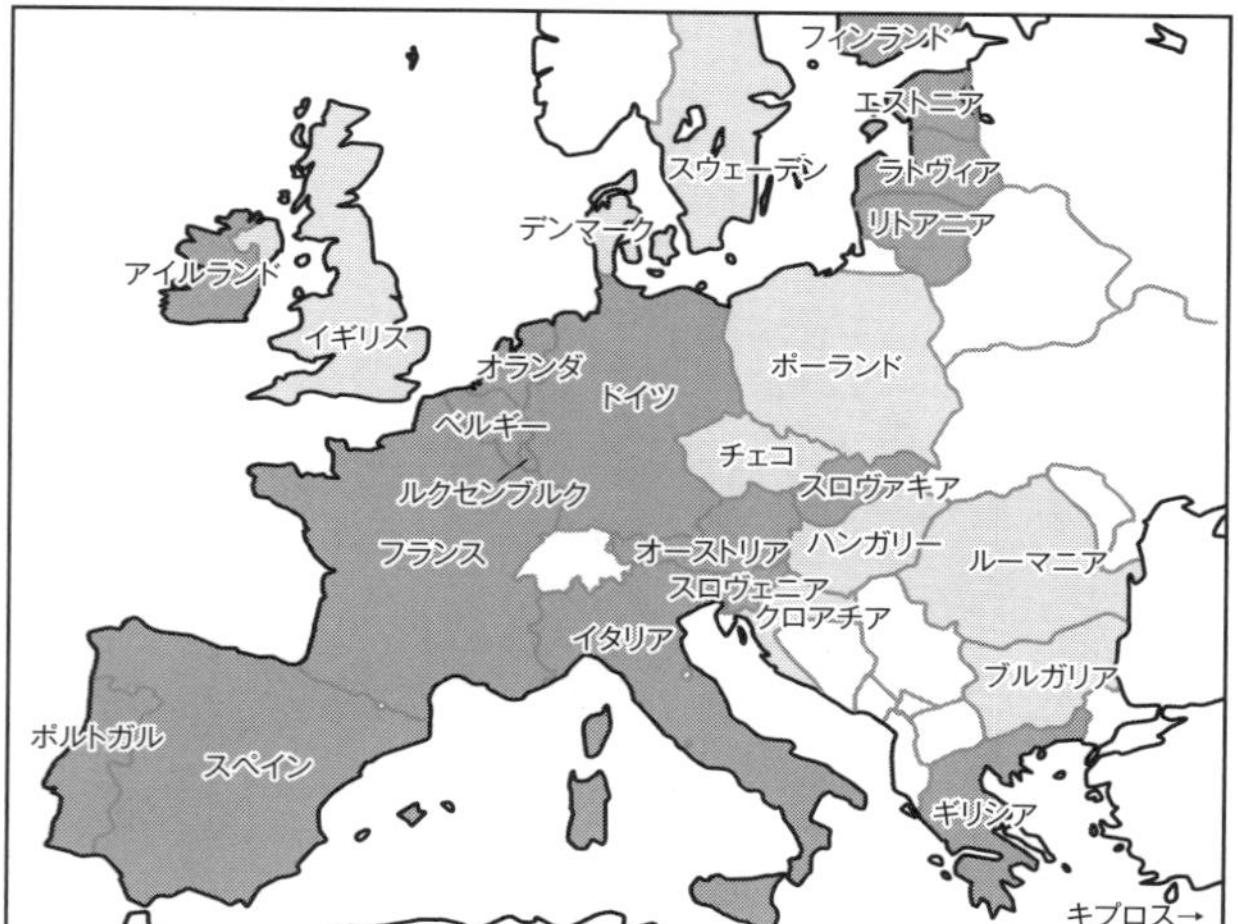

EU 加盟国（2015年現在）　ユーロ導入国　ユーロ非導入国

ことが明らかになったのです。

「アラブの春」とその後

不況が深まると、政府に対する人々の不満が高まります。リーマンショックの直後に行われたアメリカ大統領選挙では、共和党にかわって民主党のオバマが当選し、翌09年に初の黒人大統領が誕生しました。日本でも同年9月に初の民主党政権が生まれましたが、3年あまりの短命に終わりました。

政治的な自由と公正な選挙が保障された民主主義国家は、じつは世界190カ国の半分に届きません。しかし民主的な政権交代ができないことは、かえって国民の不満が爆発する危険性を高めます。2011年にチュニジアとエジプトで独裁政権が倒れたのは、その帰結でした。リビアでは独裁者カダフィが民主化運動を弾圧して内戦となりましたが、NATO軍が介入したすえに革命が成功しました。

これら「アラブの春」とよばれる中東での民主化運動では、若者たちは動画サイトやソーシャルネットワークで情報を共有し、政府に立ち向かいました。政府側は情報の遮断を試みますが、世界規模に広がったネットワークをすべて封じ込めることは不可能でした。まさに、情報化とグローバル化が可能にした革命だったのです。

しかし、これらアラブ諸国はその後、意外な展開を見せました。選挙の結果、イスラーム主義勢力が伸長したのです。「数」がものをいう民主主義のもとで、圧倒的多数の貧困層に支持されるイスラーム勢力が勝つのは当然といえました。

宗教の理想を社会に実現することをめざすイスラーム主義は、政教分離や女性の権利に関し、西洋流の自由主義と相容れない部分があります。社会にイスラーム色が強くなるにつれ、自由を求めて立ち上がった若者たちの理想から離れていくことになります。

エジプトでは、民主的な選挙で成立したイスラーム主義の政権に対し、若者らの抗議運動がおこりました。これを政府が弾圧すると、軍がクーデタをおこし政権を倒しました。はたしてどちらに大義があるのか、欧米諸国は困惑しました。

政教分離を国是としてきたトルコでも、イスラーム主義政党が２００２年から政権を担ってきました。２０１３年、強権政治とイスラーム化に抗議する若者たちのデモがおこりましたが、政府はみずからこそ民主的な選挙を経た政権だと強調し、デモをおさえこみました。

欧米や日本では一体とみなされている自由主義と民主主義が、イスラーム世界ではたがいに矛盾してしまうという現実。このことは、こうした価値がどの程度まで普遍的とみなされるべきなのかという課題を突きつけています。

「アメリカの覇権」への挑戦

長引く中東での戦闘と世界金融危機は、アメリカの財政を圧迫しました。オバマ政権はイラクから米軍を撤退させ、アフガニスタンからも引き揚げる方針を示しました。

中東におけるアメリカの影響力低下は、「アラブの春」がシリアに飛び火し内戦となったときに明らかになりました。2013年、アサド独裁政権は国際法で禁止されている毒ガスを使用したのですが、オバマ政権は介入を警告しながらも踏み切れず、ロシアが提案した査察団派遣というかたちで妥協しました。秩序が崩壊したシリアにはイスラーム過激派組織が入り込み、2014年にはイラク北部までも支配下において「イスラーム国」の樹立を宣言する事態となりました。

このことは、アメリカがもはや「世界の警察官」の役目を果たせなくなっていることを世界に示しました。そして、冷戦終結以来のアメリカの覇権が、今後各地で挑戦を受けるだろうことを示唆しています。

焦点の一つは、東アジアです。中国は経済規模で日本を抜き、アメリカに次ぐ経済大国となりました。さらに2012年からの習近平《しゅうきんぺい》政権のもと、軍事力を背景に地域秩序を自国に有利なかたちに変えようとする動きを見せています。宿敵である台湾に対しては「平和的な統一」をよびかける一方、東シナ海では沖縄県の尖閣《せんかく》諸島に対する主権を主張し、公船をたびたび日本の領海に侵入させています。南シナ海では点在する島々の支配を既成事実化し、フィリピンやベトナムと衝突を繰り返しています。

もう一つの焦点が、旧ソ連地域です。かつて「衛星国」とよばれた東欧諸国、ソ連の一部だったバルト３国がＮＡＴＯやＥＵの一員となったことに、ロシアは危機感を持ちました。しかし、石油や天然ガスの輸出による経済成長で自信を取り戻したプーチン政権は、各地に点在するロシア系住民や少数民族の問題を利用して、旧ソ連諸国に対し強硬な姿勢をとるようになります。２００８年にはグルジアとの武力衝突に勝利し、一部を事実上の支配下に置きました。２０１４年、ウクライナで市民の抗議運動によって親ロシア政権が倒れ、親欧米政権が誕生すると、プーチンはロシア系住民が多いクリミア半島に軍事介入を行い、ロシアに編入してしまいました。

世界はどこへ向かうのか

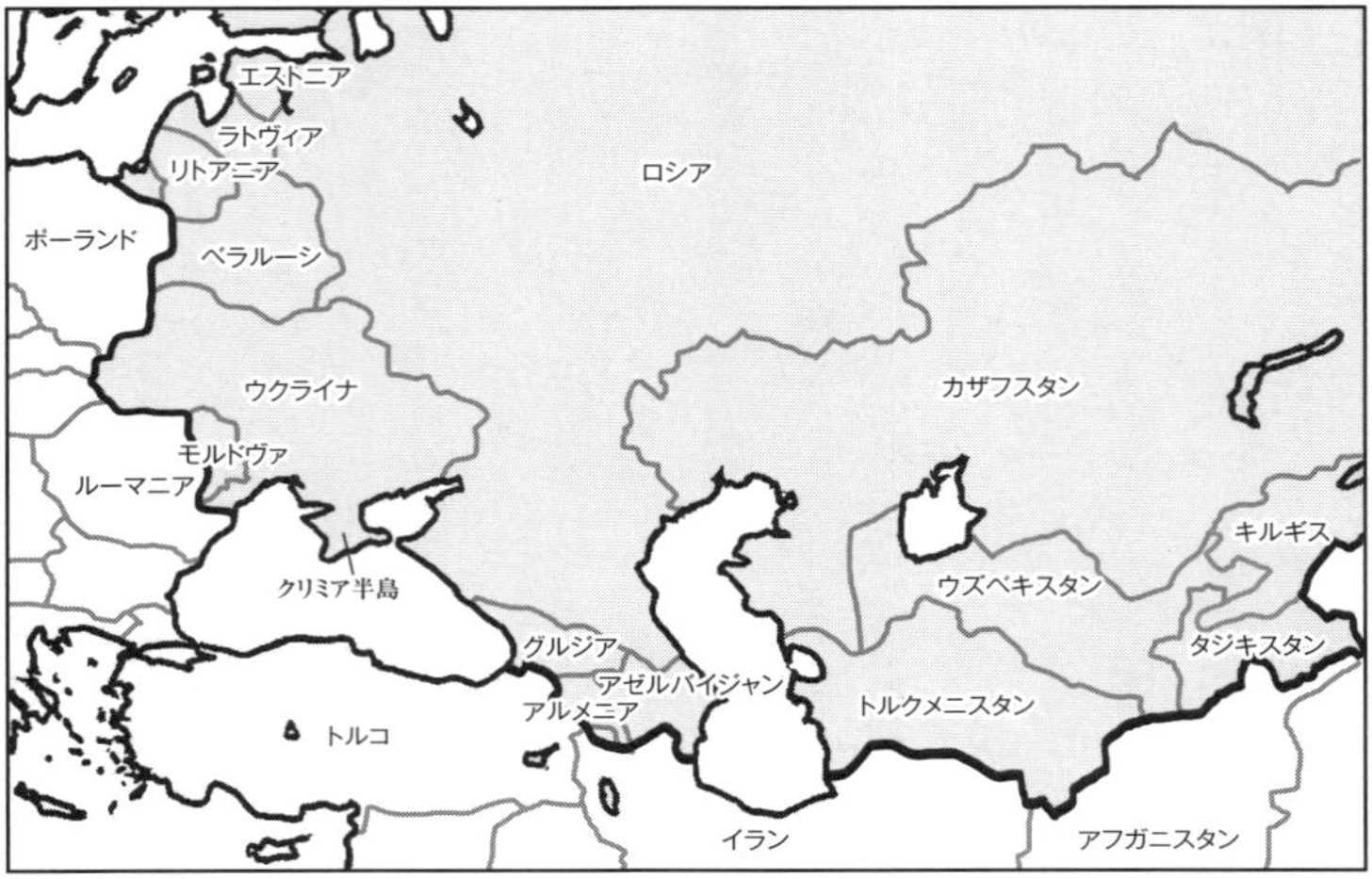

旧ソ連の諸国

これから、世界はどこへ向かうのでしょうか。アメリカの力の低下は明らかです。EUは構造的な欠陥があらわになり、日本はようやく長期不況の出口が見えてきた段階です。一方で、かつての「東側」である中国やロシアの影響力の方が強くなっている地域もあります。とはいえ、冷戦が再来する、さらには覇権の交代が生じるのかは、定かではありません。

中国は、経済規模ではいずれアメリカに肩を並べると見られています。しかし、過剰な投資に依存する構造は持続不可能だと考えられています。きわめて大きい貧富の格差や深刻な環境問題は人々の不満を高め、ウイグルやチベットでは民族問題がくすぶっています。ロシアは経済規模では米中にはるかにおよばず、天然資源の輸出に依存しすぎているため、ソ連時代の地位を取り戻すのは難しいと見られます。

冷戦時代との最大の違いは、中国・ロシアとも市場経済を導入し、グローバル経済を通じて欧米や日本と密接に結びついている点です。局地的な紛争が生じても、経済に悪影響を与えるような決定的な対立は避けたいというのが各国の本音です。

だからといって、グローバル経済の発展こそが世界の繁栄と平和の鍵であるというのは、楽観的にすぎるでしょう。世界が単一の市場で結ばれたことで格差がかえって拡大し、巨大なマネーの流動によってバブルが生まれては弾けてきたようすは、これまで見てきたとおりです。第一次世界大戦のように、偶発的に大国どうしの戦争がおこる可能性も否定できません。

今後の世界を考えるにあたって、社会学者ウォーラースティンの視点は参考になります。彼はこの500年間の世界の歩みを、欧米中心の資本主義的な世界システムの発展と拡大としてとらえています。世界システムとは、格差を利用し拡大することで「中核」に富を集める構造です。

「中核」のなかでも抜きんでている国は覇権国家とよばれ、19世紀のイギリス、20世紀のアメリカがそれにあたります。そして現在を、覇権の交替ではなく、500年間続いてきた世界システムそのものが機能しなくなっている状態としてとらえています。とすれば、別のシステムへ移行するまでの長いあいだ混沌とした状況が続くという、あまりうれしくない未来像が見えてきます。

不安定な変動期には、広い視野と柔軟な思考が求められます。私たち日本人には、日本だけで通用する視点でなく、世界史的にものごとをとらえる視点がますます必要になるでしょう。そのうえで、私たちの社会や価値観のなかにある、世界の繁栄と平和に貢献できる要素を見出していくことが大事なのではないでしょうか。

本章のまとめ

◉冷戦期、西側諸国は著しい経済発展をとげたが、アメリカの地位はしだいに低下した。東側ではソ連が東欧諸国を抑圧し、中国は文化大革命により混乱した。

◉ソ連のゴルバチョフは冷戦を終わらせたが、経済改革に失敗し東欧革命とソ連崩壊にいたった。アメリカは唯一の超大国として各地の紛争に介入し秩序を維持した。

◉アメリカは、新自由主義のもとグローバル経済を主導した。一方でこれに反発するイスラーム主義が台頭し、テロと対テロ戦争の応酬が世界を揺るがせた。

◉イラク戦争と金融危機でアメリカの威信は失墜し、EUも限界を露呈した。中東の混迷や中国の台頭、ロシアの復権により、世界情勢は混沌としている。

第14章　二つの世界からグローバル化へ
おもな動き

◉二つの世界の対立と共存

1949　北大西洋条約機構（NATO）結成
1956　フルシチョフがスターリン批判を行う
1961　ベルリンの壁が築かれる
1963　キング牧師、ワシントン大行進を指導
1965　アメリカ、ベトナム戦争に本格介入
1966　毛沢東、文化大革命を開始

◉両陣営の動揺と緊張緩和

1968　「プラハの春」、フランスのゼネストなどが発生
1972　ニクソン米大統領、中国を訪問
1973　変動相場制への移行、石油危機発生
1978　ベトナムがカンボジアに侵攻

◉東側世界の崩壊

1979　ソ連、アフガニスタンに侵攻
1985　ゴルバチョフ、ソ連共産党書記長となる
1989　ベルリンの壁崩壊、東欧の社会主義圏解体
1991　ソ連解体

◉アメリカの覇権とグローバル化の進展

1993　パレスチナ暫定自治協定の締結
　　　ヨーロッパ連合（EU）発足
1995　世界貿易機関（WTO）発足
1997　アジア金融危機発生

◉グローバル社会の混迷

2001　9.11テロ→対テロ戦争開始
2003　米軍、イラクのフセイン政権を倒す
2008　世界金融危機
2010　中国、世界第2位の経済大国となる
2011　チュニジア、エジプトで独裁政権が倒れる
2014　ロシア、クリミアの併合を宣言

■おすすめの文献

手に入りやすく、読みやすいものを選びました。本書で興味を持ったテーマについてもっと知りたいと思ったとき、手に取ってみてください。

◎1～5章

ジャレド・ダイアモンド　倉骨彰訳『銃・病原菌・鉄　上下』草思社　２０００年
本村凌二『馬の世界史』講談社現代新書　２００１年
I・モンタネッリ　藤沢道郎訳『ローマの歴史』中公文庫　１９７９年
堀敏一『中国通史』講談社学術文庫　２０００年
竹村牧男『「覚り」と「空」インド仏教の展開』講談社現代新書　１９９２年
山下博司『ヒンドゥー教とインド社会』山川出版社　１９９７年
加藤隆『一神教の誕生―ユダヤ教からキリスト教へ』講談社現代新書　２００２年
小杉泰『イスラームとは何か』講談社現代新書　１９９４年
杉山正明『遊牧民から見た世界史』日本経済新聞社　１９９７年
林佳世子『オスマン帝国の時代』山川出版社　１９９７年

◎6～10章

増田義郎『物語ラテン・アメリカの歴史』中公新書　１９９８年
岸本美緒『東アジアの「近世」』山川出版社　１９９８年
I・モンタネッリ／R・ジェルヴァーゾ著　藤沢道郎訳『ルネサンスの歴史　上下』中公文庫　１９８５年

岡崎久彦『繁栄と衰退と―オランダ史に日本が見える』文春文庫　1999年
浅田實『東インド会社』講談社現代新書　1989年
川北稔『砂糖の世界史』岩波ジュニア新書　1996年
長谷川貴彦『産業革命』山川出版社　2012年
遅塚忠躬『フランス革命―歴史における劇薬』岩波ジュニア新書　1997年
関曠野『民族とは何か』講談社現代新書　2001年
中西輝政『大英帝国衰亡史』PHP文庫　2004年

◎11章〜14章

山本秀行『ナチズムの時代』山川出版社　1998年
片山杜秀『未完のファシズム』新潮選書　2012年
猿谷要『物語アメリカの歴史』中公新書　1991年
古田元夫『アジアのナショナリズム』山川出版社　1996年
宮田律『中東イスラーム民族史』中公新書　2006年
宮本正興・松田素二『新書アフリカ史』講談社現代新書　1997年
クライブ・ポンティング　石弘之／京都大学環境史研究会訳『緑の世界史　上下』1994年
松戸清裕『歴史のなかのソ連』山川出版社　2005年
ジョセフ・S・ナイ・ジュニア他『国際紛争―理論と歴史（原書9版）』有斐閣　2013年
サミュエル・P・ハンチントン　鈴木主税訳『文明の衝突』集英社　1998年
川北稔『知の教科書　ウォーラーステイン』講談社選書メチエ　2001年

著者紹介

太田《おおた》 竜一《りゅういち》

1971年生まれ茨城県出身。

早稲田大学第一文学部西洋史学専修卒業。県立高校で教鞭をとる。

全歴研での研究発表，資料集や問題集の執筆，受験雑誌への寄稿などを精力的に行い、20年にわたる卓越した指導で世界史の本質的なおもしろさを生徒に伝え続けている。

共著に『東書の世界史B入試対策問題集』（東京書籍）、『資料に学ぶ世界の歴史』（山川出版社）、その他「論述力を高める世界史の指導（『世界史の研究237』）」（山川出版社）、「今からすぐにできる！ センター試験　あと1点アップ（『蛍雪時代12月号』2010～2012）」（旺文社）など寄稿。ほか論文・発表多数。

学《まな》びなおすと世界史《せかいし》はおもしろい

2015年 8月25日　　初版発行

著者　太田竜一《おおたりゅういち》

装丁・本文組版　常松靖史［TUNE］

©Ryuichi Ota 2015, Printed in Japan

発行者　内田 真介

発行◎発売　ベレ出版
〒162-0832　東京都新宿区岩戸町12　レベッカビル
TEL.03-5225-4790 Fax.03-5225-4795
ホームページ　http://www.beret.co.jp
振替 00180-7-104058

印刷　株式会社文昇堂

製本　根本製本株式会社

落丁本◎乱丁本は小社編集部あてにお送りください。送料小社負担にてお取り替えします。


本書の無断複写は著作権法上での例外を除き禁じられています。

購入者以外の第三者による本書のいかなる電子複製も一切認められておりません。


ISBN978-4-86064-444-4 C0022　　編集担当　森 岳人